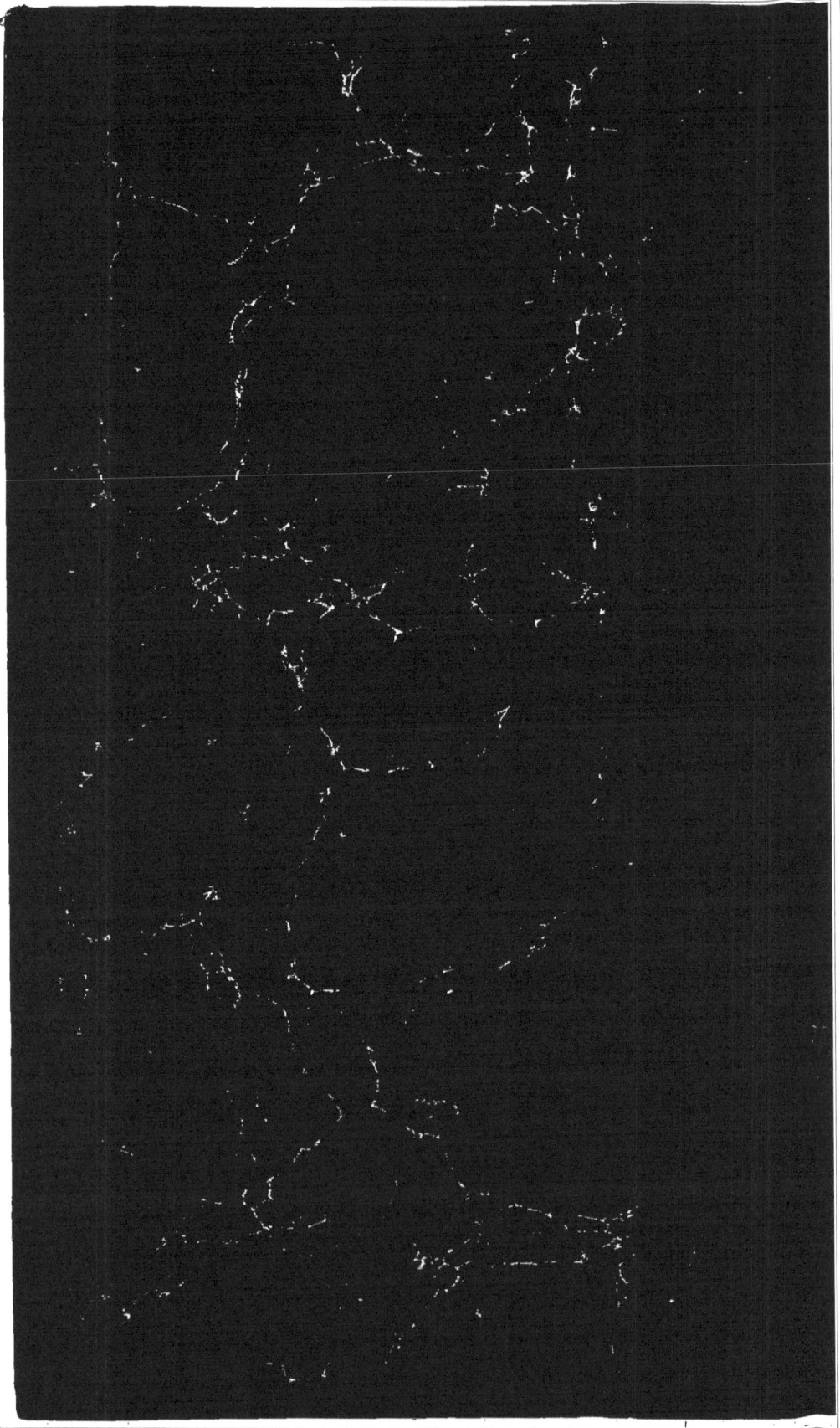

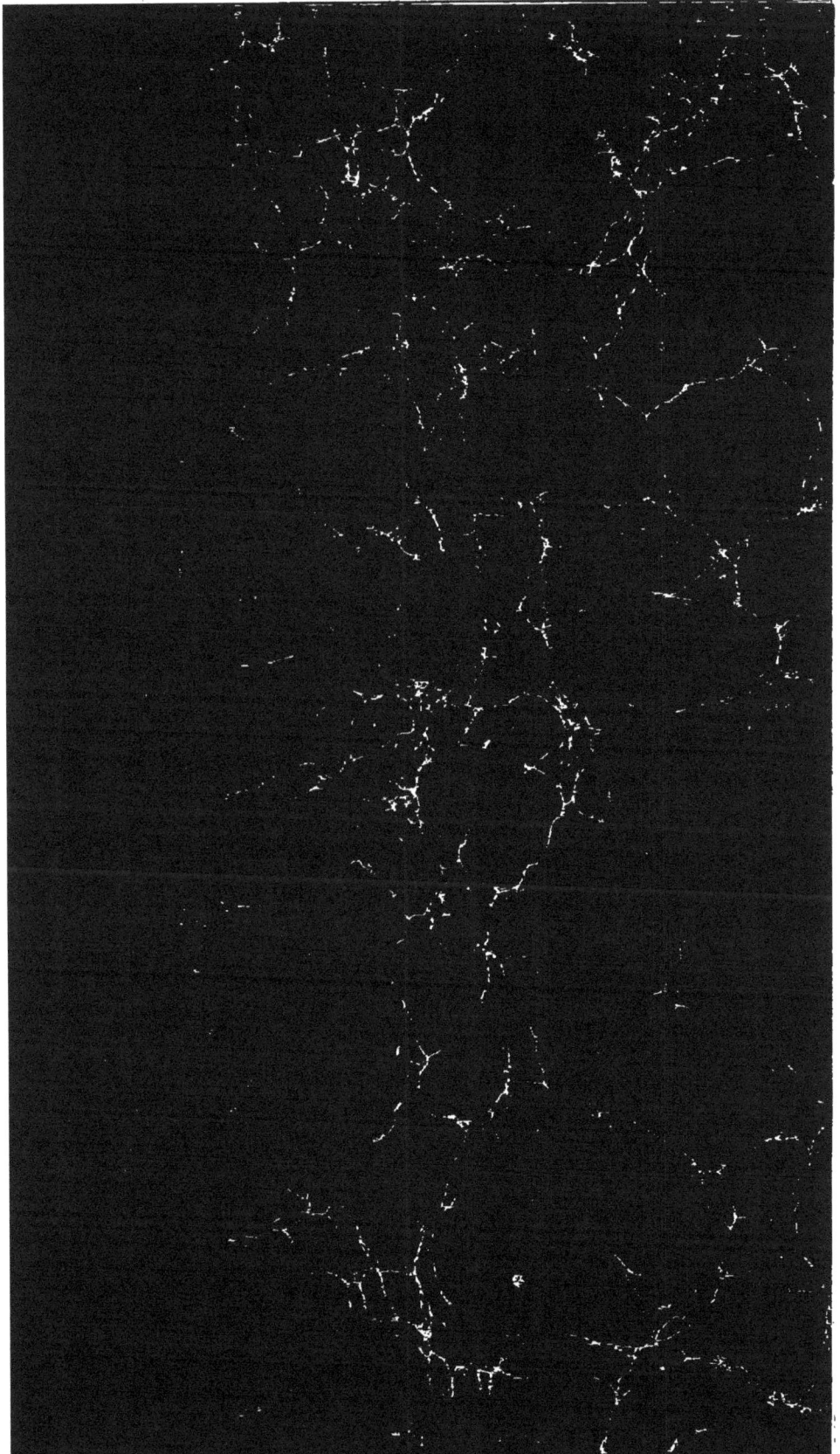

HISTOIRE

DE

L'ABBAYE DE LA GRACE-DIEU.

LK⁷ 3315

HISTOIRE

DE L'ABBAYE

DE LA GRACE-DIEU,

AU DIOCÈSE DE BESANÇON,

Par l'abbé RICHARD,

CURÉ DE DAMBELIN,

CORRESPONDANT DU MINISTRE POUR LES TRAVAUX HISTORIQUES,
MEMBRE DE L'ACADÉMIE DE BESANÇON.

Ouvrage dédié à la communauté des Religieux Trappistes de Notre-Dame de la Grâce-Dieu,

ET PUBLIÉ PAR SES SOINS.

> *Heu ! quantis rapiunt astra laboribus,*
> *Pulsant perpetuis questibus œthera,*
> *Per jejunia longa vires corporis atterunt.*
>
> Ah ! qu'ils sont grands les travaux par lesquels ils emportent le royaume des cieux ! Leurs soupirs perpétuels frappent les airs, et de longs jeûnes abattent la vigueur de leurs corps.
> *(Hymne de l'Eglise.)*

BESANÇON,

IMPRIMERIE DE J. JACQUIN,
Grande Rue, 14, à la Vieille-Intendance.

1857.

AUX RÉVÉRENDS ABBÉ ET PÈRES

DE NOTRE-DAME DE LA TRAPPE DE LA GRACE-DIEU,

AU DIOCÈSE DE BESANÇON.

Mes Révérends Pères,

Permettez-moi de vous offrir l'histoire de l'antique abbaye de la Grâce-Dieu, et veuillez agréer cette faible marque de ma vive reconnaissance pour la part précieuse que vous m'accordez dans vos prières ferventes, dans vos pénitences et dans toutes vos bonnes œuvres. Ce monastère appartint jadis à des religieux de votre ordre ; ses annales vous sont précieuses, et le public lui-même ne les lira pas avec indifférence, car l'ami de l'histoire se plaira à les parcourir, et le chrétien à s'y édifier.

Les desseins de Dieu sur votre abbaye sont vraiment providentiels. Seule, entre les treize maisons cisterciennes qui existaient autrefois en Franche-Comté, la Grâce-Dieu conserva la régularité jusqu'à la fin : seule aussi, nous l'avons vue se relever et sortir de ses ruines. Tandis que nos autres monastères de Saint-Bernard ont presque tous disparu sous le soc de la charrue, et que les deux ou trois qui sont encore debout servent à des usages profanes, celui que nos aïeux appelèrent, au XIIe siècle, *le Rocher-Fleuri, de la Vallée-Fleurie*, se montre maintenant paré de nouveau des fleurs de vos travaux et de vos vertus. Ecrions-nous donc avec le roi-prophète : C'est ici l'ouvrage du Seigneur, ouvrage admirable à nos yeux : *A Domino factum est istud et est mirabile in oculis nostris !*

Jamais l'impuissance de l'individualisme humain ne se révéla plus sensiblement que de nos jours. L'association est devenue le levier de toutes les grandes entreprises financières, industrielles et commerciales. Les *sociétés* couvrent le sol de l'Europe de leurs établissements gigantesques, leurs vaisseaux sillonnent toutes les mers. Et quel est le but de toutes ces compagnies fameuses ? Un gain terrestre et périssable. Mais l'association cénobitique s'élève infiniment au-dessus de la terre. Elle aspire à se procurer des trésors dans le ciel, où la rouille ni les vers ne les consument point, et où il n'y a point de voleurs qui les ravissent!

N'avons-nous pas vu aussi le socialisme aspirant au but chimérique de mettre en harmonie toutes nos passions? Mais, comme l'ordre ne saurait sortir du désordre, ni la règle du dérèglement, ces sociétés, prétendues modèles, à peine écloses d'un cerveau en délire, se sont écroulées au bruit des sifflets; les phalanstères, bâtis sur des rêves, se sont évanouis dans la réalité, et le papier seul a gardé la trace des brillantes descriptions dont ils ont été l'objet.

Pour vous, révérends Pères, vous vous êtes associés afin de vous aider mutuellement dans la répression des mauvais penchants de la malheureuse humanité, et vous trouvez la paix, le vrai bonheur, en rétablissant la nature humaine dans l'état primitif d'où le péché de nos premiers parents l'avait fait déchoir. Afin de vous maintenir dans cette vocation sainte, athlètes courageux, aux subtiles illusions de l'orgueil vous opposez l'abnégation absolue de vous-mêmes, et la pénitence, l'austérité, aux attraits trompeurs de la sensualité. Jésus-Christ était hier, il est aujourd'hui, il sera dans tous les siècles, et sa religion aussi. De nos jours, le christianisme a ses martyrs comme au temps des cruelles persécutions des Nérons et des Dioclétiens, et il a pareillement ses solitaires et ses pénitents, comme ceux des déserts de la Thébaïde et de Cîteaux. Voir revivre au milieu de notre xixe siècle, où la soif des honneurs, du pouvoir, des richesses et de la sensualité dévore les hommes, les grands exemples d'humilité, d'obéissance et de privation du xiie siècle, n'est-ce pas un spectacle aussi glorieux que consolant pour la religion?

Enfin, de nos jours, l'esprit de cupidité, masqué sous un nom que nous ne rappellerons pas, a osé évoquer, par une profanation aussi ridicule qu'odieuse, la charité des temps apostoliques, pour exiger une part dans le bien d'autrui. Et vous, mes révérends Pères, après vous être faits volontairement pauvres, vous n'êtes associés qu'afin de secourir plus efficacement toutes les misères spirituelles et corporelles de vos semblables. En effet, la nuit comme le jour, vous occupez de longues heures à prier pour tant d'hommes qui passent, hélas, leurs jours sur la terre dans l'oubli de Dieu!

Votre vie pénitente et votre modestie édifient tout le monde! Votre nourriture est grossière, vos vêtements prêchent éloquemment la pauvreté; mais le produit de vos travaux est consacré au soulagement des indigents, des malades et des étrangers qui visitent votre monastère. Et votre zèle pour l'agriculture n'est-il pas une leçon éminemment utile aux habitants des campagnes? Plaise à Dieu qu'à votre école, au lieu de se laisser attirer dans les villes par l'appât d'un gain sordide, ils estiment davantage l'occupation des champs, qui fut celle de leurs pères et qui sera, dans tous les temps, la profession la plus honorable et tout à la fois la plus favorable pour le salut! C'est donc ainsi, mes révérends Pères, qu'en vous éloignant du tumulte du monde pour vous fixer dans la solitude, vous vivez, vous travaillez pour la société et vous méritez l'estime de tous les gens sensés, l'admiration des peuples qui vous avoisinent, et les pieuses sympathies de celui qui a l'honneur d'être,

Mes révérends Pères,

Votre très humble et reconnaissant serviteur,

RICHARD,
Curé de Dambelin.

Dambelin, le 1er juin 1857.

AVERTISSEMENT.

L'histoire de la Grâce-Dieu comprend naturellement les annales de l'ancienne et de la moderne abbaye. La première partie n'a point été facile à écrire. Trois incendies et la dévastation de ce monastère au commencement de la révolution de 1789 ont détruit ses archives ; aussi les matériaux relatifs aux temps anciens sont-ils peu nombreux. Cependant les documents recueillis par les religieux trappistes dans les grands dépôts littéraires des bibliothèques publiques de Paris, de Besançon et des départements de l'ancienne Franche-Comté, dans les archives de quelques communes et maisons particulières, nous ont permis de faire connaître les abbés et les événements les plus importants de la Grâce-Dieu pendant la première période de son existence. Les hommes les plus versés dans l'histoire de notre province, et entre autres l'excellent président M. Ed. Clerc, M. l'abbé Besson, supérieur du collége de Saint-François-Xavier, le savant M. Weiss, bibliothécaire de Besançon, M. Fleury, juge de paix de Blamont, les archivistes obligeants de nos préfectures, etc., ont offert leur concours empressé pour rechercher et communiquer aux religieux tous les renseignements parvenus à leur connaissance sur une des antiques abbayes comtoises dont les historiens ont à peine signalé le nom. Que ces bienveillants coopérateurs reçoivent ici l'hommage solennel de la reconnaissance des Frères Trappistes et de la nôtre !

La deuxième partie de l'histoire que nous écrivons est tirée des notices manuscrites et imprimées, fournies par les religieux. On y raconte le rétablissement de la Trappe au diocèse de Besançon, son origine et les pénibles épreuves qu'elle a subies avant d'être fixée définitivement à la Grâce-Dieu. Les idées qu'on a généralement de l'ordre des Trappistes sont presque toujours si imparfaites ou si fausses, que nous avons cru nécessaire de le faire connaître avec ses réformes d'une manière sommaire, avant d'entrer dans les détails spéciaux concernant la Trappe de la Grâce-Dieu.

Ainsi, nous osons croire que notre travail sur ce monastère, reposant sur des recherches consciencieuses, dirigé par une critique réfléchie, est aussi complet que possible. Puisse-t-il contribuer à la gloire de Dieu, c'est toute la récompense que nous demandons pour nos laborieux efforts !!!

PREMIÈRE PARTIE.

CHAPITRE PREMIER.

> Invenimus eam in campis sylvæ.
> *(Psalm.* 131.)
> In terrâ desertâ, in loco horroris et vastæ solitudinis.
> *(Deut.*, XXXII, 10.)

Situation de l'abbaye de la Grâce-Dieu. — Ses noms. — Son fondateur et son église primitive. — Pierre Gauthier, premier abbé de ce monastère. — Sa filiation. — Wuarnier, deuxième abbé de la Grâce-Dieu.

Au XIIe siècle, la société civile ne présente que deux classes d'hommes, les seigneurs et les serfs. Ceux-là, de mœurs altières et déréglées, ne connaissaient d'autre occupation que les aventures, les bruyants divertissements des tournois et les guerres avec leurs voisins. Les combats qu'ils se livraient les uns aux autres dégénéraient souvent en scènes de cruauté et de barbarie. Ceux-ci, condamnés à tirer péniblement du sein de la terre le pain de leurs maîtres, n'en recevaient pour tout salaire que des aliments grossiers et subissaient en quelque sorte le sort d'un vil bétail. D'un autre côté, on voit dans la société religieuse l'état monastique arrivé au dernier degré du relâchement. Les dispenses, les priviléges et surtout les richesses ont amené la décadence de la règle de saint Benoît. Mais la Providence, qui aux grands maux sait apporter les grands remèdes et dont les voies sont toujours admirables, a préparé dans sa sagesse l'ordre de Cîteaux pour adoucir les mœurs publiques, ressusciter la vie religieuse et rendre à l'agriculture méprisée la juste considération qui lui est due. En accourant dans les cloîtres, la noblesse permet à la paix de reparaître dans le monde, les mœurs des barons s'adoucissent et s'humanisent en descendant au même degré de l'échelle sociale et religieuse que leurs serfs, qu'ils viennent embrasser comme des égaux et des frères. Ceux-ci recouvrent la dignité de l'homme, dont ils avaient été dépouillés par l'effet de préjugés séculaires. La liberté des enfants de Dieu est pour eux un heureux échange contre la dure servitude des maîtres du monde, qui, à leur tour, trouvent sous le joug du Seigneur le calme et le bonheur qu'ils ne rencontrèrent jamais dans les régions d'une hautaine indépendance. Ce caractère de réparation sociale et religieuse est frappant dans l'institution de l'ordre de Cîteaux.

Saint Robert, abbé de Molesme au diocèse de Langres, en jeta les fondements en 1098; le bienheureux Albéric et saint Etienne Harding, ses disciples, le développèrent les années suivantes. Le désert marécageux de Cîteaux, dans l'ancienne vicomté de Beaune, au diocèse de Chalon-sur-Saône, fut le lieu où ils se retirèrent pour faire revivre la règle de saint Benoît dans toute sa rigueur. Le plus grand détachement de toutes choses et un renoncement entier à leur propre volonté, c'est-à-dire la pauvreté et l'obéissance portées aussi loin que possible, furent les bases de la nouvelle réforme religieuse. Ce n'est pas sur d'autres principes que les vrais solitaires doivent s'appliquer à édifier l'œuvre de leur perfection. Pendant bien des siècles les habitants de Cîteaux ne portèrent d'autre nom que ceux de *pauvres frères*, de *pauvres cisterciens*. Malgré l'austérité du nouvel institut, on l'embrassa avec empressement et, par une disposition toute providentielle, les grands et les riches du siècle s'en montrèrent les plus zélés partisans. En 1113, Bernard, seigneur de Fontaine, près Dijon, avec ses frères et d'autres compagnons non moins distingués que lui par la naissance et la noblesse, arrivent à Cîteaux, au nombre de trente, et demandent à être reçus dans ce monastère. Deux ans après, en 1115, l'abbé Etienne Harding envoie Bernard fonder l'abbaye de Clairvaux (1) dans la vallée d'Absinthe, au diocèse de Langres. Les vertus et la ferveur de l'abbé de Clairvaux surpassent celles de ses frères; Dieu en rehausse encore l'éclat en lui accordant le pouvoir d'opérer des miracles, et Bernard, devenu l'oracle des papes et des rois comme il est l'objet de la vénération des peuples, donne sans s'en douter son propre nom à l'ordre naissant de Cîteaux.

La Franche-Comté, voisine des provinces qui l'ont vu naître et se propager avec une rapidité qui tient du prodige, le connaît bientôt à son tour. Anséric, archevêque de Besançon, l'accueille avec la plus grande faveur; le comte Renaud III, souverain de la Comté, les plus grands seigneurs, ambitionnent à l'envi l'avantage de posséder dans leurs terres des maisons de l'ordre de saint Bernard. Ils s'empressent d'y attirer ces religieux en leur cédant des terrains jusqu'alors incultes, dans des vallées isolées de leurs domaines; et les cisterciens ou *bernardins* se multiplient d'une manière si prompte dans le diocèse de Besançon, qu'en quelques années ils y élèvent jusqu'à treize monastères (2). Ils se peuplent en peu de temps

(1) Cette abbaye a été ainsi appelée de l'éclatante sainteté de ses habitants.

(2) Ce sont les abbayes de *Bellevaux*, fondée en 1119 par l'archevêque Anséric et les seigneurs de la Roche sur l'Ognon; *Cherlieu* (1127), par le comte Renaud III; *Rosières*, par les sires de Salins; *Acey*, par le comte Renaud; *Theuley*, par le chanoine Mourard (1130); *la Charité*, par les seigneurs de Traves; *Bithaine*, par ceux de Faucogney; *le Lieu-Croissant*, par les comtes de la Roche en Montagne; *Clairefontaine*, par les comtes de

d'un si grand nombre de religieux, et la discipline monastique y devient si florissante, qu'ils peuvent envoyer même au loin des colonies fonder de nouveaux couvents, qui prospèrent également sous la double protection du travail et de la prière (1). Le passage de saint Bernard à Besançon, en 1135, à son retour de Rome, où il était allé entretenir le pape des intérêts de l'Eglise, acheva de rendre l'opinion publique favorable à son institut. L'abbé de Clairvaux, accueilli par l'archevêque Humbert avec tout le respect que commandaient son nom et ses services, vit la population entière de Besançon à ses pieds, ravie de son air de sainteté et entraînée par le charme de son éloquence. Pendant tout le temps qu'il passa en cette ville, les ateliers et les boutiques furent fermés. A son départ, les habitants enchantés ne pouvaient se détacher de lui ni le quitter; ils formèrent un cortége nombreux, et le reconduisirent solennellement jusqu'à Langres (2).

Ce fut au milieu de cet enthousiasme général, et peu de

Bourgogne et d'autres seigneurs (1133) ; *Balerne*, par les sires de Salins (1136) ; *Buillon*, par les seigneurs de Châtillon (1134) ; *la Grâce-Dieu*, par ceux de Montfaucon (1139) ; enfin *Mont-Sainte-Marie*, par les sires de Salins et de Chalon (1199) ; et plus tard, l'hospice de *Bellevaux*, à Besançon, rue Battant, et le prieuré de *Montarlot*, en 1393.

(1) Les monastères sortis de Bellevaux sont : *Lucelle*, diocèse de Bâle (1124); *Neubourg*, dioc. de Strasbourg (1128) ; *la Charité* (1133), dioc. de Besançon ; *Rosières*, dioc. de Besançon (1130) ; *Théla* (1135), dioc. de Lausanne ; *Staforda*, dioc. de Turin (1135) ; *Salem*, dioc. de Constance (1137) ; *Aurore* et *Poiris*, même dioc. (1138) ; *Saint-Urbain*, dioc. de Bâle (1148); *Laurus, sive Taurus*, dioc. de Constantinople (1256) ; *Montarlot*, dioc. de Besançon (1393).

Cherlieu eut pour filles les abbayes d'*Hautcret* (1134), *Hauterive* (1137), dans le diocèse de Lausanne ; *du Gard*, dioc. d'Amiens (1134) ; *Beaulieu*, dioc. de Langres (1166).

Acey donna naissance au couvent de *Polisy*, en Hongrie (1184).

(2) *Tandem Chrysopolim veniens usque Lingonas solemniter deducitur.* (*Vita sancti Bernardi*, 20ª august., apud Boll., t. II, c. III.)

temps après le passage de saint Bernard à Besançon, qu'on vit s'élever le monastère de la Grâce-Dieu ; il était le onzième de l'ordre de Cîteaux, dans notre province, depuis 1119. Cette abbaye, située dans le département du Doubs, à 28 kilomètres est de Besançon, à 14 de Baume et à 8 de Vercel, fut construite au fond d'une vallée solitaire et profonde, entourée de montagnes escarpées couvertes de forêts et couronnées de rochers à mille formes bizarres. Ce vallon est arrosé et souvent ravagé par le torrent de l'*Audeux*, qui prend sa source à 4 kilomètres à l'est, au Val-de-Creuse, traverse les communes de Bremondans et d'Orsans, et entre sur le territoire de la Grâce-Dieu par une gorge très resserrée, formant cascade à 1,200 mètres du monastère. De ce point, où sont situés les anciens moulins dits de la Cascade, il se précipite à l'ouest, dans une vallée étroite, sur un lit de rochers et de pierres roulantes, puis il fléchit graduellement au sud-ouest. Là, le vallon commence à s'élargir, les montagnes s'écartent, s'affaissent et forment un petit bassin où se trouve le monastère avec ses dépendances. Après avoir baigné ses murs, l'*Audeux* suit la même direction jusqu'au pied de la montagne du Châtelard ; puis, tournant brusquement au nord-ouest, il coule pendant un kilomètre et demi dans une vallée étroite et sinueuse jusque sur le territoire d'Aïssey. Cette position est peu favorable à l'agriculture à cause de la rigueur des hivers et surtout de la fraîcheur des nuits du printemps et de l'automne. Le site est pittoresque et charmant en été, triste et un peu sauvage en hiver, mais parfaitement choisi et adapté au recueillement et à la prière.

Dans les temps reculés, cette gorge étroite et profonde était appelée la Vallée-des-Hiboux (1), à cause du grand nombre de

---

(1) *Vallis bubonum.*

ces oiseaux qui avaient leur retraite dans les rochers qui la dominent; mais après l'arrivée des cénobites, elle échangea cette dénomination contre les beaux noms de *Rocher-Fleuri*, de *Vallée-Fleurie* (1). On l'appela aussi *le lieu de la Grâce de Dieu, de la Miséricorde de Dieu* (2). A quoi faut-il attribuer ces dénominations diverses? Serait-ce aux dangers qui portaient les voyageurs à recommander leur âme à Dieu en s'aventurant dans ce coupe-gorge, au dénuement absolu des premiers solitaires qui l'habitèrent, aux bienfaits signalés qu'ils y auraient reçus de Dieu, aux aumônes abondantes dont les pauvres y ont été comblés dans tous les temps, enfin aux grâces célestes accordées aux pèlerins visitant l'abbaye? Toutes ces explications sont également admissibles et fondées en raison. Les fils de saint Bernard savaient si bien transformer les déserts les plus tristes et les plus ingrats en paysages riants et productifs, qu'ils étaient bien autorisés à en changer les noms et à les appeler d'une manière analogue à l'heureuse et brillante métamorphose qu'ils leur faisaient subir! Ecoutons là-dessus l'abbé Dubois dans sa belle *Histoire de Morimond :*
« Si les cisterciens, dit cet éloquent historien, arrivaient dans
» une forêt opaque, elle s'éclairait, se changeait en une blanche
» et radieuse forêt, ils l'appelaient la Blanche-Forêt; si c'était
» un marais infect, impraticable, ils lui donnaient les noms
» gracieux et parfumés de Beaupré, Rosières, Verger-Fleuri.
» S'ils trouvaient un ruisseau boueux et sans issue, l'eau en
» devenait pure et limpide dès qu'ils y avaient trempé leurs
» lèvres virginales, ils le nommaient Aiguebelle, Clairefon-
» taine, Bonnefont, Auberive. Les solitudes les plus obscures

---

(1) *Rupes florida*, dans le diplôme de Frédéric Barberousse, et *Vallis florida* dans d'autres titres.

(2) *Locus Gratiæ Dei, Misericordiæ Dei*, lit-on dans presque toutes les chartes.

» s'illuminaient à leur aspect et devenaient des lieux de dé-
» lices; tels étaient Bellevaux, Valbonne, Vauxclair, Volui-
» sant, Clairlieu, Celle de Lumière, Port de Gloire. Un fourré
» de ronces et d'épines devenait Vaux-la-Douce; des ravins
» abandonnés, des coupe-gorge bordés de rochers, repaires
» de voleurs et d'assassins, étaient appelés la Charité, la Val-
» Sainte, la Grâce-Dieu, la Bénissons-Dieu (1). »

Enfin, du XIIIe au XVe siècle la Grâce-Dieu fut aussi appelée la Vallée de la Bienheureuse Vierge Marie (2), non-seulement parce que son église fut, comme toutes celles de Cîteaux, dédiée à la Mère de Dieu, mais encore parce qu'elle posséda jusqu'à la fin du XVIIIe siècle une statue miraculeuse, aux pieds de laquelle venaient prier de nombreux pèlerins. Il est à remarquer que c'est principalement au XVe siècle qu'on voit les religieux de saint Bernard donner à leurs monastères, surtout en Allemagne et dans les autres contrées du Nord, le nom chaste et béni de la Mère de Dieu (3). Oh! que de souvenirs pieux et touchants sont attachés aux seuls noms de celui dont nous retraçons les annales!

Cependant les désastres multipliés qu'a subis la Grâce-Dieu ont laissé un nuage d'obscurité autour de son berceau. De là une assez grande variété d'opinions sur l'époque et les auteurs de sa fondation. Exposons les sentiments des historiens, nous dirons ensuite ce que nous pensons nous-même.

Wisch, écrivain flamand, avance que ce monastère ne remonte qu'au 4 des kalendes de septembre 1152 (4). L'abbé

---

(1) *Histoire de Morimond*, p. 253, 1re édit.

(2) *Vallis beatæ Mariæ Virginis.*

(3) *L'Etoile de la Mer, la Vigne, le Jardin, le Champ de Marie*, etc., etc. (Voyez le tableau des filles de Morimond, à la fin du volume de l'abbé Dubois.)

(4) *Antiquissimâ chronologiâ.* Charles de Wisch, laborieux écrivain de l'ordre de Cîteaux, au XVIIe siècle, est l'auteur d'une *Histoire des monas-*

Dubois a suivi cette opinion, d'après Gaspard Jongelin, auteur de la Notice universelle des abbayes de l'ordre de Cîteaux (1). Ces systèmes sont détruits par la charte de Humbert, archevêque de Besançon, que nous ferons connaître. Un manuscrit trouvé dans les archives de la mairie de Chaux-lez-Passavant porte que les princes de Montbéliard fondèrent, environ l'an 1137, l'abbaye de la Grâce-Dieu avec des biens appartenant à Henriette de Montfaucon, épouse d'Amé ou Amédée de Montbéliard, et que cette princesse ratifia cette fondation en 1139. Cette nouvelle opinion ne peut soutenir le regard de la critique même la moins sévère, puisque Amédée de Montbéliard, premier du nom, était mort avant 1137, et que Henriette de Montfaucon ne vécut que plus de deux siècles après la fondation de la Grâce-Dieu. Le savant président Clerc la fixe à 1139, et il est porté à croire qu'elle doit être attribuée à Renaud III, comte souverain de Bourgogne, qui possédait au voisinage la terre de *Rainguevelle* (2). Il appuie ce sentiment sur ce que Frédéric Barberousse, empereur d'Allemagne, devenu comte de Bourgogne par son mariage avec Béatrix, fille unique de Renaud, confirmant les possessions de la Grâce-Dieu, rappelle que son beau-père a beaucoup aimé cette mai-

---

tères, et d'une *Bibliothèque des cisterciens qui ont laissé des ouvrages*. Les œuvres de Wisch, quoique d'un mauvais style, passent pour exactes.

(1) Gaspard Jongelin, religieux profès de l'abbaye de Vieux-Mont (ou Aldenberg, diocèse de Cologne), a laissé une notice sur les abbayes cisterciennes.

(2) *Rainguevelle, Raigneville, Rancavilla*, petit plateau situé au nord-ouest et au-dessous de la montagne couronnée par le château et le village actuel de Passavant, depuis l'époque de 1255 à 1266. Auparavant la maison forte et les habitations étaient à Rainguevelle, chef-lieu d'une seigneurie importante. Il n'y est resté que le cimetière et une chapelle très ancienne, car en 1044 Hugues Ier, archevêque de Besançon, donna l'église de Rainguevelle à l'abbaye de Saint-Paul.

son et l'a dotée des biens qui lui étaient nécessaires (1). L'empereur Henri VI, fils de Barberousse, consacre les mêmes souvenirs. Mais les termes employés par ces princes signifient plutôt un accroissement de dotation qu'une donation primitive, d'où il nous paraît qu'on n'en peut conclure autre chose, sinon que le comte Renaud fut un des premiers bienfaiteurs de la Grâce-Dieu. L'*Histoire de Citeaux* (2), dom Beaunier dans son *Recueil des évêchés et abbayes de France* (3), l'abbé Dutems dans l'*Histoire du clergé de France* (4), tous les historiens modernes, s'accordent à rapporter positivement la fondation de la Grâce-Dieu au 8 des kalendes d'avril, c'est-à-dire au 25 mars 1139, jour de l'Annonciation de Notre-Dame, devenu par ce motif fête patronale du nouveau monastère. Une ancienne charte, échappée avec quelques autres titres à l'incendie de 1367, cite aussi l'année 1139 comme l'année même de la fondation de cette abbaye (5). Ce fait est d'ailleurs confirmé d'une manière irréfragable dans la charte donnée le 11 mai 1147, à Besançon, par l'archevêque Humbert, à l'effet d'assurer à l'abbé et aux solitaires de la Grâce-Dieu la possession de leurs biens. Cette pièce est le seul acte authentique qui, de cette époque reculée, nous soit parvenu jusqu'ici concernant la Grâce-Dieu. En voici la teneur :

« Au nom de la sainte et indivisible Trinité, Père, Fils et
» Saint-Esprit,

» Humbert, par la grâce de Dieu, archevêque du siége

---

(1) *Dilexit multùm et ampliavit possessionibus necessariis.* (Voir le *Diplôme de Frédéric Barberousse*, Pièces justificatives, n° 3.)

(2) T. IX, p. 218.

(3) T. Ier, p. 126. Dom Beaunier était un savant bénédictin de la congrégation de Saint-Maur.

(4) Article *Grâce-Dieu*.

(5) Voir n° 1, Pièces justificatives.

» de Besançon, à WUARNIER, abbé de la *Miséricorde de Dieu*,
» et aux frères du même lieu, persévérez irréfragablement
» dans la volonté de vous sanctifier! La mémoire des hommes
» est sujette à oublier; c'est pourquoi les lois ordonnent
» de rédiger par écrit les conventions et les preuves des
» faits, afin que les témoins venant à manquer, ce qui a été
» réglé autrefois soit démontré par l'acceptation qu'on en a
» faite. Il est convenable que les biens donnés par amour de
» la sainteté et par zèle pour la religion aux lieux consacrés
» à Dieu, soient placés sous la protection tutélaire et privilé-
» giée de l'évêque. Aussi nous assignons et confirmons par
» l'apposition de notre sceau, à vous et à l'Eglise à laquelle
» par les desseins de Dieu vous présidez, ainsi qu'aux frères
» qui s'y sont consacrés à son service, à savoir, *le lieu de la*
» *Miséricorde de Dieu*, ceux de *Quincunt*, d'*Ausoëns*, tout ce
» qui vous a été et vous sera donné, afin que vous les possé-
» diez à perpétuité tranquillement et à l'abri de trouble et
» d'inquiétude. Nous faisons connaître à tous les frères pré-
» sents et futurs que les seigneurs Thiébaud de Rougemont
» et Richard de Montfaucon, du consentement et de l'appro-
» bation de leurs épouses, enfants et amis, ont donné à ladite
» église leur *alleu* anciennement appelé *Falundeas*, sans s'y
» réserver aucun usage, pour qu'elle en jouisse pleinement et
» librement. Les témoins sont les abbés Thiébaud, du Lieu-
» Croissant; Albéric, de Bithaine; Pierre, de la Charité;
» Etienne Ier, de Luxeuil; Firmin, de Belchamp; Hyrode, de
» Bellelay; les prieurs Vicard, de Saint-Paul; Hugues, de
» Marast; les seigneurs Thierry, comte de Montbéliard; Henri,
» de Faucogney; Simon, de la Roche; Pierre, de Belmont;
» Etienne, de Rougemont; Vivien, de Montfaucon; Henri, de
» Montjustin; Bernard; Vuillerme, de Cubry, et un grand
» nombre d'autres personnages.

» Quiconque, ecclésiastique ou séculier, aura la témérité
» de contrevenir sciemment à notre présente constitution, si,
» après avoir été averti trois fois, il ne satisfait pas d'une
» manière convenable, qu'il soit privé de sa dignité d'honneur
» et de juridiction, qu'il sache qu'il est coupable et respon-
» sable au jugement de Dieu du crime qu'il a commis, qu'on
» l'éloigne de la réception du corps et du sang de Notre Sei-
» gneur Jésus-Christ, et qu'il subisse une vengeance sévère
» au jour du jugement suprême! Que la bénédiction de Notre
» Seigneur Jésus-Christ arrive, au contraire, à tous ceux
» qui laisseront la même Eglise en paix; qu'ils reçoivent
» maintenant le fruit de leur bonne action, et du juste Juge
» la récompense de la paix éternelle! Donné à Besançon, le
» cinq des nones de mai, par les mains du chancelier Pierre
» et d'Etienne le chantre, l'an de l'Incarnation mil cent qua-
» rante-sept (1). »

Le manuscrit de Rosières, après avoir rapporté cette charte, ajoute que la concession de la Grâce-Dieu était cependant plus ancienne et remontait à l'année 1139, mais que l'acte n'en fut écrit que neuf ans après (2). Effectivement, à cette époque les dotations des églises et des monastères, quand elles ne provenaient pas des empereurs et des rois, se faisaient presque toujours verbalement, ou par des signes allégoriques, devant une assemblée de seigneurs, quelquefois par l'entremise d'un tiers. Mais, dès le milieu du XIIe siècle, les dons de terres aux églises furent consignés dans des écrits, quoique faits antérieurement d'une manière verbale ou par une tradition manuelle; l'écriture était une précaution contre les discussions possibles et tout à la fois une protection contre

---

(1) Voir n° 2, aux Pièces justificatives.
(2) *Licet ea donatio loci Gratiæ Dei fuerit antiquior utpote ab anno 1139, sed non fuit in scriptis redacta nisi post spatium novem annorum.*

les attentats des malveillants (1). Ainsi que la Grâce-Dieu, l'abbaye de Rosières fut fondée de la sorte. Humbert III, sire de Salins, en décida l'établissement et la dotation en 1130, avant son départ pour la Terre sainte, qui eut lieu l'année suivante; son fils la réalisa, et la charte constatant ces dons ne fut rédigée qu'en 1136, « circonstance, dit Béchet, qui a trompé plusieurs écrivains, qui ont pris cette date pour celle de l'établissement de Rosières, tandis que cette abbaye était achevée quelques années auparavant (2). »

La charte de l'archevêque Humbert n'est point un acte commun et ordinaire : on est frappé de la solennité avec laquelle elle fut rédigée, du grand nombre de dignitaires ecclésiastiques, de hauts barons, tous bienfaiteurs de l'ordre de Cîteaux, qui furent convoqués pour y apposer leurs signatures ; aussi a-t-elle été considérée généralement comme la constitution authentique de la Grâce-Dieu. Ses possessions primitives consistèrent seulement dans *le lieu de la Grâce-Dieu*, appelé postérieurement *le Creux de l'Abbaye*, avec ceux d'*Ausoëns* (d'Aïssey) et de *Quineunt*, auxquels Richard II de Montfaucon et Thiébaud II de Rougemont ajoutèrent, en 1147, leur alleu commun de *Fallondans* (3). Quel est ce lieu de *Quineunt*? Aucune localité voisine ne rappelle ce nom, ni rien qui en approche ; nous pensons qu'il n'est autre que le plateau qui s'étend sur la montagne au nord du monastère. C'est le seul endroit qui présente de la terre labourable pour le tra-

---

(1) HURTER, *Des Institutions et des mœurs de l'Eglise au moyen âge*, t. II, p. 22.

(2) *Recherches sur Salins*, t. Ier, p. 96 et 97.

(3) *Alleu*, terre franche de toute redevance seigneuriale. Au moyen âge, l'Eglise exigeait impérieusement cette condition pour l'emplacement et les possessions des monastères. Cette mesure était commandée par la considération et la liberté dont avaient besoin les établissements religieux.

vail et l'entretien des religieux ; il leur a appartenu dans tous les temps ; il a toujours été joint au vallon et formé avec lui ce qu'on appelait le territoire de l'abbaye ; dans les nombreux procès qu'elle a eu à soutenir, elle n'a jamais eu besoin de produire ses titres de propriété, ni du vallon, ni de ce plateau, tandis que toutes ses autres possessions sont connues par des titres et des noms particuliers (1). *Quineunt* ne peut donc être autre chose que l'emplacement des fermes dites *du Mont,* nouvelle et postérieure dénomination qui aura remplacé la première. Nous ignorons la situation de la ferme de *Fallondans.*

Les donateurs de cet accroissement de la dotation de notre abbaye sont clairement dénommés dans la charte de l'archevêque Humbert ; mais de qui reçut-elle le vallon et son territoire ? C'est sur quoi elle a gardé un silence regrettable. Au reste, des faits nombreux et une tradition constante déposent que les seigneurs de Montfaucon furent les auteurs de ce don. Conon dit Falcon vivait en 1040 et donna ce nom à la montagne au sommet de laquelle il éleva son manoir féodal, qui, devenu le séjour de ses descendants, leur transmit le nom de *sires* de Montfaucon. Cette antique famille, la première de la province après celle de nos comtes souverains, possédait la partie entière de la contrée de Warasch à l'est, dès les rivages du Doubs voisins de Besançon au val de Morteau, et de Morteau à la Franche-Montagne et au comté de Montbéliard. Les seigneurs de Montfaucon étaient en quelque sorte les rois de nos montagnes : cent vingt villages leur appartenaient, ils en avaient inféodé les terres à cent vassaux, et des milliers de soldats marchaient sous leurs bannières (2). Parmi les seigneuries féodales qui relevaient d'eux, nous voyons celles de

---

(1) Voir le Mémoire sur le procès de l'an 1772, p. 5.
(2) Voir Dunod, *Nobiliaire*, p. 54 ; Ed. Clerc, *Essai sur l'histoire de Franche-Comté*, t. II, p. 73.

Gonsans, de Côtebrune, de Vercel, d'Orsans, de Leugney, de Passavant, entre lesquelles est enclavé le vallon de la Grâce-Dieu. Ce territoire leur appartenait, car on ne voit point quel autre seigneur aurait pu le posséder. Nous dirons la même chose de celui d'Aïssey. Les armoiries des Montfaucon coupaient l'écusson de l'abbé de la Grâce-Dieu (1) ; ils jouissaient seuls du droit d'être inhumés dans le chœur de l'église, priviléges qui, au dire de tous les historiens, ne pouvaient appartenir qu'aux fondateurs d'une abbaye. Cette qualité ne se révèle-t-elle pas encore par l'attention scrupuleuse qu'ils eurent à en conserver exclusivement la gardienneté ? Les comtes de Montbéliard, ayant recueilli, au xive siècle, la terre des sires de Montfaucon, ne se sont-ils pas toujours prévalu, comme successeurs de ces derniers, du titre de fondateurs de la Grâce-Dieu ? N'ont-ils pas mis en avant cette qualité, comme chose notoire, incontestable, dans les divers procès et démêlés qu'ils ont eus avec les religieux, concernant la justice, les limites de territoire et l'exercice des droits seigneuriaux ? Et pourtant ceux-ci ne leur ont jamais disputé cette prérogative, ce qu'ils n'auraient pas manqué de faire si elle n'avait pas été établie d'une manière inébranlable, et cela d'autant mieux que cette fin de non-recevoir aurait coupé court à tous les différends. Enfin les historiens anciens comme les modernes ont tous et constamment écrit jusqu'à nos jours que la fondation de la Grâce-Dieu est due aux sires de Montfaucon, qui en furent

---

(1) Les armoiries de Montfaucon étaient de gueules à deux bars ou truites d'or adossés avec deux trécheurs aussi d'or. Celles de la Grâce-Dieu étaient de gueules à deux bars adossés en champagne ; de petit-gris en fasce et en chef avec la Vierge drapée d'azur, debout, portant l'Enfant Jésus sur le bras gauche, tenant le sceptre royal de la main droite, et les attributs abbatiaux, la mitre d'azur à la croix d'or à dextre du chef et la crosse d'or à senestre.

aussi les premiers bienfaiteurs avec d'autres seigneurs du voisinage. L'abbé dom Deleschaux émet la même opinion dans sa première lettre au P. Dunand. Si la garde de la Grâce-Dieu et les appels de la haute justice de l'abbé furent attachés à la seigneurie et au bailliage de Passavant plutôt qu'au château de Montfaucon, cela n'est arrivé que par suite des partages des biens de cette illustre maison, qui possédait originairement ces domaines nobles, et on n'en peut pas conclure que le fondateur de cette abbaye n'était point un Montfaucon. La protection en fut attribuée à la forteresse de Passavant, parce qu'elle était plus rapprochée.

Nous demandera-t-on quel est celui des Montfaucon qui a fondé la Grâce-Dieu? Nous répondrons, avec dom Grappin [1] et Duvernoy [2], deux savants historiographes de notre province, que ce fut Richard IIe du nom [3]. D'ailleurs, sa famille se montra l'une des plus zélées parmi la noblesse comtoise pour la propagation de l'ordre de Cîteaux. Avec la Grâce-Dieu, Lucelle, Buillon, lui durent leur fondation, Bellevaux et le Lieu-Croissant d'abondantes largesses. Au nom de Richard II de Montfaucon comme bienfaiteur de la Grâce-Dieu, la charte de l'archevêque Humbert ajoute celui de Thiébaud II de Rougemont. Cette maison antique et illustre, connue depuis le commencement du xie siècle, était en possession de la vicomté

---

[1] *Almanach de Franche-Comté*, années 1783, 1785.

[2] *Nouveau Gollut*, col. 1827.

[3] Richard II, sire de Montfaucon, épousa Agnès, fille de Thierry II, comte de Montbéliard, du chef de laquelle il eut le comté de ce nom, qui de la sorte se trouva réuni à la seigneurie de Montfaucon (1130 — 1140). Celle-ci fut encore annexée une seconde fois au comté de Montbéliard, vers 1332, par le mariage d'Henri avec une autre Agnès de Montbéliard. Les Montfaucon ont fourni trois archevêques au siége de Besançon : Hugues II, en 1067; Thierry II, 1180, et Louis, 1366. Ils avaient la garde des prieurés de Mouthier-Hautepierre, Morteau et Laval.

de Besançon dès 1044; elle l'a possédée héréditairement plus de deux siècles. Les seigneurs de Rougemont furent très généreux envers l'abbaye de Bellevaux (1). Dans ces temps de foi, les grands du monde, les riches de la terre, se faisaient gloire de rendre à Dieu par reconnaissance une partie des richesses qu'il leur avait accordées, en dotant des églises et des monastères. Quelquefois aussi, ces preux chevaliers, aussi francs et loyaux que bizarres, réparaient par là les injustices commises dans un instant de caprice et d'emportement. S'il faut ajouter foi au récit de certains chroniqueurs, Richard II de Montfaucon ne se serait pas toujours montré observateur fidèle des règles de l'équité, et on doit voir en cela une des causes de ses générosités multipliées aux églises et aux monastères. Les croisades n'entrèrent pour rien dans l'établissement de la Grâce-Dieu, et presque tous les biens qu'elle reçut furent des aumônes faites en retour des prières qu'on lui demandait.

Nous avons déjà remarqué la qualité et le grand nombre de témoins qui comparurent à la rédaction de la charte de l'archevêque Humbert en faveur de la Grâce-Dieu. Ce sont d'abord trois prélats de l'ordre de Cîteaux, les seigneurs les plus illustres et tout à la fois ses plus généreux bienfaiteurs. Viennent ensuite l'abbé de Luxeuil, celui de Saint-Paul de Besançon, avec le prieur de Marast, représentant, le premier l'ordre des bénédictins, et ceux-ci les augustins, qui formaient les deux grandes divisions de l'ancien état monastique. Honneur à ces vétérans du cloître! Ils voient se former sans jalousie comme sans ombrage des essaims de nouveaux frères, dont la régularité et la pauvreté condamneront leur relâchement et leurs

---

(1) La famille de Rougemont a donné aussi trois archevêques au diocèse de Besançon : Girard Ier, en 1221 ; Eudes, 1268, et Thiébaud, 1404. Elle portait d'or à l'aigle becquée de gueules, membrée et couronnée d'azur.

richesses. Ils ne laissent pas néanmoins de pousser la bienveillance et la charité à leur égard jusqu'à seconder leur établissement. L'abbé Etienne Ier et les bénédictins de Luxeuil font des dons considérables aux cisterciens de Cherlieu et de Bithaine ; Clairefontaine dut une partie de sa dotation à l'abbaye de Faverney. C'est ainsi que la vraie charité sait se mettre au-dessus des petitesses d'une rivalité puérile, et obtient à ceux qui la pratiquent le pardon de leurs fautes. L'ordre de Prémontré ne faisait que de naître, avec des commencements moins brillants que ceux de Cîteaux, et les prélats des deux maisons de cet institut, établi seulement depuis peu dans le diocèse de Besançon, voulurent aussi honorer de leur présence la naissance de la Grâce-Dieu (1).

Au reste, la charte de l'archevêque Humbert fut-elle la seule cause qui réunit à Besançon tant de prélats et d'illustres seigneurs qui venaient applaudir à l'érection d'une nouvelle maison de Cîteaux ? Ne pouvons-nous pas conjecturer avec quelque vraisemblance qu'ils assistèrent aussi alors à la consécration de la nouvelle église de la Grâce-Dieu? Neuf ans s'étaient écoulés depuis l'arrivée des premiers cisterciens dans ce vallon solitaire, la construction d'une église dut être nécessairement l'objet le plus empressé de leurs soins ; la charte de l'archevêque Humbert y présente le service divin comme étant déjà régulièrement organisé en 1147 ; enfin, ce qui reste de cet édifice offre encore des traits frappants de l'époque de transition du style roman au gothique de la première plutôt que

---

(1) L'ordre des prémontrés fut fondé dans le diocèse de Laon en l'année 1120, et suivait la règle de saint Augustin.

Les deux abbayes de prémontrés dans le diocèse de Besançon étaient : 1° celle de *Bellelay*, dans la partie du Porrentruy dépendant de Besançon, fondée en 1134 par Raimbaud, chanoine de Saint-Paul ; 2° celle de *Belchamp*, au comté de Montbéliard, établie par le même religieux en 1144.

de la seconde moitié du second siècle : telles sont les raisons qui, à défaut de documents certains, nous font présumer que la bénédiction de l'église et du monastère peut-être eut lieu dans cette circonstance. Les religieux actuels ont retrouvé au milieu des décombres le plan de l'antique église de la Grâce-Dieu. C'était une croix latine très régulière. Sa longueur à l'intérieur s'étendait à 34 mètres, et la largeur totale du transept à 26 mètres. La grande branche de la croix avait 16 mètres, et chacune des petites branches 8 mètres. Le transept et le sanctuaire ont été complétement détruits par le vandalisme révolutionnaire et industriel. Il en restait quelques tronçons de colonnes, des débris de chapiteaux brisés et informes, qui n'ont pas permis d'en déterminer clairement le style. D'après la tradition, cette partie de l'église était plus ornée que celle qui subsiste encore ; mais quels étaient ces ornements ? c'est sur quoi on est réduit à de pures conjectures : des pilastres ou faisceaux de colonnes surmontés de chapiteaux sculptés, quelques consoles ornées, des fenêtres offrant des réseaux en nervures ou des rosaces, sont, pensons-nous, toute l'ornementation qu'elle pouvait avoir. Quant aux autels, stalles et boiseries, il n'en est resté vestige.

La partie de l'église primitive qui subsiste encore, longue de 16 mètres sur 8 de largeur, est divisée en trois nefs d'une architecture lourde et un peu écrasée, quoique présentant un commencement timide de l'arc ogival dans les courbes des voûtes, des fenêtres et des arceaux qui séparent la grande nef des collatéraux. Celui de droite est percé de quatre fenêtres, dont deux romanes et les deux autres légèrement ogivales, paraissant d'une date plus récente. Le collatéral de gauche n'avait qu'une baie ouverte dans la façade de l'église ; on en ignore la forme parce qu'elle avait été changée en une grande fenêtre carrée pour les besoins de l'usine à fer qui occupait l'édifice au commencement de ce siècle. Les voûtes de ce collatéral s'appuient sur un mur de 1 mètre 85 centimètres d'épaisseur qui longe le cloître voisin ; cette grande largeur lui avait été donnée afin d'éviter les contreforts qui auraient été embarrassants dans cette partie. Le mur du collatéral droit est soutenu en dehors contre la poussée des voûtes par deux contreforts massifs d'une maçonnerie sans grâce, rappelant l'époque romane ; l'amortissement en consiste dans un rang de pierres carrées. Deux autres contreforts, de forme un peu différente et semblant remonter à une époque moins ancienne, soutiennent l'angle du portail. Les voûtes de la grande nef et des collatéraux forment trois travées à nervures croisées et séparées par des arcs doubleaux légèrement en ogive, et reposant sur des espèces de pilastres grossiers dans la grande nef, et dans les bas-côtés sur des consoles ou culs-de-lampe très imparfaitement travaillés. La hauteur des voûtes de la grande nef est de 11 mètres sous clé, et celle des collatéraux d'environ 7 mètres. L'église était autrefois pavée de tombes qui ont été brisées et dispersées ; de leurs fragments épars il a été impossible de recueillir une seule épitaphe. De nombreux ossements humains gisent dans les alentours de l'église ; on y rencontre des groupes de squelettes presque consumés.

A l'extrémité est du cloître joignant le collatéral gauche de l'église, on voit encore une seule arcade en ogive tiers-point très simple, et une petite fenêtre du xve siècle ouverte dans le prolongement du mur de cet édifice. Dans toutes les fouilles qu'on fait autour du monastère on trouve des restes de fondations, ce qui montre que la maison, bâtie, détruite et rebâtie plusieurs fois dans le même emplacement, mais sur des plans divers, a eu à différentes époques une plus grande dimension.

Cinq religieux partis de l'abbaye de la Charité, canton de

Scey-sur-Saône (Haute-Saône), sous la conduite de Pierre GAUTHIER, arrivèrent au printemps de 1139 dans la sombre vallée de la Grâce-Dieu. Ces pieux solitaires n'y trouvèrent que des ronces et des épines. Ils se construisent un abri avec des branches d'arbres et des feuillages, bâtissent un oratoire, et, la hache à la main, pénètrent dans des fourrés de broussailles, défrichent la terre inculte du vallon et de la montagne au nord pour avoir des légumes et quelque peu de blé. Nouveaux Machabées, ils vivent dans les montagnes parmi les bêtes sauvages, sans autre nourriture que du pain grossier et des racines, afin de ne point participer aux souillures du monde (1). Que de labeurs et de privations! Comment pourrions-nous les retracer? Le ciel seul en fut le témoin, avant d'en devenir bientôt la récompense! De nouveaux compagnons viennent peu de temps après renforcer cette sainte colonie, partager ses travaux, sa pénitence et ses mérites, et, après quelques années, donnent naissance à un nouveau monastère et à son église. La solitude jusqu'alors déserte et sans chemin, dont ils deviennent l'ornement, tressaillit d'allégresse, selon l'expression du prophète, fleurit comme le lis, et fut décorée du beau et gracieux nom du Dieu des miséricordes!

C'est ainsi que la Grâce-Dieu fut la fille immédiate de l'abbaye de la *Charité*, la fille médiate de *Bellevaux*, à qui celle-ci devait son établissement, et de *Morimond* (2) enfin, l'une des quatre premières filles de Cîteaux, qui avait fondé Bellevaux. La *Cha-*

---

(1) *Pulmentaria sæpiùs ex foliis fagi conficiebant; panis instar prophetici illius ex hordeo, milio et viciâ erat.* (*Annal. cist.*, t. 1er, p. 80.)

(2) Morimond, la plus féconde des abbayes de Cîteaux, a produit 300 maisons d'hommes dans les divers pays de l'Europe, y compris les ordres militaires de Calatrava, d'Alcantara, de Montrera en Espagne, de Christ et d'Avis en Portugal, et 600 maisons de femmes; elles ont toutes continué leurs relations avec la maison mère jusqu'en 1791.

rité sembla affectionner d'autant plus la Grâce-Dieu, qu'elle fut sa fille unique. Les relations les plus intimes existèrent toujours entre les deux monastères; ils ne paraissaient faire qu'une seule et même communauté; les religieux et les supérieurs passaient fréquemment de l'un dans l'autre. L'abbé de la Charité portait le doux nom de *père* de la Grâce-Dieu (1); il jouit seul pendant longtemps de la charge de *visiteur* de ce monastère et du droit d'instituer son abbé, mais à celui de Morimond était réservé le pouvoir de le bénir ou de le déposer.

D'après l'usage invariablement établi dans l'ordre de Cîteaux, le nombre de douze religieux conduits par un abbé était requis indispensablement pour fonder une abbaye. C'était un souvenir du collège des douze apôtres marchant à la suite de Jésus-Christ (2). Cet essaim partait de la ruche de la maison mère après les adieux les plus touchants. La communauté entière s'assemblait dans l'église, l'abbé désignait les émigrants et leur chef. On faisait ensuite processionnellement le tour des cloîtres en chantant des prières analogues à la circonstance, et quand on arrivait à la porte du monastère, le nouvel abbé et ses compagnons recevaient une croix de bois, les livres de la

(1) On appelle *père immédiat* l'abbé d'un monastère qui en a fondé un autre : alors il le visite de droit, assiste à l'élection d'un nouvel abbé, a le pouvoir de le déposer; quand les choses ne peuvent attendre la tenue du chapitre général, pour déposer il doit s'associer quelques abbés voisins, pour rendre compte au chapitre général prochain.

Depuis les commendes, n'y ayant plus d'abbés réguliers que les quatre premiers pères, tous les pouvoirs ci-dessus leur furent dévolus, chacun dans sa génération.

(2) *Duodecim monachi cum abbate tertio decimo ad cœnobia nova transmittantur.* (Annal. cist., t. Ier, p. 273; — Hurter, t. II, p. 432.)

Chaque couvent ayant son abbé, dit ce dernier auteur, on ne jugeait pas convenable au maintien de l'ordre qu'une communauté eût moins de douze moines. Si cela arrivait, elle était convertie en ferme ou prieuré. (*Ibidem*.)

règle et de liturgie, des vases sacrés : c'étaient toutes les provisions qui leur étaient remises (1). On s'embrassait, on se quittait en pleurant, et la colonie se mettait en route au chant des psaumes. Or, d'un côté, il est certain que Pierre Gauthier n'étant à la tête que de cinq religieux n'a pu emporter de la Charité le titre d'abbé ; il n'était que prieur du petit détachement monacal qu'il amena à la Grâce-Dieu (2). D'un autre côté, il n'est pas moins incontestable qu'il a fondé cette abbaye et qu'il a été honoré de la dignité abbatiale, selon l'ancienne charte conservée autrefois dans les archives de cette maison et mentionnée par dom Deleschaux dans sa lettre au père Dunand, ce qui n'arriva qu'après quelque temps de séjour à la Grâce-Dieu et quand le nombre des religieux se fut accru assez pour qu'elle pût être élevée au rang d'abbaye.

Elle profita tout d'abord de l'exemption des redevances pour la vente, l'achat et le transport des denrées, accordée à tous les monastères de Cîteaux par le comte Renaud III en 1135. Les autres seigneurs comtois, tous amis et bienveillants protecteurs du nouvel ordre, imitèrent l'exemple de leur souverain en faisant une pareille concession dans leurs terres ; Thierry II, comte de Montbéliard, l'accorda du 3 au 5 mars après Pâques de l'an 1151 (vieux style). De son côté, le chapitre métropolitain de Saint-Jean de Besançon s'empressa à son tour de prendre les pauvres cisterciens sous sa garde et de contracter avec eux un traité d'association. Cet acte, rédigé en l'année 1141, indiction III, portait que si des envahisseurs ou des

(1) *Missali, regulá, libro usuum, psalterio, hymnario, collectaneo, antiphonario et graduali.* (Annal. cist., t. Ier, p. 273.)

(2) On trouve en plusieurs écrits sur la Grâce-Dieu ces mots : Gauthier vint *d'abord* avec cinq religieux. Le mot *d'abord* annoncerait assez clairement que l'abbaye de la Charité en envoya plus tard, quand les lieux réguliers furent disposés ; autrement on ne voit pas comment on aurait violé la constitution qui ordonnait d'envoyer douze religieux.

malveillants troublaient les frères dans la possession paisible de leurs biens, ils seraient excommuniés solennellement chaque dimanche jusqu'à résipiscence et réparation du dommage. A leur tour les cisterciens s'obligèrent à célébrer dans chacune de leurs maisons un office funèbre pour les membres défunts du chapitre et à faire annuellement un service anniversaire pour les archevêques et les chanoines décédés. C'est de la sorte que les dignitaires ecclésiastiques de Besançon s'attachèrent ces religieux par les liens de la charité la plus étroite, en même temps que les grands du monde les comblaient de bienfaits. Témoignage honorable d'estime et de foi dans ceux-ci, de sainteté et de mérites dans ceux-là!

La charte de l'archevêque Humbert nomme expressément le second abbé de la Grâce-Dieu : c'était Wuarnier, personnage différent de Pierre Gauthier. Elle dépose en même temps de la vie régulière et fervente des premiers religieux de ce monastère, puisque le prélat les exhorte à persévérer inébranlablement dans la sainteté et la perfection qu'ils ont embrassée. Il ne suffit pas effectivement de bien commencer, mais il faut encore bien finir, et dans tous les états il n'y aura de sauvés que ceux qui persévéreront jusqu'à la fin dans l'accomplissement de leurs devoirs.

CHAPITRE DEUXIÈME.

> *Et ædificabunt filii peregrinorum muros tuos, et reges eorum ministrabunt tibi.*   *(Is.*, IX, 10.)
>
> La plus importante franchise de l'ordre de Cîteaux durant le premier siècle de son existence, et celle qui ne faisait de tort à personne, était de n'avoir aucun avoué ou gardien particulier. Dieu, Jésus-Christ et l'empereur devaient lui en tenir lieu.
>
> (HURTER, *Tabl. des instit. au moyen-âge*, t. II, p. 434.)

Etat de la Grâce-Dieu pendant les deux premiers siècles de son existence. — L'empereur Frédéric Barberousse confirme à l'abbé Robert Ier les possessions de ce monastère. — La Grâce-Dieu persécutée. — Donation importante à l'abbé Guy. — Protection et priviléges accordés par les souverains pontifes à sa maison. — L'abbé Constantin. — Humbert Ier reçoit la confirmation des propriétés de la Grâce-Dieu de l'empereur Henri VI. — Les abbés Martin, Lambert et J... (Jean Ier).

Les deux siècles qui suivirent la fondation de la Grâce-Dieu ont été l'époque la plus florissante de ce monastère. Les seigneurs voisins accrurent sa dotation primitive, et le nombre des religieux y fut considérable. Aucun document, il est vrai, ne l'a précisé; mais quand des centaines de moines peuplaient Bellevaux, quand la Charité, après six ans seulement depuis sa fondation (1), avait une surabondance d'habitants assez grande pour la déverser dans une nouvelle abbaye, serait-ce

---

(1) Une constitution de l'ordre de Cîteaux défend d'accepter ou de faire aucune fondation si le monastère qui doit la faire n'a au moins 60 religieux; mais il ne s'ensuit pas que tous les monastères qui avaient 60 religieux fissent des fondations; on ne trouvait pas toujours à en faire.

exagérer que de porter le nombre des religieux de la fille de la Charité de cinquante au moins à une centaine? Non, surtout si l'on considère qu'alors la noblesse accourait en foule dans les cloîtres, y amenait des serfs et employait même, au dire de plusieurs historiens, des moyens peu doux pour les contraindre à embrasser la vie religieuse. Si ce mode de vocation nous paraît maintenant un attentat à la liberté, il démontre, du moins dans la haute classe de la société, une grande estime de l'état monastique et un zèle ardent pour lui procurer des sujets. Les serfs, au reste, devaient échanger volontiers le dur esclavage sous lequel ils gémissaient contre l'égalité et la liberté chrétiennes du monastère, car le joug du Seigneur est agréable et son fardeau léger. Cependant, il faut l'avouer, les hommes qui, de nos jours, renoncent volontairement au monde pour embrasser le service de Dieu dans la pénitence, ont un mérite de plus que la plupart de ceux qui au moyen âge entraient dans les cloîtres. Ils sont bien dédommagés de ce sacrifice, en se préservant de l'esclavage et des suites amères des passions, et en goûtant ce calme et cette paix intérieure qui, selon l'Apôtre, surpassent toute expression! Ils expérimentent cette vérité que si la discipline paraît à ceux qui ne la connaissent pas un sujet de tristesse, elle fait recueillir dans une profonde paix les fruits de la justice!

Les premiers solitaires de la Grâce-Dieu vaquaient avec ferveur à la prière, aux jeûnes, aux veilles, au chant des psaumes et au travail des mains; cette dernière occupation était commune à tous; mais les religieux de chœur, à cause du chant ou de la psalmodie de longs offices, ne pouvaient s'y adonner aussi longtemps que les frères convers [1]. L'institution de

---

[1] Les frères convers sont les religieux employés principalement aux ouvrages corporels du couvent. Les fondateurs de l'ordre de Cîteaux en reçurent d'abord, parce que sans eux ils n'auraient pas pu accomplir tous les

ceux-ci date de la réforme même de Cîteaux, et on ne pouvait guère laisser que la récitation de quelques prières vocales et les travaux du corps à cette multitude de serfs et même de nobles sans lettres qui firent invasion en quelque sorte, au XIIe siècle, dans l'ordre de Saint-Bernard. Cependant la Grâce-Dieu avait une petite école où l'on enseignait la lecture, le chant aux religieux qui avaient quelque aptitude pour le chœur, et même les humanités (1) à ceux qu'on élevait aux ordres sacrés.

Ces moines défrichèrent d'abord les terres et les coteaux voisins du monastère. Plus tard, ils cultivèrent les fermes du *Mont* et de *Rentessert*. Le pré dit *la Planche du Berger* à côté de celle-ci, et *le Champ de la Bergerie* dans celle-là, rappellent encore qu'ils faisaient paître des troupeaux de moutons dont la toison servait à leur habillement. Dans le temps des récoltes, les religieux se rendaient aux champs dès le matin, passaient tout le jour à faucher, moissonner, tondre les brebis ; mais aux heures fixées pour l'office, ils suspendaient leurs travaux et chantaient les psaumes avec les mêmes cérémonies qu'au chœur.

Robert Ier occupait la chaire abbatiale de la Grâce-Dieu en 1156. Si les nobles et les barons étaient pour la plupart les partisans et les bienfaiteurs des maisons cisterciennes, comme nous l'avons dit, néanmoins quelques-uns continuèrent à se livrer envers elles à des actes de violence et d'usurpation de leurs biens. C'est pourquoi elles se réfugiaient à l'abri de l'autorité impériale, afin d'avoir appui, protection, défense au besoin contre les hommes remuants et audacieux. L'abbé Ro-

---

devoirs imposés par la règle. (Voir *Relatio qualiter incepit ordo cist.*, p. 390, et Hurter, t. II, p. 426.)

(1) Dans les *us* il n'est question pour l'étude que de la langue latine qu'on montrait aux jeunes religieux dans le temps destiné à la lecture.

bert s'adressa donc, en 1156, à l'empereur Frédéric Barberousse afin d'obtenir la confirmation des possessions de son monastère. Ses collègues de Bellevaux et de la Charité lui firent la même demande. Ce souverain accéda à leur supplique par le diplôme collectif suivant :

« Au nom de la sainte et indivisible Trinité,

» Frédéric, par la clémence divine, empereur invincible des
» Romains ; il convient que nous accordions volontiers tout
» ce qui peut servir au bien et au repos de la religion, et
» qu'accédant aux vœux des suppliants, nous leur octroyions
» notre suffrage impérial. C'est pourquoi, vous, nos frères
» chéris en Jésus-Christ, abbés Ponce de Bellevaux, Pierre
» de la Charité, Robert *de la Roche-Fleurie*, déférant à vos
» justes demandes, nous confirmons à perpétuité et de notre
» droit impérial, à vous et à tous ceux de l'ordre de Cîteaux
» qui vous y succéderont, pour en jouir en toute liberté et
» tranquillité, les lieux de Bellevaux, de la Charité et de la
» Roche-Fleurie, que Renaud, de bonne mémoire, comte de
» Bourgogne, père de mon épouse Béatrix, impératrice auguste
» des Romains, aima beaucoup et dont il augmenta les
» biens, avec toutes leurs dépendances, les prenant sous notre
» protection tutélaire par le présent écrit ; ajoutant et décernant
» que tous les biens que vous possédez pour le présent
» en ces lieux, ou que vous pourrez y acquérir dans la suite,
» par donation des empereurs, concession des pontifes ou par
» les largesses des princes et des rois, l'oblation des fidèles,
» vous restent ainsi qu'à vos successeurs en toute intégrité et
» assurance : ayant voulu les dénommer, à savoir le lieu de
» Bellevaux, etc., pareillement le lieu de la Charité, etc.,
» enfin celui de la Roche-Fleurie, la ferme de Rentessert,
» de Chaux, d'Aïssey, avec toutes ses dépendances.

» Donné solennellement à Wurtzbourg, l'an de l'Incar-

» nation de Notre Seigneur MCLVI, indiction IIII, épacte
» XXVI (1). »

L'archevêque Humbert de Besançon fut un des témoins de ce diplôme. Si on est étonné d'y voir mentionnées les fermes de Rentessert et de Chaux, que la Grâce-Dieu ne possédait pas encore, puisqu'elle ne les reçut que plus tard, comme nous le verrons, il n'y a rien ici qui doive surprendre : c'est le fait des religieux qui, selon l'usage de cette époque et le droit formel que leur en donnait le texte des chartes, confirmatives non-seulement de la propriété de leurs biens présents, mais encore *à venir*, y inséraient les noms de ceux-ci successivement au fur et à mesure qu'ils leur advenaient dans la suite.

Cependant, l'empereur lui-même devait être l'occasion d'une persécution que la Grâce-Dieu eut à souffrir quelques années après. En 1160, après la mort du pape Adrien IV, Frédéric Barberousse suscita un schisme dans l'Eglise en opposant au pape légitime Alexandre III l'antipape Victor, qu'il soutint pendant seize ans. L'ordre de Cîteaux resta fidèle au vrai Pontife, et si l'empereur ne le persécuta pas en personne, il laissa faire quelques barons, qui s'emparèrent des biens de certaines abbayes et chassèrent les religieux. Ceux d'Acey et de Bellevaux subirent ce sort. Nous ignorons si les solitaires de la Grâce-Dieu furent expulsés; mais ce qui est certain, c'est qu'ils souffrirent de graves dommages dans leurs possessions. Le mal leur vint d'un membre de la famille de Montfaucon, à laquelle pourtant ils devaient leur établissement. Il n'est guère possible que les membres d'une même famille aient toujours les mêmes vues. Et puis, il est si aisé à la faiblesse et à l'inconstance humaine de se laisser égarer au milieu d'un orage

---

(1) Voir n° 3, aux Pièces justificatives.

religieux! Quoi qu'il en soit, le nom de ce Montfaucon n'est pas venu jusqu'à nous. Il dévasta les terres de la Grâce-Dieu et mourut sans avoir réparé ses injustices. Ossilie, son épouse, s'acquitta de ce devoir, et fit don à ce monastère de toutes ses possessions à Aïssey (1). Cette restitution eut lieu en 1194, en présence d'Amédée de Tramelay, archevêque de Besançon. Les religieuses de l'abbaye de Baume cédèrent aussi à la Grâce-Dieu, pendant le gouvernement de l'abbé Robert, des dîmes sur Saint-Juan, en retour desquelles le prélat s'obligea envers elles à un cens annuel. Il paraît encore en 1167 comme témoin d'une charte donnée par Amédée II, seigneur de Montfaucon, pour renoncer aux réclamations qu'il élevait sur la prévôté de Cirey; mais dès lors il n'en est plus question.

Guy lui succéda, l'historien Dutems le présente comme gouvernant la Grâce-Dieu en 1182. Il vit s'accroître les biens de son monastère. Amédée II de Montfaucon, comme son père Richard, grand bienfaiteur de l'ordre de Cîteaux, lui donna, avant 1188, six meix et demi de terres, chacun de neuf journaux (en tout vingt hectares), sur le territoire de Chaux-lez-

(1) Ce fait est une preuve positive qu'au XIIe siècle les Montfaucon jouissaient par eux-mêmes de la seigneurie d'Aïssey. Plusieurs personnages de cette famille y avaient en même temps des possessions, car nous verrons que divers d'entre eux firent dans la suite de nouvelles donations à la Grâce-Dieu, de leurs biens et droits seigneuriaux d'Aïssey. D'un autre côté, les propriétés du plateau qui domine la vallée de la Grâce-Dieu au sud-ouest étaient pareillement celles des sires de Montfaucon à la même époque, puisque Amédée II en donna quelques-unes à cette maison vers 1188. Or, l'étroit vallon, resserré entre les deux montagnes, ne pouvait avoir d'autres possesseurs que ceux des terres qui les entouraient de près et de tous côtés. De nos jours même, la ferme du *Mont*, de l'ancien territoire de l'abbaye, a été comprise dans la circonscription territoriale et communale d'Aïssey. Si nous insistons sur ces circonstances, c'est qu'elles démontrent jusqu'à l'évidence que nul seigneur autre que ceux de Montfaucon n'ayant possédé la vallée de la Grâce-Dieu au XIIe siècle, n'a pu y fonder l'abbaye.

Passavant, entre le chemin du Châtelard à Vercel, la fontaine du Fol et le puits de Noirvaux. On aurait donc tort de croire que ce seigneur fut le persécuteur de la Grâce-Dieu; Ossilie, d'ailleurs, ne fut pas son épouse (1).

La protection du chef de l'Eglise n'était pas moins nécessaire à la Grâce-Dieu que celle de l'empereur ; aussi ses abbés ne manquèrent-ils pas de l'invoquer. Les bulles confirmatives qu'ils en reçurent ont disparu, il est vrai ; mais, à l'indication près des propriétés particulières, elles étaient semblables en tous points à celles accordées aux autres monastères de Cîteaux. Les Souverains Pontifes avaient vu naître avec la plus grande joie ce nouvel institut, destiné à faire la gloire de l'Eglise et à devenir le plus bel ornement de la maison de Dieu. Aussi ne se contentèrent-ils pas de le prendre sous leur autorité paternelle, mais ils l'enrichirent encore de biens spirituels et de priviléges. Dix papes dans l'espace d'un siècle donnèrent des marques de prédilection aux abbayes cisterciennes de la Franche-Comté (2). Ils leur confirment la propriété et la jouissance tranquille de leurs biens, défendent aux religieux de les aliéner sans le consentement du chapitre, aux évêques et aux seigneurs d'intervenir dans l'élection des abbés, qui se faisait par les seuls religieux de chœur. Quoique les cisterciens fissent profession de la soumission la plus parfaite aux Ordinaires des lieux où étaient situés leurs monastères,

---

(1) Amédée II de Montfaucon fut marié, d'après Duvernoy, à Gertrude, fille de Werner d'Habsbourg, et selon Dunod à Hermengarde de Brienne. Peut-être toutes les deux furent-elles ses épouses successives.

Un *mansus* était une petite maison de ferme entourée d'une quantité de terres dont le produit pouvait nourrir un serf et sa famille.

(2) Innocent II, en 1139 ; Luce II, 1143 ; Eugène III, 1145-1147; Alexandre III, 1164-1171 ; Luce III, 1184 ; Urbain III, 1185 ; Clément III, 1190 ; Célestin III, 1195 ; Innocent III, 1198 ; Innocent IV, 1248.

les Souverains Pontifes ne veulent pas que les évêques y fassent des visites, des ordinations, y tiennent des assemblées sans la permission des abbés, et que les moines soient contraints d'assister aux synodes ou à d'autres assemblées du clergé séculier. Les religieux sont soustraits à toute censure de la part de celui-ci, et constitués dans la seule dépendance du pape, qui jouit de la supériorité immédiate sur les monastères. Ils accordent encore aux disciples de saint Bernard la faculté de choisir quels évêques il leur plaira, quand le leur propre s'y refuse, pour donner les ordres, bénir le saint chrême et faire les consécrations nécessaires. Enfin, ils les déclarent, personnes et biens, exempts de toutes redevances et servitudes, à l'abri de troubles et de violences, défendent d'arrêter chez eux ou dans leurs terres toutes gens qui s'y seraient réfugiés, d'y répandre du sang, d'envahir leurs biens, de les retenir, détériorer, d'en détourner l'usage et la destination, menaçant de l'excommunication majeure ceux qui feront le contraire. Ces faveurs, il faut l'avouer, sont aussi admirables que nombreuses, et font, seules, l'éloge de l'institut qui les méritait à tant de titres.

Constantin, abbé de la Grâce-Dieu, est nommé dans une donation de l'abbé de Rosières, de l'année 1195; mais nous n'avons pu découvrir l'époque précise du commencement de sa prélature. Il n'en jouissait plus l'année suivante, car en 1196, Humbert, premier du nom, sollicite et obtient, en sa qualité d'abbé de la Grâce-Dieu, de l'empereur Henri VI, fils de Frédéric Barberousse, une charte confirmative des biens de son abbaye. Ce diplôme, daté de Seltz, en Alsace, le 17 des kalendes de juin de l'an de Jésus-Christ incarné 1196, est adressé collectivement à Humbert, abbé de la Grâce-Dieu, à Norbert et à Martin, abbés de Bellevaux et de la Charité, qui, de leur côté, avaient pareillement demandé la confirmation

de leurs possessions. Nous passerons sous silence le préambule de cette pièce, parce qu'il est le même que celui du diplôme de Frédéric Barberousse. Quant à la Grâce-Dieu, l'empereur Henri s'exprime ainsi qu'il suit : « Le lieu de la Grâce-
» Dieu et les cours (1) ou fermes lui appartenant, à savoir,
» celles de Rentessert, de Chaux, du Mont et d'Aïssey, de
» Morchamps, avec leurs dépendances, la terre et les prés de
» Bussières, celle de Rebbovillers. » Puis, il continue en ces termes : « Nous conformant à l'autorité apostolique, et de par la
» majesté impériale, nous défendons qu'on exige aucune dîme
» du fruit de vos travaux exécutés de vos propres mains ou à
» vos frais, en d'autres termes de tout ce que vous faites venir
» pour votre nourriture. Nous ordonnons donc qu'il ne soit
» permis à aucun homme, d'après notre présente constitu-
» tion, d'avoir la témérité de vous troubler, d'enlever les
» biens de vos monastères, ce que vous possédez, de le rete-
» nir, de le diminuer, de vous fatiguer par de téméraires
» vexations. Que toutes ces choses soient conservées entières
» pour servir par toutes les voies possibles à votre usage et à
» celui des pauvres de Jésus-Christ. Si donc dans la suite
» quelqu'un ose contrevenir à notre constitution, et que dans
» quarante jours il ne répare pas son attentat, qu'il sache
» qu'il s'est mis à notre ban (2), et qu'il aura à payer cin-
» quante livres de pur or, dont une moitié pour notre fisc
» royal, et l'autre moitié sera attribuée à l'église à laquelle il
» aura fait du dommage. » Ce diplôme, revêtu du grand sceau de l'empire et de la signature d'une douzaine tant d'évêques que de seigneurs, nomme en première ligne l'ab-

---

(1) *Curia*, cour où l'on tient les troupeaux et les récoltes, c'est-à-dire en d'autres termes fermes ou granges. *Charmis* est évidemment mis dans cette charte pour *Calmis* (Chaux-lez-Passavant).

(2) C'est-à-dire proscrit et déchu de tous les droits de citoyen.

baye de la Grâce-Dieu, insinue qu'elle avait été placée précédemment sous la protection de l'autorité apostolique, montre enfin que ses possessions s'étaient accrues depuis vingt ans de la ferme de *Morchamps,* de la terre de *Bussières* et de celle de *Rebbovillers* (1). C'est la première fois qu'apparaît le nom de *Mont* remplaçant celui de *Quineunt* et *la ferme* des religieux sur cette montagne.

D'après l'historien Dutems, il est fait mention de Martin, abbé de la Grâce-Dieu, dans les années 1210, 1219 et 1220. Les anciens manuscrits de ce monastère en parlaient également sous la dernière de ces dates. En la première de ces années, un prélat du même nom gouvernait la Charité. On a pu conjecturer que c'était un seul et même personnage, qui pendant quelque temps ayant présidé simultanément aux deux abbayes (2), aurait abandonné la Charité en 1210, époque après laquelle on n'y trouve plus d'actes de sa part, pour résider à la Grâce-Dieu. Mais nous ne pouvons apporter à l'appui de cette opinion qu'une faible preuve, l'intimité qui continuait entre ces deux maisons. Quoi qu'il en soit, l'enthousiasme pour l'ordre de Cîteaux subsistait encore dans la noblesse comme parmi le peuple. Les seigneurs s'empressaient même, conformément au chapitre LIX de la règle de Saint-Benoît, d'offrir à Dieu leurs jeunes enfants dans les

---

(1) *Morchamps*, village du canton de Rougemont; *Bussières*, canton de Rioz; *Rebbovillers*, lieu inconnu. (Voir n° 4, aux Pièces justificatives.)

(2) Il n'y a nulle apparence ni aucun exemple, l'ordre était encore dans toute sa ferveur, en voici une preuve :

Les abbés de Rosières et de Balerne, ayant rompu le grand silence de la nuit avec quelques-uns de leurs religieux et de leurs convers, furent condamnés par le chapitre général de 1209 à jeûner un jour au pain et à l'eau. Quant à la question, il est certain que le père immédiat prenait soin de sa fille quand celle-ci était veuve, mais le laps de temps était déterminé pour lui redonner un pasteur, et ce laps n'était pas long.

églises des abbayes pour les y consacrer à son service. C'est ainsi qu'en 1213, Louise, épouse de Ponce, fils d'Aymon de Fretigney, *rend* à la maison de Bellevaux ses deux fils Richard et Aymon, les offre sur l'autel pour servir Dieu. Elle se charge de les garder jusqu'à l'âge de quatre ans, de les nourrir, de leur faire apprendre les lettres. A son tour, l'abbaye s'oblige à fournir chaque année six bichets de blé, entre la Toussaint et la Purification, dix sous pour pitance (1), une fois deux vêtements, et deux fois une chaussure. Il est convenu que si les enfants ne veulent pas venir à l'abbaye quand ils auront l'âge fixé, elle conservera l'aumône sans aucune charge de restitution (2). On ne sait quoi admirer davantage ici, des sentiments pieux des parents, ou du bonheur des enfants dont l'innocence était protégée de bonne heure, à l'ombre du cloître, contre la corruption et les habitudes de violences alors si communes. Dans tous les temps, au reste, la crainte de Dieu, les mœurs douces et pures, furent les seules bases du vrai bonheur pour la jeunesse, les familles et la société.

Il faut se reporter à la brutalité des hommes au XIIIe siècle, dont on a tant de preuves par les chartes d'affranchissement, pour n'être pas étonné de voir le pape Grégoire IX concéder, en 1234, aux abbés et aux supérieurs de l'ordre de Cîteaux le pouvoir d'absoudre ceux de leurs religieux qui, en se frappant mutuellement, auraient encouru l'excommunication majeure portée par le canon *Si quis, suadente diabolo*, etc.

(1) La *pitance* était un mets mieux apprêté qu'à l'ordinaire, ou quelque chose comme du beurre ou du fromage ajouté aux portions ordinaires. On a pensé que ce mot vient du latin *pietas*, parce que cet adoucissement était dû à la piété des fidèles.

(2) Mémoire manuscrit sur Bellevaux, sous l'an 1213. Les enfants ainsi offerts aux monastères s'appelaient les *oblats*. (Voir la *Vie des Saints de Franche-Comté*, t. II, p. 52, et l'*Histoire de saint Étienne Harding*.)

On ne sache pas cependant qu'aucune scène de ce genre ait eu lieu à la Grâce-Dieu, dont Lambert était abbé en 1237, selon le manuscrit de Rosières. Après 1220, nous n'avons plus trouvé d'actes de l'abbé Martin. Le siége abbatial a pu vaquer pendant quelque temps à cause des guerres que les barons comtois firent au duc de Bourgogne, ou pour tout autre motif; c'est pourquoi nous n'affirmerons pas qu'il ait été, après la mort de Martin, occupé immédiatement par l'abbé Lambert. Quoi qu'il en soit, pendant son gouvernement le nombre des religieux s'accrut considérablement à la Grâce-Dieu. Alors on ajouta un nouveau bâtiment dans la partie nord du monastère, au lieu qu'occupent maintenant les moulins neufs. Ce fait est établi incontestablement par la découverte que les religieux actuels, creusant en 1853 les fondations de ces usines, ont faite de la première pierre de ces anciennes constructions, ainsi que de la médaille frappée à cette occasion et qui y était jointe. Elle portait le nom de Grégoire VIIII (*sic*), qui a régné de 1227 à 1244; nous en présentons ici l'effigie :

Le cartulaire de Montfaucon donne seulement l'initiale du nom de l'abbé de la Grâce-Dieu en 1248; c'est la lettre J., d'où nous présumons qu'il s'appelait JEAN. Il vivait trop longtemps avant ses homonymes pour qu'on puisse le prendre pour un d'entre eux ; il ne fit qu'apparaître sur le siége abbatial. Jean Ier est le premier prélat de cette maison qui ait pris le titre *d'abbé par la grâce de Dieu*. Cette formule, permise seulement aux princes souverains, aux évêques et aux prélats des grands établissements monastiques, qui n'étaient censés relever que de Dieu seul (1), suffit pour montrer à quel haut degré de glorieuse puissance la Grâce-Dieu était parvenue au milieu du XIIIe siècle.

(1) Voir le *Nouveau Gollut*, col. 499 et 1741.

CHAPITRE TROISIÈME.

> *Dominus ponet desertum ejus quasi delicias, et solitudinem ejus quasi hortum Domini. Gaudium et lœtitia invenietur in cá, gratiarum actio, et vox laudis.*
> (Is., LI, 3.)
> Par des veilles constantes et des jeûnes presque perpétuels, vous domptez le corps ; vous ne vivez que par des actes de charité, vous êtes contents de peu..... Celui qui voit les choses cachées sait que je suis rempli de l'amour le plus pur pour vos maisons et vos personnes.
> (INNOCENT III, ép. II, 268.)

L'abbé Humbert II. — Les bienfaiteurs de la Grâce-Dieu sont inhumés dans l'abbaye. — Traité de gardienneté avec les sires de Montfaucon. — Forteresse de Châtelard. — Le Bienheureux Jean II. — Les abbés Hugues, Pierre II ou Pierron. — Ils reçoivent divers dons. — Etat florissant de la Grâce-Dieu à la fin du XIIIe siècle. — L'abbé Henri de Liesle, grand dissipateur, est déposé.

HUMBERT, IIe du nom, présida au gouvernement de la Grâce-Dieu de 1249 jusqu'à 1263, comme on le voit par plusieurs titres du cartulaire de Montfaucon. Pour ne les avoir pas connus, l'historien Dutems et l'auteur du manuscrit de Rosières lui ont substitué sans fondement un religieux du nom d'*Hugues*, qu'ils font vivre en 1253. Prélat éclairé, conciliant, en haute considération auprès de la noblesse, zélé non moins qu'adroit dans la gestion des affaires de son monastère, Humbert II est, à notre avis, un des abbés qui ont fait le plus d'honneur à la Grâce-Dieu.

Il figure d'abord le 5 septembre 1249, avec les chefs des autres maisons religieuses du diocèse, à la translation des reliques des saints Ferréol et Ferjeux, apôtres de la Franche-Comté, dans l'église métropolitaine de Besançon. Hugues de Saint-Cher, cardinal de Sainte-Sabine, les tira de dessous l'autel de la Vierge pour les placer dans une châsse de bois doré. Notre archevêque Guillaume de la Tour, les évêques de Lausanne, de Mâcon et de Chalon, relevèrent par leur présence l'éclat de cette cérémonie.

Déjà en mai précédent, Humbert avait donné en échange à Amédée ou Aimé IV de Montfaucon les six meix de champs sous prés que l'abbaye avait reçus sur Chaux d'Amédée II, cinq journaux de terre en *Béamont*, deux voitures de foin en *Plainemont* et à Orsans, soixante journaux de terre et des prés pour faire quinze voitures de foin *en Combatte-Pierre* et *ès Iles*, encore trois voitures en *Poyr* et deux en *Mançans* (1), un homme à Amondans (2) et quatre sols de cens à Saint-Juan, huit *maisnies* d'hommes (3) qu'il possédait franchement et en *bon us* en cette *vil*, avec les quarante journaux de terres et prés tenus par ceux-ci à Adam, cinq hommes et cent journaux de terre *elsauloyer*. En contre-échange, Aimé céda à perpétuité audit abbé et à son couvent tout ce qu'il avait à Aïssey, *en justice*, en *hommes*, en *gîtes* et toutes autres choses, sans rien retenir, et tout ce que ses hommes avaient et pouvaient réclamer dans tout le territoire. Ce seigneur s'obligea encore à garder les religieux envers toutes gens, en bonne foi, sans rien prendre, sans nulle exaction et réclamation,

---

(1) *Béamont*, est-ce le village de Belmont, ou le nom d'une localité voisine de l'abbaye, comme les autres dénominations qui suivent ? La dernière hypothèse nous paraît la plus probable. Nous ne pouvons préciser l'emplacement de ces divers cantons.

(2) *Amondans* mis pour Glamondans, à ce que nous pensons.

(3) *Homme*, *maisnies d'hommes*, serf et familles de serfs. A cette époque ces malheureux étaient donnés, vendus, échangés avec les terres qu'ils cultivaient.

ni lui ni personne en son nom, la grange d'Aïssey, la ville et tous les appendices. De leur côté, l'abbé et le couvent s'astreignirent à ne pouvoir mettre sous une autre garde lesdites grange et ville, et retinrent sur tout ce qu'ils avaient cédé en échange, *leurs vs paituraiges* plénièrement pour leur maison et leurs granges. Cette charte fut revêtue du sceau d'Humbert, et, à sa prière, de celui de *Willames, notre Père abbé de la Charité*. Le couvent, n'ayant pas de sceau, usa de celui de ce prélat, en le priant d'y apposer le sien pour lui (1).

Ainsi la liaison la plus intime continuait entre les deux abbayes, la mère et la fille. D'après l'usage établi dès la fin du XIIe siècle, entre la plupart de nos monastères, on ne peut douter qu'une association de prières ne consolidât et ne rehaussât l'union de la Charité et de la Grâce-Dieu. Elles priaient chaque jour l'une pour l'autre, et quand un religieux mourait on récitait des psaumes, on célébrait le saint sacrifice pour le repos de son âme dans les deux maisons. Institution touchante que cette communion de prières, toujours si agréable à Dieu et si efficace !... La charte de l'abbé Humbert fait voir encore que de son temps les possessions de la Grâce-Dieu avaient été considérablement augmentées, et que son prélat jouissait du droit de justice sur ses hommes (2). Combien

---

(1) Voir cette charte importante aux Pièces justificatives, n° 5. Nous avons dépeint ci-devant les armoiries de l'abbé de la Grâce-Dieu. Elles ne commencèrent à être usitées généralement dans les abbayes, dit Natalis de Vailly, *Paléog*., t. II, p. 99, que depuis le milieu du XIIIe siècle. Les seigneurs seuls, selon Dunod, *Histoire du Comté*, t. II, p. 399, avaient le droit de sceau ; d'où il suit qu'à la dignité abbatiale était attachée la prérogative de la noblesse, quand même les titulaires ne l'avaient pas reçue de leur extraction.

(2) Le droit de justice sur leurs hommes ou sujets était un autre privilége des nobles et des seigneurs. Dans le principe, les abbés remplirent ce devoir en personne ; plus tard ils commirent cet office à des hommes de loi appelés

n'est-il pas fâcheux que le temps et les désastres aient plongé dans les ténèbres de l'oubli les noms de tous les généreux bienfaiteurs qui contribuèrent à la doter !

Le caractère principal de l'échange fait en 1249, entre l'abbé Humbert et Amédée IV de Montfaucon, est celui d'un traité de gardienneté pour la Grâce-Dieu. En vain pendant la féodalité les églises et les monastères, pour être tranquilles, se réfugiaient-ils à l'abri du pouvoir et de l'autorité des princes souverains ! Souvent les guerres, les occupations graves et multipliées des princes, et plus particulièrement en Franche-Comté l'éloignement de nos comtes souverains, les empêchaient d'accorder la protection efficace qu'ils avaient promise aux établissements religieux. C'est pourquoi, dès le milieu du XIIIe siècle, nos abbayes, en butte aux vexations et aux usurpations des seigneurs, furent obligées pour s'en défendre d'avoir recours à leurs fondateurs ou à quelque autre seigneur voisin puissant et redoutable. Mais ceux-ci n'accordaient pas leur protection gratuitement, il fallait l'acheter au prix de

---

juges châtelains lorsqu'ils rendaient la haute et la moyenne justice ; *prévôts* et *maires* quand il s'agissait de la *basse* justice. La *haute* justice connaissait de toutes les affaires civiles et criminelles, à l'exception de celles réservées au souverain ; la *moyenne* comprenait les causes personnelles et réelles non passibles de châtiments corporels ; de la *basse* justice ressortissaient seulement les contraventions amendables de 60 sols et au-dessous. A Passavant comme dans quelques autres grandes seigneuries, il existait un bailliage seigneurial auquel il y avait appel, dans les causes civiles, des sentences rendues en première instance aux justices des seigneurs féodaux du ressort. C'est pourquoi on pouvait appeler au bailliage de Passavant des sentences rendues à la justice de l'abbé de la Grâce-Dieu. On rappelait aussi de Passavant à Baume et de Baume au parlement de Dole, au moins dans les siècles postérieurs; il en existe des exemples dans les papiers de la Grâce-Dieu. Ce fut ici l'occasion des tentatives faites plus tard par les seigneurs de Passavant, pour usurper la haute justice que le prélat sut défendre et conserver, comme nous le verrons.

coûteux sacrifices. Quelquefois les monastères abandonnaient à leurs défenseurs jusqu'à la moitié de leurs terres ou seulement de leurs revenus. Les uns et les autres y trouvaient leur avantage, et les seigneurs chargés de protéger ces maisons prenaient les noms de *mainbourgs*, *d'avoués* ou de *gardiens*. Or, comme nous l'avons vu, l'abbé Humbert donne beaucoup plus au sire de Montfaucon qu'il n'en reçoit; aussi exige-t-il qu'il défende les propriétés de son abbaye, et qu'étant suffisamment rétribué, il ne se permette aucune prise ni exaction et ne réclame plus rien pour ses services. A son tour, le seigneur établi gardien impose une condition à l'abbé, c'est qu'il ne se mettra pas en la garde d'un autre protecteur. Cette clause exclusive fait assez voir que les Montfaucon étaient les uniques gardiens de la Grâce-Dieu, non-seulement pour ses possessions d'Aïssey, mais encore pour toutes les autres.

Assez souvent les seigneurs gardiens des monastères élevaient au voisinage des forteresses d'où ils pussent veiller à leur sûreté et les défendre en cas d'attaque. C'est donc à ces causes qu'il faut attribuer la construction de la maison forte du Châtelard, après le milieu du XIIIe siècle, par les sires de Montfaucon. Sa position à quelques pas de l'abbaye de la Grâce-Dieu, son isolement au milieu des terres, semblent annoncer que ce château n'a pu avoir d'autre destination que de servir à la défense du monastère, ainsi que du domaine noble auquel il a donné son nom. Le Châtelard (1), ainsi appelé de sa position au-dessus d'une pointe de rocher coupé à pic, au nord-est et vis-à-vis la façade principale de la Grâce-Dieu, n'est connu jusqu'ici, il est vrai, que par des chartes remontant seulement au milieu du XIVe siècle (1356).

(1) Il est désigné sous le nom de *Castelliacum* dans les titres du moyen âge.

Mais, selon M. le président Clerc, il date d'une époque beaucoup plus ancienne, ce qui coïncide avec celle que nous lui assignons. D'ailleurs, la famille noble à qui il donna son nom est connue depuis le commencement du xive siècle. Ses ruines encore visibles annoncent que le donjon seigneurial consistait dans une tour ronde d'une dimension assez vaste. L'enceinte des murs renfermait une grange, autour de laquelle existaient des jardins et des vergers. Au levant et au nord-ouest cette forteresse dominait la vallée de la Grâce-Dieu, tandis qu'au midi et à l'ouest elle commandait les plateaux du Magny (1) et de Chaux. Les terres, tant en plain qu'en bois, formaient sur ce point le domaine noble du Châtelard, qui comprenait 300 hectares. Les serfs qui les cultivaient en 1424 formaient dix ménages, leurs habitations se trouvaient au midi et au pied de la tour. Ce village, dont on aperçoit encore l'emplacement, détruit au xviie siècle, ne s'est pas relevé de ses ruines; il n'en reste plus que deux maisons de ferme situées à quelque distance. Nous ignorons si le Châtelard fut jamais la demeure de quelque personnage de la famille de Montfaucon. Ce qui est certain, c'est que dès la fin du xiiie ou au commencement du xive siècle, elle l'avait inféodé à des seigneurs qui portaient le nom de *Chasteler* ou du *Chatelar*, à charge de garder l'abbaye, car ils avaient leur sépulture dans son église (2).

(1) *Magny*, du latin *mansus*, habitation de cultivateurs, formant actuellement une commune de 100 individus dite le *Magny-Châtelard*, ainsi appelée parce que dans les temps anciens elle fut peuplée par les serfs de la forteresse, dont le nombre s'augmenta par suite de l'éversion du château et de l'incendie du Châtelard.

(2) Dame *Jehanne de Toras dom. Chasteler* fut inhumée à la Grâce-Dieu en MCCCXXXII, et *Huguenin sir dou Chasteler* en MCCCXXXVI. Noble homme *Guyot-Ligier* en MCCCLXXXIII; les *Montricher*, famille noble de la Suisse romande, vassaux des comtes de Montbéliard, dès la fin du xive et pendant le xve siècle; *Claude de Fouchier*, écuyer, époux de Marie, héri-

Que cette garde ait été confiée dans la suite aux officiers des comtes de Montbéliard à Passavant, après avoir été faite par leurs vassaux du Châtelard, il n'est pas moins établi que cette gardienneté leur appartenait comme étant aux droits des sires de Montfaucon, et que d'ailleurs elle n'était exercée qu'en leur nom. Ceux-ci évidemment ne l'avaient attachée à l'une de leurs forteresses de Passavant ou du Châtelard, que parce qu'elles étaient plus rapprochées de l'abbaye. Tous ces gardiens furent impuissants, hélas! à la préserver des affreux désastres qui la désolèrent dans la suite! Les fonctions de ces gardiens se bornèrent pour l'ordinaire à y descendre avec quelques soldats pour maintenir la police et taxer, de concert avec les officiers de l'abbé, le vin qui se vendait dans l'hôtellerie aux nombreux visiteurs qui s'y rendaient le dimanche de *Quasimodo*, jour où se célébrait la fête patronale du monastère. Les seigneurs gardiens et leur suite étaient défrayés en ce jour par les religieux ; c'était la seule redevance à laquelle ceux-ci étaient tenus. Elle devint néanmoins dans la suite une charge onéreuse, et le nombreux concours du peuple à l'abbaye fut aussi, comme nous aurons occasion de le remarquer, une source de troubles et de scandales. Un autre apport y avait encore lieu le jour de la fête de sainte Anne, mère de la Sainte Vierge, mais on ignore si alors le nombre des pèlerins était considérable et si les gardiens paraissaient au milieu d'eux.

Au milieu du xiiie siècle la Grâce-Dieu avait inféodé plusieurs de ses terres. C'est ce qu'on voit par l'acte de donation qu'Othon de Lavadon, seigneur de Vercel, lui fit, en juillet 1250, de tout ce qui lui appartenait à Aïssey, en terres, prés,

tière du Châtelard, en 1504 ; les nobles *de Pillot*, de Besançon, au xvie ; et les *Jouffroy* de Gonsans, au xviie siècle, possédèrent en fief successivement la terre du Châtelard.

champs et bois, de tout ce qu'il *tenait en fief* de l'abbaye et en particulier le chasal *Clément* et le pré en dépendant en *Combe-Arbey*, le meix *Henri*, celui de *Coustang* dit *Charette*, avec leurs dîmes et dépendances, et, de plus, tout ce qu'il *tenait en fief* de l'abbaye (1). Il paraît que ce seigneur s'était fait vassal de cette maison, tout en lui donnant son bien d'Aïssey, car, en 1285, un Othenin Lavadon, le même que celui dont nous avons parlé, ou son fils, habitait ce village, dont il était seigneur féodal. Béatrix, épouse d'Amédée III de Montfaucon, avait aussi donné à la Grâce-Dieu, du consentement de son époux, une vigne située à Vuillafans (2).

Deux chartes de l'abbé Humbert, de l'an 1257, révèlent son illustration et la puissance de sa maison. Déjà elle comptait des vassaux parmi la noblesse; d'autres seigneurs se faisaient *ses recommandés* volontaires, c'est-à-dire que, sans rien tenir en fief d'elle, ils se mettaient sous sa protection, et, pour cela, lui payaient une redevance, ou s'obligeaient envers elle au service militaire. C'est de la sorte que Pierre, chevalier de Roulans, *se rendit hôte* de la Grâce-Dieu à cette époque. Alors la dévotion à la Sainte Vierge ou à quelque saint vénéré dans les monastères, ou quelquefois même la seule réputation de sainteté et de crédit acquise par les abbés, portaient des gens libres à se faire leurs esclaves et des gentilshommes à devenir leurs vassaux et leurs serviteurs (3).

(1) *Ego dedi in puram et perpetuam eleemosynam pro salute animæ meæ et prædecessorum meorum, quidquid juris habebam in Ayssel et in omni territorio ejusdem villæ, in pratis, in terris, in nemoribus, in agris et in omnibus rebus aliis omnimodè, sive cultæ fuerint vel incultæ, et quidquid ab abbate et conventu tenebam in feudo et in casamento.* (Mémoire sur procès, 1772.)

(2) *Domina Beatrix de Montefalcone dedit de consensu Amedei comitis mariti sui vineam, etc., etc.* On ne sait à quelle famille appartenait cette Béatrix. (V. Dunod, *Nobiliaire*, p. 56.)

(3) Perreciot, *Etat civil des personnes*, t. Ier, p. 427 et suiv.

Au reste, la considération personnelle du prélat ne le cédait point à la renommée de son abbaye. L'élévation de son esprit et de son caractère, son amour pour la justice, sa dextérité dans le maniement des affaires, lui avaient concilié l'estime et la confiance de tout le monde. On le pria souvent d'intervenir dans les différends élevés entre les seigneurs, et il les termina toujours à la satisfaction de tous. C'est ainsi que Girard de la Tour, de Besançon, ne voulant pas que ses hommes de la châtellenie de Roulans acquittassent les corvées, la chevaulchie, la vuaitte (1) au seigneur de ce lieu, fussent soumis à sa justice, était en difficulté avec lui. Les deux parties prirent pour arbitre l'abbé de la Grâce-Dieu, qui, après avoir entendu Pierre, *son rendu hôte, enrôlé chevalier*, et Guy, autre chevalier à Roulans, reçut leur serment affirmatif sur les droits déniés au seigneur de ce lieu, et condamna Girard de la Tour par sentence du mois de novembre 1257 (2). La même année, sans indication de mois, l'abbé Humbert rendit encore une autre sentence arbitrale entre les mêmes seigneurs qui étaient en procès au sujet des coteaux de la montagne d'Aigremont. Le fils du seigneur Girard de la Tour se plaignait au seigneur Vion de Roulans que le sieur Perron, du même lieu, lui déniât certaines dettes. L'épreuve du duel se fit en champ-clos, et le champion du fils Girard de la Tour fut battu. Son patron paya l'amende, et le seigneur Perron obtint gain de cause (3). L'abbé de la Grâce-Dieu entendit encore comme témoins, dans ce différend, Pierre et Guy de Roulans (4), Othes

---

(1) *Chevaulchie*, service militaire à cheval ; *vuaitte*, la garde ou le guet.
(2) Voir ces chartes aux Pièces justificatives, n° 6.
(3) De là le proverbe vulgaire : *Les battus ont tort et paient l'amende.*
(4) La maison noble de Roulans était très ancienne au comté de Bourgogne, et ses membres comptèrent parmi les insignes bienfaiteurs de l'abbaye de Bellevaux, où ils avaient leur sépulture. Elle s'éteignit dans la famille de

de Laissey et Othes de Vaite, chevaliers, qui tous attestèrent par serment que la côte d'Aigremont, devers Roulans, appartenait jusqu'au château à ceux de Roulans, qui y avaient droit d'usage, que ceux d'Aigremont n'y possédaient rien ; que la côte d'Aigremont devers Laissey jusqu'au château et la côte devers *Pillante* (1) étaient la propriété de ceux de Pillante, jusqu'au château ; enfin, que ceux de Roulans, de Pillante et de Laissey, par leurs droits et raisons, avaient leur usage jusqu'au château d'Aigremont (2). L'usage aussi déraisonnable que barbare de décider les procès par la force des armes, de faire dépendre le droit de la force ou de l'adresse, descendait des lois germaines et bourguignonnes et se conserva sous la féodalité. Quelque irréligieuse que fût cette coutume, les prélats de l'Eglise étaient obligés de la tolérer. Saint Louis, roi de France, n'eut pas, lui-même, le pouvoir de la retrancher de ses Etats ; il se borna à faire des règlements pour en modérer l'abus.

la Roche sur l'Ognon, par le mariage de Sibille, dame de Roulans, avec Ponce de la Roche. Otton de la Roche, son second fils, releva le nom de sa mère vers le milieu du XIIe siècle. Au commencement du XIVe la terre de Roulans passa à la maison de Vienne par le mariage de Jean de Vienne avec la fille de Guillaume, seigneur de Roulans. Les armoiries de Roulans étaient de gueules à la bande d'argent.

(1) *Pillante*, lieu inconnu.

(2) Le château fort d'Aigremont, dépendance de celui de Roulans, est nommé *Acermons, Acrimons*, dans une bulle du pape Pascal II, de l'an 1105. Il avait été bâti par la maison noble de ce nom, qui s'éteignit en 1681 par la mort de Jean-François d'Aigremont. Cette illustre famille posséda héréditairement l'office de chambellan de l'archevêché. On ignore l'époque de la destruction de cet antique donjon, mais la chapelle qui surmonte la pointe conique d'Aigremont subsiste encore. Le curé de Roulans y célèbre de temps à autre les offices religieux. Cet édifice, qui date du XIIIe ou XIVe siècle, a été classé parmi les monuments historiques, pour l'entretien desquels le Gouvernement fournit des subventions.

Pendant plus d'un siècle l'ordre de Cîteaux ouvrait bien rarement aux morts les églises de ses monastères (1). On regardait alors comme un crime de fouler aux pieds les croix, les têtes d'anges et autres emblèmes religieux gravés sur les pierres tumulaires. D'un autre côté, ces pieux solitaires craignaient que les cortéges funèbres ne vinssent troubler et déranger l'ordre admirable du cloître. Cependant, les bienfaiteurs des cisterciens sollicitèrent avec tant d'instance la faveur d'être inhumés dans les églises qu'ils avaient enrichies pendant leur vie, que les abbayes de Cîteaux avaient obtenu, dès l'an 1229, du pape Grégoire IX la permission de recevoir dans leurs églises les dépouilles mortelles de leurs bienfaiteurs. C'est pourquoi Hugues d'Orsans put être inhumé à la Grâce-Dieu en 1258 (2). Cette famille noble tirait son nom d'un village situé à l'est de la Grâce-Dieu. Comme dès le milieu du XIe siècle elle fut investie de quelques-uns des grands offices de la cour archiépiscopale de Besançon, qui étaient tenus en fief de l'archevêque en qualité de prince de l'empire, on s'accorde généralement à regarder les nobles d'Orsans comme cofondateurs de la Grâce-Dieu. Ils ont subsisté jusqu'à la fin du XVIIe siècle (1667), et l'illustre maison du Châtelet, en Lorraine, avec laquelle ils avaient contracté plusieurs alliances, a recueilli leurs biens. Ils avaient leur sépulture dans la chapelle Sainte-Catherine de Vercel, dans l'église de la Grâce-Dieu et de Saint-Jean-Baptiste, à Besançon (3). Au mois de

---

(1) Voyez *Monasticon cisterc.* Dans le premier siècle de l'ordre, on n'enterrait à l'église que les rois, les reines et les évêques ; tous les autres qui le demandaient, dans le cimetière et même dans les cloîtres, et si ceux-ci voulaient des pierres tumulaires dans le cloître, elles devaient être au niveau de la terre, pour ne pas faire trébucher les passants. (*Monasticon*, p. 344.)

(2) *Hugues d'Orsans*, MCCLVIII.

(3) Voir Dunod, *Hist. du comté de Bourgogne*, t. II, p. 572 et suivantes ; *Nobiliaire*, p. 191 et suiv. Orsans portait d'argent au sautoir de gueules.

septembre 1689, on fit un relevé des pierres tumulaires de la Grâce-Dieu. Elles étaient alors au nombre de douze, parmi lesquelles on voyait celles des chevaliers d'Orsans chargées de leurs armoiries (1).

Le gouvernement d'Humbert avait été aux yeux du monde une époque brillante pour son monastère ; mais l'abbé JEAN II, son successeur, lui procura une illustration plus relevée par ses vertus et sa sainteté : toutes les chroniques de saint Benoît et de Cîteaux lui décernent à l'envi le titre de *bienheureux*. Ce saint personnage avait reçu le jour dans les premières années du XIIIe siècle ; on ne connaît ni ses parents, ni sa patrie. Prévenu des grâces du Ciel, il prit dès sa jeunesse l'habit religieux dans la célèbre abbaye de Saint-Denis, près Paris. Il y vécut saintement, ses vertus en firent le modèle de cette communauté et lui valurent l'honorable et précieuse amitié de saint Louis, roi de France. L'ordre de Cîteaux brillait encore alors par son observance austère. Non-seulement les gens du monde, mais les religieux mêmes qui aspiraient à la perfection monastique quittaient l'habit noir des bénédictins pour endosser les vêtements blancs de Saint-Bernard. Les bonnes grâces du roi de France et les faveurs qu'il pouvait en attendre sont incapables de le retenir à Saint-Denis, il s'effraie des distinctions flatteuses ; aussi accourt-il à Clairvaux vers l'an 1250 pour s'ensevelir dans le silence et l'oubli. Là, selon son désir, il vit plus austèrement et il s'inspire du plus pur esprit de saint Benoît. Il n'ambitionne qu'une seule chose, c'est d'être inconnu au monde, pourvu qu'il soit connu et aimé de Dieu. Mais l'humilité, qui est le fondement de la vertu des saints, est aussi souvent la source de leur gloire, et Dieu se plaît à les

---

(1) Ce relevé nous a fourni les inscriptions des tombes de la Grâce-Dieu que nous mentionnons dans le cours de cet ouvrage.

élever à mesure qu'ils s'abaissent. Le mérite de Jean attire bientôt sur lui les regards de ses supérieurs, qui l'envoient diriger le monastère d'Igny, en Champagne, fondé en 1126 par Raynault, archevêque de Reims. Le bienheureux arrive à Igny vers 1256, et se montre digne par sa piété et son zèle de gouverner ses frères. A peine leur a-t-il donné le spectacle de ses vertus qu'il est rappelé à Clairvaux pour être mis à la tête de ce monastère, dont il devint le vingtième abbé. Sous sa direction, cette communauté jouit d'une paix profonde et de l'union la plus parfaite. Elle eut en lui le modèle d'un vrai pasteur des âmes, des mœurs les plus douces et les plus pures, d'un amateur de la prière et du jeûne le plus rigoureux. L'abbé Jean n'interrompait ses entretiens avec Dieu que pour donner quelques instants à l'étude; aussi à la plus haute sainteté unissait-il une grande érudition. Il gouvernait Clairvaux depuis six ans, lorsque, soupirant après la vie humble de l'obéissance et du silence, il se démit de sa charge pour rentrer dans le rang des simples religieux. Malheureusement son successeur jette la discorde dans l'ordre de Cîteaux, brouille entre eux les premiers pères[1], et, ne pouvant assister à cette scène de trouble, le bienheureux quitte Clairvaux en 1… et vient chercher la paix à la Grâce-Dieu. Cette commun… était nombreuse alors et animée du véritable esprit de sa… Benoît et de saint Bernard. Après quelque temps, Jean fut contraint d'en prendre la conduite. Il sut y maintenir la régularité en donnant l'exemple de toutes les vertus monastiques. Les auteurs qui ont parlé de lui ne donnent aucun détail sur ses derniers jours, et disent qu'il mourut le 20 d'avril, sans désignation d'année. Mais les actes de son successeur démon-

---

[1] Les abbés de la Ferté, de Pontigny, de Morimond, étaient avec celui de Clairvaux les quatre premiers pères de l'ordre de Cîteaux.

trent que sa mort arriva en 1270 ou 1271. Son nom est inscrit avec le titre de bienheureux dans le Ménologe de Cîteaux et dans le calendrier cistercien. Tous les écrivains de l'ordre sont unanimes à proclamer qu'il vécut et mourut en saint (1). Heureuse la Grâce-Dieu d'avoir possédé un tel chef!

Les cartulaires de la Grâce-Dieu et de Montfaucon nomment comme abbé de ce monastère, en 1271, Hugues, appelé aussi quelquefois Hugon. C'est donc à tort que le manuscrit de Rosières le fait vivre en 1253. Effectivement, ce prélat paraît dans un acte du lundi après la Nativité de saint Jean-Baptiste de la première de ces années et dans un autre titre du mois d'août. La famille noble de Gonsans fit à cette époque des dons à la Grâce-Dieu, car Lambert de Gonsans y fut inhumé (2). Pierre II, nommé tantôt Pierron, tantôt Perron, quelquefois avec la seule initiale P., occupa le siége abbatial de la Grâce-Dieu de 1275 à 1295, comme on le voit par les cartulaires de Montfaucon, de Bellevaux et de la Grâce-Dieu. On lit dans le premier de ces recueils un acte rédigé par P..., abbé de la Grâce-Dieu, le prieur de Vuillorbe et le doyen de Varax (3). Il y est encore cité dans les années 1284 et 1285. Son intervention fré-

---

(1) Voir la *Vie des Saints de Franche-Comté*, IVe vol., p. 311 : *Kalendarium cisterciense*, 20 aprilis ; le *Fasciculus sanctorum* d'Henriquez ; le *Ménologe de Cîteaux*, du même auteur, sous la date précédente ; *Annales cisterciennes*, de Manrique, t. Ier, p. 510 ; Yépez, *Chronique générale de Saint-Benoît*, t. VII, p. 192, no 20 ; Gaspard Jongelin, *Notitia abb. ord. cisterc.* Ce dernier auteur avance que le B. Jean fut évêque de Mitylène après avoir été abbé de la Grâce-Dieu ; mais il le confond avec un autre Jean, religieux de Clairvaux, mort en 1240 après avoir été effectivement évêque de Mitylène.

(2) *Anno Domini MCCLXXII, xvii kalend. aprilis, obiit Lambertus de Goncens.* Le château de ce lieu remontait à une époque très reculée, il est mentionné dans des titres antérieurs à 1230.

(3) *Nos abbey P.... de la Grâce-Dieu, nos priour de Vaillorbe et nos doyen dou Varax, etc., etc.*

quente dans les difficultés entre les seigneurs et les prélats voisins annonce un homme aussi intelligent que pacifique. L'abbé Thierry de Bellevaux était en procès avec un homme appelé Huguenet au sujet d'un pré; Pierre de la Grâce-Dieu amena entre eux une transaction en 1295. Le comte de Bourgogne Othon IV avait une difficulté avec son frère Jean de Bourgogne : celui-ci prétendait n'avoir pas été suffisamment apportionné. Philippe le Bel, roi de France, qui soutenait ses réclamations, parla au comte palatin pour faire augmenter l'apanage de Jean. Othon répondit que son frère ne pouvait rien prétendre dans son domaine, qui était indivisible et d'ailleurs fort diminué par le grand nombre de ses vassaux et des riches bénéfices de la Comté. A cette occasion, il fournit à Philippe le Bel l'état des revenus des abbayes de Cîteaux. On voit par ce dénombrement que celle du Mont-Sainte-Marie possédait 3,000 livres de terre de revenus; Bellevaux et la Charité, chacune 2,000; la Grâce-Dieu, 1,000; Lieu-Croissant, Acey, Balerne, 700; Buillon, 500; Bithaine, 400, et Rosières, 300 livres (1). Theuley et Clairefontaine ne sont point nommés dans ce dénombrement, qui fut donné en 1295. L'état temporel de la Grâce-Dieu était alors bien florissant, puisque ses revenus

---

(1) Voir *Nouveau Gollut*, col. 609. La livre ou *livrée* de terre était une étendue de terrain suffisante pour produire une livre d'argent de revenu. La *soudée* donnait un sol. On connaît la valeur de la livre à cette époque par le prix du blé, denrée de première nécessité. Or, d'après Béchet, *Recherches sur Salins*, t. Ier, p. 178, la mesure de blé du poids de 30 livres se vendait 2 sols 6 deniers au milieu du XIIIe siècle. Ces 2 sols et demi valaient donc alors autant que 3 francs, prix ordinaire maintenant du double-décalitre de blé, qui est pareillement du poids de 30 livres, d'où il s'ensuit que la livre de revenu du temps de l'abbé Pierre vaudrait 24 francs de nos jours En 1306, la valeur de l'argent était encore augmentée, car, selon Perreciot, *Etat civil des personnes*, t. II, p. 558, 2 sols valaient de 80 à 100 livres de blé (3 doubles-décalitres), c'est-à-dire 9 francs, et la livre d'alors 90 fr. de notre monnaie actuelle.

équivalaient à 24,000 francs de nos jours et que trois abbayes cisterciennes étaient seulement plus riches qu'elle.

Mais il suffit de quatre à cinq ans de mauvaise administration à HENRI DE LIESLE, successeur de Pierre, pour faire déchoir ce monastère de la prospérité temporelle à laquelle l'avaient élevé les bienfaits sans nombre des seigneurs voisins et les travaux des moines. Le grand empressement de la noblesse à entrer dans l'ordre de Citeaux ne permet pas de douter que plusieurs des abbés que nous avons nommés n'aient été d'une extraction illustre ; mais, ne connaissant pas leurs familles, nous n'avons pu qu'indiquer leurs noms tels que l'histoire les a conservés. Quant à Henri dit de Liesle, il appartenait à la famille noble de ce lieu (1). Un des grands malheurs pour une communauté religieuse est d'avoir un chef dissipateur, sans ordre, ami du luxe, de la dépense et des dettes ; avec de pareilles gens, régularité et temporel, tout est bientôt ruiné. Or, tel fut l'abbé Henri. Il contracta beaucoup de dettes dont plusieurs étaient chargées d'intérêts usuraires auxquels sa maison ne devait bientôt plus pouvoir suffire. Au reste, une position pareille n'était pas particulière à la Grâce-Dieu ; beaucoup d'abbayes de Citeaux étaient accablées de dettes et aliénaient leurs biens pour les payer, car le pape Nicolas IV donna, en 1288, une bulle pour défendre l'aliénation des biens des monastères de cet ordre. Il lui concéda aussi vers cette époque des brefs d'indulgences à gagner aux fêtes de Noël, de l'Annonciation, de la Purification de Notre-Dame, de saint Bernard et pendant les octaves de ces fêtes.

Henri de Liesle fut déposé ou se démit forcément de sa dignité au mois d'octobre 1299.

(1) Le fief de Liesle est connu depuis le temps de Frédéric Barberousse, c'est-à-dire dès le milieu du XIIe siècle.

CHAPITRE QUATRIÈME.

> Pourquoi les moines qui prient sans cesse pour le salut de leurs bienfaiteurs ne pourraient-ils pas accepter de pareils dons? Après tout ce qu'ils font pour le bonheur des fidèles, faut-il qu'ils refusent tout ce que ceux-ci leur donnent, lorsque d'ailleurs la règle ne le leur défend pas?
> (PIERRE LE VÉNÉRABLE, *Ep.* Ire, 28.)

Renaud Ier, dit de Salins. — Jean de Montfaucon et son testament. — L'abbé Guillaume Ier reçoit la ferme de Rentessert, le fief d'Ougney et d'autres biens. — Réforme de l'ordre de Cîteaux par le pape Benoît XII. — Guillaume II. — Procès avec Saint-Juan. — Serfs placés dans les fermes de la Grâce-Dieu. — Officiers et agents de l'abbé.

Au mois d'octobre de 1299, RENAUD Ier, dit de Salins, portait la crosse abbatiale de la Grâce-Dieu. Le cartulaire de Montfaucon le désigne sous le nom de Renal, *religieuse et honneste personne, abbé de ce monastère par la grâce de Dieu en octombre* (1). Un autre acte de 1301, divers titres tirés des anciennes archives de la Grâce-Dieu et de la famille de Saint-Mauris-Chatenois, le signalent également. En arrivant au gouvernement de cette maison, il s'empresse de travailler à la retirer de l'abime où son prédécesseur l'avait précipitée. A cet effet, il recourt aux conseils de plusieurs abbés ses confrères, entre autres de Jean, abbé de la Charité, *père visiteur* de la Grâce-Dieu. D'après leur avis, il négocie auprès de dom Jourdain, abbé de Bellevaux, un emprunt de quatre cents livres remboursables par annuités, à vingt-six livres de rentes ou

---

(1) *Octombre*, c'est-à-dire octobre.

intérêts payables chaque année dans la quinzaine de la Toussaint. Cette dette fut hypothéquée sur tous les biens de la Grâce-Dieu, mais plus particulièrement sur les terres de Morchamps et de Bussières. C'est ainsi que les maisons de Cîteaux en Franche-Comté se prêtaient un mutuel appui, et que les frères aidés par leurs frères formaient une cité ferme et inébranlable, selon l'expression du Sage (1).

La Providence ménagea l'abbé Renaud pour relever les affaires de la Grâce-Dieu. Les actes de son administration le présentent comme un prélat actif et zélé. En janvier 1302, il achète d'Etienne, chevalier de Dampierre, de sa femme, d'Hugues de Sancey leur fils, *tout ce que*, disent-ils, *nous avons, pouvons et debvons avoir au finage, territoire et en la ville de Saint-Juan d'Adam, en prés, champs, bois, eaux, cours d'eaux, en chaiseaux, en curtils, censes en toutes huses* (2), *de quelque manière que nous les ayons, sans en rien retenir.* Deux ans après, au mois de décembre, Jean de Montfaucon fait son testament, fonde son anniversaire à la Grâce-Dieu moyennant le don du moulin d'Orsans sans terres, à la charge de payer chaque année un bichot (3) de froment au curé de Passavant pour son anniversaire dans l'église de ce lieu. Il restitue encore à l'abbé de la Grâce-Dieu quarante livres qu'il lui avait extorquées. Cet acte fut scellé à l'officialité de Besançon le 3 des ides de mars 1305, et après le décès du testateur, arrivé pendant l'été, il fut publié par l'official le lundi après la Nativité de la Sainte Vierge, au mois de septembre. Ce dignitaire et l'archevêque de Besançon avaient été nommés ses exécuteurs testamentaires. Jean de Montfaucon ne fut point inhumé à la Grâce-Dieu, comme l'ont cru plu-

(1) *Frater adjutus à fratre, quasi civitas firma.*
(2) *Huses*, usage, jouissance.
(3) *Bichot*, 12 mesures.

sieurs historiens, mais dans le parvis de l'église Saint-Etienne de Besançon, où il avait choisi sa sépulture à côté de ses ancêtres. Il y fonda aussi son anniversaire et une chapelle dotée de quinze livres de revenu, dont il laissa la collation à Vauthier de Montbéliard, qu'il avait fait son héritier.

Le testament de Jean de Montfaucon est un monument remarquable de la bienfaisance de la noblesse comtoise envers les églises au moyen âge. Il fit des dons considérables aux abbayes de Saint-Paul, de Saint-Vincent, des dames de Battant, aux frères mineurs, aux hôpitaux, aux églises de Sainte-Madeleine, de Saint-Pierre, de Saint-Maurice, de Saint-Jean-Baptiste de Besançon. Les prieurés de Morteau, de Vuillorbe, l'hospice de la Villedieu près Vercel, les léproseries de la Vèze, d'Arc [1], des hages de Vennes [2], participèrent aussi à ses bienfaits. Il rétribua encore son anniversaire dans les églises des villages de Chalèze, Bouclans, Vercel, Roulans, Soye. A l'approche des jugements de Dieu, la foi se réveillait dans ces âmes où elle n'avait été qu'assoupie, et dont au milieu du tumulte du monde et de l'entraînement des passions elles avaient transgressé les préceptes. Le respect humain, l'aveuglement de la cupidité, qui de nos jours empêchent tant de restitutions, n'avaient aucune prise sur ces hommes de foi et à caractère.

C'est ainsi que Jean de Montfaucon lègue au prieuré de Morteau tous ses revenus de Plainmont, la Sommette, Grandfontaine devant Eysson, en réparation des torts que lui et son père lui ont faits, ordonne qu'on restitue à cette maison soixante livres de monnaie courante, exigées par son père quand il jouissait de ce bénéfice; cette somme avait été soldée par les

---

(1) Arc-sous-Cicon.

(2) *Hages*, des mots de la basse latinité *haia* ou *aga*, dérivés de l'allemand *hag*, clôture. Les hages étaient des lieux entourés de bois, de murs, où étaient renfermés les lépreux et les pestiférés.

religieux à l'occasion des décimes levés par le pape Grégoire X pour la croisade. C'est Guy de Lusans à qui il prescrit qu'on rende les dîmes de Roulans usurpées sur lui par son oncle de Montbéliard ; ce sont les nobles de Bremondans, le fils de Vernica le pêcheur, Girard d'Adam, à qui il restitue les sommes qu'il leur avait extorquées. Il ajoute un don de cent livres à partager entre les pauvres et les églises du diocèse de Besançon, en réparation des dommages causés aux terres ecclésiastiques. Richard et Jean frères, fils de Jean de Vercel, chevalier, Renaud de Beure, seigneur de Saône, l'abbaye de Saint-Paul, l'hôpital de la Villedieu, à qui ses gens avaient enlevé du blé, Broignard et Voichard de Morteau, Othon d'Aïssey, le curé de Chevigney, tous ceux du décanat de Varax, les héritiers de Thiébaud de Vyt-lez-Belvoir, sont pareillement dédommagés pour de l'argent ou des denrées enlevés par violence. Enfin il porte quittes des tailles ses sujets mainmortables pendant deux ans, et ses bourgeois pendant six ans, en compensation des dommages et des exactions qu'ils avaient subis à son occasion. Le testament de Jean de Montfaucon est un tableau frappant de la vie de certains nobles au moyen âge. Si la multitude des injustices qu'on y découvre révolte de prime abord, cette impression cède bientôt à l'admiration, à la vue de la loyauté et de la délicatesse avec lesquelles elles sont réparées. Que les mauvais riches de tous les temps ne profitent-ils de cette grande leçon (1) !

Jean de Montfaucon combla de dons ses serviteurs et ses chevaliers, Jean de Vercel entre autres, qui tenait en fief de lui tous ses biens meubles et immeubles. Pour le récompenser de ses services, il lui abandonna en franchise la propriété de son mobilier. Ce seigneur, qui avait joui de l'affection de son

---

(1) Voir aux Pièces justificatives, n° 7.

suzerain, tenait en fief de l'abbé de la Grâce-Dieu quarante journaux de terre. La famille noble de Vercel est connue depuis la fin du XIIIᵉ siècle. Regnauldin et Rolin de Vercel étaient au nombre des seigneurs comtois qui se liguèrent pour venger le massacre des vêpres siciliennes, en 1282. Jean de Vercel, Vuillaume, Richard, Henri, Pierre de Vercel, nommés dans le testament de Jean de Montfaucon, étaient leurs descendants. Huguenin, Pierre de Vercel, figurent au milieu du XVᵉ siècle au nombre des confrères de Saint-Georges. Hugues de Vercel était bailli d'Amont de 1349 à 1353. Ces seigneurs furent pour la plupart d'insignes bienfaiteurs de la Grâce-Dieu, ce qui les a fait mettre au nombre des fondateurs de ce monastère; la connaissance des donations qu'ils lui firent s'est malheureusement perdue avec les titres qui les mentionnaient.

L'abbé Renaud de la Grâce-Dieu est le seul des prélats de l'ordre de Cîteaux en Franche-Comté qui n'est pas nommé parmi les dignitaires qui assistèrent aux funérailles solennelles du comte de Bourgogne Othon IV, dans l'abbaye de Cherlieu, en mars 1309 (1). La maladie, et plus probablement la mort, l'en empêchèrent. Ce qui est certain, c'est qu'au mois d'octobre de cette année il n'occupait plus la chaire abbatiale; à cette époque, l'abbé de la Grâce-Dieu était GUILLAUME Iᵉʳ. Voici l'acte qu'il rédigea pour s'obliger à l'anniversaire de Jean de Montfaucon; cette pièce est extraite du cartulaire de Montfaucon. « Nou, frères Guillaumes, abbé de la Grâce-Dieu et tous

---

(1) On a écrit qu'à ces funérailles ces abbés avaient des *mitres blanches*. Quant aux cisterciens, il est certain que cela n'est pas; le premier abbé de Clairvaux qui fit usage de la mitre fut Jean de Martigny ou plutôt son prédécesseur immédiat *Etienne de Foissac*, vers 1400, 34ᵉ abbé de Clairvaux. A Morimond, ce fut le 33ᵉ, Jean de Bretagne, même époque. (Voyez Jongelin, *Notit. Abbatiar.)*

» li covent de ce même leu, façons savoir à tous que nous
» devons et sumes tenus de faire à tousioursmais chacun an,
» un anniversaire en notre maison por l'âme nostre honorable
» seigneur de Montfaucon, qui fû et de tous ses amenours et
» faire pitance à notre covent, et il nous a donné por Dieu et
» en aumône le moulin d'Orsans. En témoignaige ces vérités,
» nous avons mis notre scéel en ces présentes lettres, por nous
» et notre covent, lesquelles furent faictes et données en l'an
» de grâce courant, *per* 1309 au mois d'octembre. »

Pendant la prélature de Guillaume Ier, les richesses de la Grâce-Dieu s'accroissent prodigieusement. Plusieurs pièces de terre lui sont données le 3 des kalendes de juin 1325; Hugues de Bourgogne, frère de Renaud, comte de Montbéliard, lui avait déjà fait un legs de vingt livres dans son testament, en 1312. Deux ans après, Pierre, Gérard et Richard de Cuisance, chanoine d'Autun, lui cèdent, pour l'anniversaire de leur frère, des dîmes sur les territoires d'Orve et de Chazot, près Belvoir. Ces seigneurs étaient les enfants de N. de Cuisance et d'Adeline de Belvoir, inhumés dans l'église de la Grâce-Dieu vers la fin du siècle précédent. L'antique maison de Cuisance, que des historiens font descendre de Vandelin, frère de saint Ermenfroi, fondateur du célèbre monastère de Cuisance, et qui avait fourni un religieux à Balerne dès son établissement, avait choisi sa sépulture à la Grâce-Dieu [1]. En 1319, Guillaume d'Orsans demande, dans son testament, à être inhumé dans la chapelle de la Grâce-Dieu, fondée par ses prédécesseurs. Ses descendants jouirent du même privilége [2].

---

[1] Cette opinion sur l'origine de la maison de Cuisance est généralement reçue; cependant, on ne connaît aucun membre de cette famille jusqu'au sire Girard, qui vivait en 1174-1180. Cuisance portait d'or à l'aigle éployée de gueules.

[2] Les chapelles érigées dans l'église de la Grâce-Dieu par ses principaux

Le lundi après la saint Michel, archange, Jacques de Cicon (1) demande à Jean de Montfaucon (2) la permission de donner à une abbaye, en accroissement de dot, la grange de Rentessert, qu'il tenait en fief de lui, avec les dépendances confinées par les territoires de Bémont, Chaux, Châtelard, Gonsans, Magny, toute la justice sur lesdites choses, les usages, réages, pâturages par tous les finages et les bois qu'on nomme *communaux*, desdits villages de Chaux, Châtelard, Gonsans, Magny, Villedieu, Bémont, et aussi le réage et pâturage par tous les gros bois (3). En conséquence, le 19 août 1324, Jacques de Cicon les donna à l'abbaye de la Grâce-Dieu (4). C'est ainsi que les Montfaucon, non contents de l'enrichir de leurs pro-

bienfaiteurs étaient des autels au pied et au devant desquels ils étaient inhumés. Leurs familles les entretenaient et les décoraient richement. Au XVIIIe siècle on voyait encore sept de ces chapelles à la Grâce-Dieu.

(1) Cicon, terre à château dans le canton de Vercel, dépendait du château vieux de Vuillafans. Les nobles de Cicon sont connus depuis la fin du XIe siècle. Odon de Cicon fit partie de la croisade de 1202. Son fils Geoffroi épousa Hélène, fille de Guillaume de la Roche-sur-l'Ognon, duc d'Athènes et de Thèbes, et devint seigneur de Carithène. Odon et Geoffroi ont daté de cette ville des donations à l'abbaye de Bellevaux.

(2) *Jean de Montfaucon*, dont il est ici question, autre personnage que celui dont nous avons parlé ci-devant, était fils de Gauthier, seigneur du château vieux de Vuillafans. Il fut inhumé à la Grâce-Dieu.

(3) La forêt de l'Hôpital-du-Grosbois.

(4) « *Do et lego abbatibus conventui dicti monasterii (Gratiæ Dei), in puram et perpetuam eleemosynam, grangiam, terras, prata, hortos, stagnum, molendinum inter finagia videlicet de Calce, de Castellaio, de Gonsanis, de Moniaco et de Pulchro Monte, cum omnibus appendiciis suis, juxtà monasterium Gratiæ Dei, quæ vulgariter dicitur Rentessert : item usagia et paturagia ipsi pertinentia in suprà dictis villis.* » Nous ne relèverons pas l'erreur manifeste de quelques écrivains qui assignent le 3 septembre ou décembre 1349 pour date au testament de Jacques de Cicon. Il élut sa sépulture à la Grâce-Dieu et prescrivit les offices qui devaient être célébrés après son trépas.

pres biens, lui ménageaient encore les bienfaits de leurs vassaux et de leurs alliés. Jean de Montfaucon et après lui Agnès de Durnes, dame de Châtelneuf, autorisèrent en 1313 et 1319 Jacques de Ruche ou *de Rupe* (de Roche), écuyer à Ougney, de donner à la Grâce-Dieu un chasal pour faire une maison, sa part des dîmes de ce lieu, qui étaient d'un tiers, une vigne appelée la *Plante* de *Lacey* (Laissey), et le Champ-du-Verger, avec le droit d'usage au bois communal d'Ougney. Le don de ces biens fut consigné dans le testament de Jacques de *Ruche*, au mois de mai 1331. Jeanne de Montfaucon, dame de la Marche, fille de Jean de Montfaucon et d'Agnès de Chay, dame de Vuillafans, testa en 1333 et choisit l'abbaye de la Grâce-Dieu pour le lieu de sa sépulture, en lui faisant divers dons, afin qu'on y priât pour le repos de son âme. Quelques années après, l'abbé Guillaume, de la Grâce-Dieu, reçut aussi de Louis, comte de Neuchatel en Suisse, et de Jeanne de Montfaucon, sa première femme, une rente perpétuelle et annuelle de dix livres estevenantes, à prendre dans les salines de Salins, pour célébrer des messes et leur anniversaire dans l'église du monastère. A la fin du siècle, le duc de Bourgogne fit saisir cette rente; mais les religieux obtinrent la mainlevée de cette saisie avec la restitution des arrérages qui leur étaient dus [1]. Déjà auparavant la puissante et riche famille de Chalon leur avait assigné diverses sommes à prélever sur les sauneries de la même ville pour rétribution d'offices funèbres [2].

On voit pendant le gouvernement de Guillaume Ier une foule de hauts et puissants personnages descendre dans la dernière

---

[1] 8 juillet 1400.
[2] L'inventaire des titres de la Grâce-Dieu déposé aux archives impériales indique seulement dix lettres en parchemin justifiant les diverses sommes données à ce monastère par la maison de Chalon, mais les dates ne sont point marquées.

demeure qu'ils ont choisie en l'église de l'abbaye. Ce sont, après Guillaume II d'Orsans, en 1319, les trois enfants d'Henri de Montfaucon et d'Agnès de Montbéliard, *Marguerite* (1323), *Gauthier* (1324), *Jean* (1326), morts jeunes. Ils furent inhumés dans le chœur, à gauche du maître-autel, place réservée dans toutes les églises aux familles de leurs fondateurs. C'est encore *Gelles Poiette*, femme de monsieur Jean d'Orsans, et les seigneurs du Châtelard, dont nous avons parlé (1332), Pierre, écuyer, sire de Côtebrune (1341)(1). Cette famille, qui avait son manoir féodal à l'entrée inférieure du vallon de la Grâce-Dieu, au-dessus de la route de Baume à Ornans, jouit d'une grande considération militaire pendant les guerres de Bourgogne au commencement du XV° siècle ; Jean de Côtebrune, guerrier renommé, était alors maréchal de Bourgogne. Ses ancêtres comptèrent au nombre des bienfaiteurs de l'abbaye.

L'abbé Dutems, le manuscrit de Rosières et l'abbé Baverel, dans un manuscrit possédé par M. de Contréglise à Besançon, signalent sous les années 1343 et 1349 un Guillaume comme abbé de la Grâce-Dieu. Ce personnage était-il le même que celui dont nous avons mentionné les actes ? Cela n'est guère possible, par cette raison que sa prélature aurait duré plus de cinquante ans. C'est pourquoi nous pensons qu'il faut néces-

---

(1) Voici les épitaphes qu'on lisait sur les tombes de ces seigneurs :

L'an MCCCXXIII, le jour de saint Louis, fut cy mise Marguerite de Montbéliard, fille d'Henri, seigneur de Montfaucon, dont Dieu ait l'âme. Amen.

L'an MCCCXXIV, fut cy mis Gauthier de Montfaucon, fils d'Henri, seigneur de Montfaucon, le jour de saint Hilaire.

L'an MCCCXXVI, le jeudi devant la Saint-Michel, fut cy mis Jean, fils d'Henri, seigneur de Montfaucon.

Dame Gilles Poiette, femme monsieur Jehan d'Orsans. MCCCXXXII.

Pierre, écuyer, sire de Côtebrune, MCCCXXXVI. Les historiens comtois disent que le château de Côtebrune fut construit au XI° ou au XII° siècle.

sairement admettre un abbé de la Grâce-Dieu du nom de GUILLAUME II. Celui-ci aurait-il été le même prélat que Guillaume d'Abbans, qu'on voit à la tête du monastère de Goailles de 1351 à 1362? C'est le sentiment de l'abbé Baverel, mais en l'admettant il faudrait reconnaître qu'il n'a habité la Grâce-Dieu qu'environ un an; ce qui ne serait point probable.

Pendant la première période du xiv° siècle, les hauts barons de la Comté soutinrent une guerre cruelle contre Eudes, duc et comte de Bourgogne, leur souverain. Baume et tout le voisinage souffrirent beaucoup de la présence des troupes des deux partis. A cette époque, la Grâce-Dieu fut dévastée et ses archives dissipées. En effet, les religieux eux-mêmes nous apprennent que de leurs papiers égarés en cette circonstance ils n'ont recouvré qu'un seul titre [1]; c'était la sentence arbitrale portant jugement sur une difficulté entre l'abbé et le couvent de la Grâce-Dieu d'une part et les habitants de Saint-Juan de l'autre. Le désordre des guerres, la grande misère peut-être, avaient fourni à ceux-ci l'occasion d'empiéter sur les terres du monastère. Un compromis, signé le 6 janvier 1348 entre les parties, défère le jugement de ce différend à Jean d'Orsans, Hugues de Vaite et Regnault de Leugney, seigneurs de ces lieux [2]. Après avoir ouï des témoins, les arbitres rendirent leur sentence le 14 septembre de la même année. Ils décla-

---

[1] Requête et conclusions manuscrites pour l'abbaye, en 1757.

[2] *Vaite*, château au-dessus de la montagne escarpée qui domine la rive gauche du Doubs, en face de Roulans. Les seigneurs de Vaite sont connus depuis le milieu du xiii° siècle. Ils portaient d'or à trois quintefeuilles percées de gueules. On attribue la construction du château de Vaite à la maison de Chalon. Il résista aux Suédois en 1643, mais les Français s'en emparèrent en 1668.

Leugney, chef-lieu d'une paroisse très vaste dont les revenus furent donnés par Rodolphe, roi de Bourgogne, à son chapelain Hugues de Salins, en 1028. Devenu archevêque de Besançon sous le nom d'Hugues Ier, ce prélat

rèrent que tout le territoire des *Angles*, y compris le bois, était la propriété de l'abbaye, que les religieux ou leur fermier du Mont pourront labourer ces cantons jusqu'aux *Etranglures des Tassonnières*, sans que la communauté de Saint-Juan puisse les empêcher ; que dès ce point jusqu'au chemin de Belvoir tirant d'Aïssey à Passavant, terrain qui était l'objet du litige, les parties le cultiveront par moitié et du consentement l'une de l'autre ; que les habitants de Saint-Juan auront la morte et vaine pâture sur les corvées du monastère (1) jusqu'au chêne du Mont, tirant le long du champ de la Bergerie et des vergers de la Grange, mais que l'abbaye conservera ses droits de justice sur les mésus commis dans ses corvées jusqu'au chemin de Belvoir, sans que les habitants de Saint-Juan puissent être soumis à cette justice pour les délits commis dans le terrain dont la culture avait été reconnue mitoyenne.

Humbert, fils de Palinet de Saint-Juan, fut plus généreux que ses compatriotes envers la Grâce-Dieu. Ce seigneur était un des vassaux de l'abbaye. Il lui donna, en octobre 1359, tout ce qu'il tenait en fief du monastère, à savoir une pièce de terre de dix journaux au-dessus de la côte de Saint-Juan, près le chemin de Belvoir, le tiers d'un champ de deux journaux et d'un autre héritage, un champ de huit journaux, à charge par les religieux de célébrer chaque année, le jour de l'Annonciation de Notre-Dame, une messe pour le repos de son âme et de celle de ses parents. Quelques années après (7 juin 1364), Agnès de Montbéliard, épouse d'Henri de Montfaucon, fit de nouvelles largesses à l'église de la Grâce-Dieu, où ses enfants

nomme de nouveau la paroisse de Leugney dans son testament de 1044. La maison noble de Leugney est connue depuis le XIIIe siècle ; elle portait de gueules au sautoir engrelé d'argent.

(1) *Corvée*, terme appellatif en Franche-Comté des champs que les serfs devaient cultiver pour le seigneur.

étaient inhumés. Vers cette époque, la comtesse Marguerite paya aussi à l'abbaye le don de cent soudées de terre que Philippe de Rouvre lui avait fait dans son testament.

Maintenant, faisons connaître les principales dispositions de la bulle donnée, le 12 juillet 1335, par le pape Benoît XII pour la réforme de l'ordre de Cîteaux; nous en déduirons la position exacte au temporel et au moral de l'abbaye de la Grâce-Dieu vers le milieu du xiv° siècle. Ce pontife, originaire de Saverdun au diocèse de Rieux et fils d'un boulanger, a-t-on cru sans preuve à cause de son nom de *Dufour* ou de *Fournier*, avait embrassé d'abord l'institut cistercien, dont il observa exactement la règle sous la tiare. Il voulut pour cette raison en renouveler l'éclat et en procurer la conservation. Après avoir communiqué ses vues aux abbés de Cîteaux, de la Ferté, de Morimond et de Clairvaux, il publia une bulle en 57 articles, dont les principaux sont : que les abbés ne pourront aliéner les biens des monastères qu'avec certaines précautions et de l'aveu de leur communauté; que les procureurs ou celleriers prêteront serment d'administrer avec fidélité les biens qu'on leur aura confiés; qu'ils rendront leurs comptes à l'abbé et à la communauté quatre fois l'année; que l'abbé sera comptable à son tour en présence des anciens (1) et des officiers de la maison. Il ordonne aux visiteurs des monastères de n'y demeurer que cinq jours, dont trois seront consacrés à la visite; de n'y recevoir que leur nourriture et celle de leur suite; que chacun de ceux-ci contribuera pour les besoins communs de l'ordre et que ses contributions seront versées entre les mains

---

(1) Cet article fut révoqué par le successeur immédiat de Benoît XII, parce que les boursiers exigeaient impitoyablement des abbés qui revenaient de voyage un compte rigoureux des dépenses que ces abbés avaient faites durant leur absence; en sorte que le supérieur n'était plus supérieur, ce qui était une violation de la règle de saint Benoît.

des trois abbés commis par le chapitre général. Il veut que tous les religieux gardent l'abstinence tant au dedans qu'au dehors du monastère, à l'exception des malades, des anciens abbés démissionnaires, des personnages notables de l'ordre qui viendront à la maison. Il exige aussi des premiers qu'ils couchent dans un dortoir commun sans séparation de cellules, les supérieurs pourtant exceptés. Il défend de partager les revenus des monastères, voulant qu'ils restent en commun selon les règles de l'ordre et la volonté de l'abbé; qu'on use de chevaux et d'équipage, si ce n'est les procureurs et celleriers quand ils seront en voyage ; qu'on garde plus d'une monture dans chaque abbaye et deux à Cîteaux. Le but de ces ordonnances était, comme on le voit, de maintenir la vie commune dans les abbayes et d'y conserver la mortification et la modestie religieuse conciliées avec les dépenses strictement indispensables. Les cisterciens abandonnaient le travail des mains et demeuraient dans l'oisiveté ; c'est pourquoi le réformateur s'efforce de les diriger vers l'étude. Il continue donc en prescrivant qu'on prenne soin de l'instruction des jeunes religieux et qu'il y ait des maisons d'études à Boulogne, à Salamanque, à Toulouse, Montpellier, Oxford, Metz, à Paris, où, avec les dons de Jeanne, comtesse de Bourgogne, épouse de Philippe le Long, il fit bâtir la magnifique église du collége des bernardins. Comme l'université de cette ville était la plus célèbre de l'Europe, il veut qu'on y envoie des étudiants de toutes les nations et de tous les monastères de l'ordre, à savoir deux des communautés de quarante religieux, un de celles de trente et au-dessous; que l'entretien des maîtres et des étudiants soit à la charge de l'ordre ; que la pension du premier professeur du collége de Cîteaux à Paris soit de cinq cents livres petits tournois, et celle de chaque étudiant de vingt-cinq livres seulement ; que les maîtres bacheliers et officiers soient nommés par le chapitre général ; enfin qu'après six ans d'étude de la théologie, les religieux puissent faire un cours de Bible à Paris, et après huit ans expliquer le Maître des sentences. Pour le droit canon, Benoît en défendit l'étude aux religieux sous des peines graves ; il craignait qu'ils ne le préférassent à celle de la théologie, qui est beaucoup plus utile. Peut-être aussi appréhendait-il que le droit canon ne leur inspirât le désir de posséder des bénéfices, et surtout de vouloir plaider eux-mêmes devant les tribunaux.

La ville de Dole posséda une maison d'étude pour les cisterciens. Le but primitif de cet établissement, doté en mars 1255 par Jean de Chalon, fut d'offrir un asile aux religieux voyageant pour les affaires de leurs maisons ou se rendant au chapitre de Cîteaux. Cet hospice, converti en collége à la fin du xve siècle (1498), fut agrégé à l'université de cette ville ; il était dirigé par un proviseur et se maintint constamment dans un état prospère. L'abbé de la Grâce-Dieu y envoyait les jeunes religieux de sa maison pour y faire leurs cours d'études. Il faut que les événements du xvie siècle aient entraîné la chute du collége cistercien de Dole, puisque Persan, historien de cette ville, nous apprend qu'il fut relevé en 1610 et qu'il se soutint jusqu'en 1717.

Dès le milieu du xive siècle, l'accroissement des possessions de la Grâce-Dieu ne permet plus aux religieux d'en cultiver les terres. Ils appellent des serfs dans leurs fermes du Mont, de Rentessert ; ils en placent d'autres à Aïssey, à Saint-Juan, villages où ils possèdent aussi des censitaires. Ces cultivateurs, quoique réduits, selon l'usage féodal, à la condition de mainmortables, c'est-à-dire ne pouvant aliéner les terres qu'ils cultivent et disposer de quoi que ce soit dès qu'ils n'ont pas d'héritiers en ligne directe, ne sont pas aussi malheureux qu'on pourrait le penser de prime abord. S'ils travaillent, c'est sans inquiétude pour leurs besoins et ils n'ont aucune charge à supporter. Généralement, les mainmortables des monastères franc-comtois et en particulier ceux de la Grâce-Dieu trouvèrent toujours des ressources inépuisables dans leurs maîtres. L'abbé de cette maison n'accorda, d'après les renseignements qui nous sont parvenus, des affranchissements qu'au XVIIe et au XVIIIe siècle. Dès le XIVe, on le voit investi de tous les priviléges seigneuriaux et faisant rendre la justice par son juge châtelain assisté d'un procureur fiscal et d'un greffier. Il avait aussi son notaire ou tabellion, son huissier, son maire, son garde pour les forêts et les champs. Ces officiers et ces agents résidaient dans les villages voisins, à Chaux, Aïssey, Saint-Juan, Dammartin, Champlive, Vercel, etc., etc.; ils étaient tous à la nomination du prélat. Dans les lettres d'institution qu'il leur donnait, comme dans tous les actes publics libellés en son nom, il s'intitulait : *abbé par la grâce de Dieu, seigneur haut justicier de l'abbaye de la Grâce-Dieu, de son territoire et des fiefs qui en dépendent.* Les mots de *royale abbaye* furent introduits après la réunion de la Franche-Comté à la France, ou lorsque les rois d'Espagne commencèrent à nommer à la dignité abbatiale. Depuis la cessation du travail des mains à la Grâce-Dieu, les religieux paraissent comme co-seigneurs avec l'abbé. C'est par ce motif qu'ils échangent l'humble et modeste qualification de frère contre le titre plus fastueux de *dom, dominus*, qui signifie seigneur ou monsieur, et que la règle de saint Benoît avait réservé à l'abbé seul. Les frères convers, devenus inutiles par l'abandon de l'agriculture, disparurent des abbayes ou furent remplacés par des domestiques laïques salariés. Au reste, ceci ne commence à apparaître à la Grâce-Dieu que vers le milieu du XIVe siècle, c'est-à-dire cinquante ans plus tard que dans les autres abbayes, et nous verrons que le travail des mains n'y cessa entièrement que vers la fin du XVe siècle.

CHAPITRE CINQUIÈME.

> *Habeo adversùm te quòd caritatem tuam primam reliquisti. Memor esto itaque undè excideris : et age pœnitentiam, et prima opera fac.*
> (*Apoc.*, II, 4-5.)

Incendie de la Grâce-Dieu sous la prélature de Renaud II de Bouhans. — La noblesse de Franche-Comté contribue avec empressement à la rebâtir. — Sentence arbitrale entre Renault III de Gonsans et la commune d'Orsans. — L'abbaye est un bénéfice. — Les abbés Pâris, Jean III de Rye, Jacques de Neuvelle, Etienne de Chatenoy. — Celui-ci termine un procès avec Saint-Juan. — Mitigation à la règle de Cîteaux par le pape Sixte IV. — Hugues de Bremondans. — Nouvelle dévastation de la Grâce-Dieu. — Nicolas Boudot de Bremondans.

Un grand désastre, qui malheureusement sera suivi de beaucoup d'autres, va commencer la décadence de la Grâce-Dieu. Le traité de Bretigny (1360) ayant suspendu le cours de la guerre entre l'Angleterre et la France, ces puissances licencièrent les soldats étrangers qu'elles avaient pris à leur solde. Ceux-ci se partagèrent en diverses bandes, qui prirent les noms de *routiers*, d'*écorcheurs*, de *tard-venus*, de *grandes compagnies*, et parcoururent la France en tous sens, vivant de pillage et portant de tous côtés le fer et la mort (1360-1375). Ces brigands organisés s'abattirent sur la Franche-Comté de 1366 à 1367, et la désolèrent de la manière la plus cruelle. Les campagnes voisines de Clerval et de Baume, déjà dépeuplées par les guerres du commencement de ce siècle, surtout par la terrible peste de 1348, qui, selon tous les historiens, enleva les neuf dixièmes de la population, souffrirent beaucoup et devinrent une vaste solitude aux alentours de Baume. Quatre villages furent détruits et ne se sont point relevés. Quoique cachée au fond d'une gorge isolée, l'abbaye de la Grâce-Dieu était peu éloignée des deux voies publiques qui se croisaient au pied du château de Côtebrune. Un détachement des grandes compagnies y pénètre, la dévaste et la réduit en cendres. Ses archives, d'après la tradition, renfermaient de précieux manuscrits; son église possédait de riches décorations et des monuments curieux ; tout fut anéanti. RENAUD II de Bouhans, abbé depuis 1367, et sa communauté, sont plongés dans le plus grand dénûment. Les larmes aux yeux, ils s'éloignent de leur monastère ; l'histoire n'a pas conservé le nom du lieu de leur retraite. Ce prélat ne payait plus le cens dû à l'abbesse de Baume depuis Robert Ier, et Alis de Montbozon, qui gouvernait alors cette abbaye, pauvre elle-même puisqu'elle vendait ses héritages pour avoir de quoi réparer la croix et les reliquaires de son église, pressait l'abbé de la Grâce-Dieu de satisfaire à sa dette. Celui-ci la reconnut, mais il ne pouvait la payer. Quelques années se passèrent, et, traduit en 1370 devant le bailli de Bourgogne, il fut condamné à solder au plus tôt ce qu'il devait. Au reste, ce cens n'était pas la seule dette de l'abbaye de la Grâce-Dieu à celle de Baume. Les nombreuses quittances trouvées aux archives de la bibliothèque impériale démontrent que, chaque année, le jour de la Purification de Notre-Dame, les religieux de la Grâce-Dieu devaient livrer aux nonnes de Baume neuf quartes de fèves blanches. Leurs confrères comtois se cotisèrent en septembre 1376 pour donner un secours à la comtesse Marguerite afin de pourvoir à la défense du pays ; mais nos cénobites ne purent prendre part à cette contribution à cause de la ruine de leur maison, arrivée neuf ans auparavant.

La noblesse de Franche-Comté s'empressa de les aider dans la restauration du cloître. Henri de Leugney, dans son testament, fait en 1395 divers dons à la Grâce-Dieu pour le remède de son âme. Etienne de Montfaucon lui donne soixante sols estevenants (1). Philippe de Neuchatel, seigneur de Bouclans, y fonde une grand'messe à perpétuité en l'honneur des saints apôtres Jacques et Philippe (1410) (2). Ce même seigneur permet aux religieux d'essarter un bois pour le mettre en culture, au territoire d'Ambre et de Glamondans : il leur donne encore une vigne à Ougney-la-Roche, chargée d'un cens à l'abbesse de Baume et à l'abbaye de Saint-Paul de Besançon. Enfin, la Grâce-Dieu reçut aussi vers la fin de ce siècle (1493 à 1505) des vignes et des vergers de la part de plusieurs particuliers, et des biens de mainmorte de la famille de Montfaucon, situés au même lieu. Nous ne savons qui disputait à l'abbé Renaud la propriété de ce fief, mais il en prouva la mouvance de sa directe par la reprise qui en avait été faite le 16 avril 1384 à Isabelle, comtesse de Neuchatel en Suisse, fille de Jeanne de Montfaucon, épouse de Raoul, comte de Neuchatel.

Les religieux avaient mis plus de quinze ans à rebâtir leur monastère. Ils y étaient rentrés en 1383, et RENAULT III DE GONSANS le gouvernait alors, selon tous les historiens; son prédécesseur était décédé l'année précédente, au plus tard. On

(1) Il était fils d'Henri de Montfaucon et d'Agnès de Montbéliard, fille aînée du comte Renaud. Ce seigneur voulut par ce mariage faire rentrer le comté de Montbéliard dans la maison de Montfaucon, qui avait porté la seigneurie de ce nom à la famille de Montbéliard par le mariage de Richard II avec Agnès, fille de Thierry II de Montbéliard, au XIIe siècle.

(2) La seigneurie de Bouclans érigée en baronnie était passée à la famille de Neuchatel en Suisse, par le mariage de Jeanne de Montfaucon. Les seigneurs de Bouclans sont connus dès les premières années du XIVe siècle.

ignore si l'abbé Renault III appartenait à la famille noble de Gonsans, mais l'affirmative est assez probable. A peine son monastère sortait-il de ses cendres, que le Seigneur, qui se plaît à éprouver ses serviteurs, ménagea à l'abbé et à ses religieux des tracasseries de la part de leurs voisins. Les habitants d'Orsans élevaient des réclamations pour le pâturage de leur bétail sur les terres de l'abbaye. Noble homme Guyot-Ligier, seigneur du Châtelard, et Pierre Deville, curé des Monts-de-Villers, choisis pour arbitres, décident, en 1383, que les habitants d'Orsans pourront faire paître leur bétail par tout le *Mont* et en la place de *Ruinard* jusqu'au *Perier-Fraisier*, si ce n'est depuis la Quasimodo à l'Assomption de Notre-Dame, époque pendant laquelle l'abbaye les tenait en bans et faisait récolter les foins par ses fermiers. Le pâturage fut encore permis aux gens de ce village, dans les bois du monastère, moyennant trente florins de Florence de bon or, payés comptant, avec défense cependant de couper dans la forêt d'Echenoz aucun arbre des quatre fontes, c'est-à-dire des poiriers, pommiers, cerisiers et chênes, à moins d'amende et de *confiscation*.

Nous abordons le XVe siècle [1]. Les trois premières parties de cette période s'écoulèrent assez paisiblement pour la Grâce-Dieu, à l'exception toutefois de quelques différends avec les communes voisines au sujet de ses droits et de ses propriétés territoriales. Les religieux conservaient l'esprit de leur état;

---

(1) Le commencement et tout le XVe siècle fut le siècle de fer pour l'ordre de Cîteaux, comme le XIIe fut le siècle d'or, le XIIIe le siècle d'argent, et enfin le XIVe le siècle d'airain. Voyez le Père LE NAIN, *Essais sur l'ordre de Cîteaux*. En effet, ce fut en 1400 que les premiers abbés obtinrent le privilége de porter la mitre, l'anneau et la croix pectorale. Ce fut dans ce même siècle qu'on interrompit la tenue des chapitres généraux, qu'on secoua le joug de l'abstinence, que commencèrent les commendes, etc.

mais les désastres du siècle précédent en avaient considérablement diminué le nombre. Les titres n'en mentionnent plus que cinq ou six. On y voit aussi que les offices du monastère étaient ceux de prieur, de procureur ou cellérier et de sacristain ; ils étaient à la nomination de l'abbé, qui lui-même continuait à être élu par les religieux de chœur. L'intervention de ceux-ci avec l'abbé dans toutes les affaires temporelles de la communauté, annonce qu'il n'y avait point de division de menses et que la régularité continuait à y subsister. A aucune époque la Grâce-Dieu ne fut donnée en commende (1); mais les translations et les résignations de la dignité abbatiale démontrent qu'au xve siècle elle était un vrai bénéfice (2).

L'abbé qui le posséda de 1411 à 1416 portait le nom de Paris, selon le manuscrit de Rosières et l'abbé Dutems. Il y eut plusieurs personnages de ce nom dans la famille d'Orsans; un Pâris d'Orsans fut abbé de Goailles de 1460 à 1478. Etait-ce le même prélat que l'abbé de la Grâce-Dieu? C'est ce que nous n'osons affirmer, parce qu'il vivait trop longtemps après celui de notre abbaye. Quoi qu'il en soit, le nom de Pâris se retrouve même encore de nos jours dans quelques villages voisins, à Vellerot-lez-Vercel entre autres, où la famille honorable des Pâris a donné à l'Eglise plusieurs ecclésiastiques. Il peut se faire que l'abbé de la Grâce-Dieu ait eu la même origine. Après lui, Jean III de Rye, de la branche cadette de

---

(1) La *commende* était la concession d'un bénéfice séculier ou régulier pour jouir de ses revenus avec dispense de résidence et des fonctions ecclésiastiques. Les commendataires étaient pourtant chargés de l'entretien des bâtiments de l'église et du monastère. La commende occasionna la division des *menses*, c'est-à-dire des revenus du bénéfice, dont le tiers appartenait au commendataire, le second tiers aux religieux, et le reste servait à l'entretien des bâtiments.

(2) *Bénéfice*, c'est-à-dire la jouissance de biens consacrés à Dieu, à charge de quelques fonctions ecclésiastiques.

cette illustre maison, porta la crosse abbatiale jusqu'en 1428. Il était fils de Philibert de Rye, marié à Alis, fille de Jean de Côtebrune, maréchal de Bourgogne. Autant la branche aînée de la famille de Rye avait été généreuse envers l'abbaye d'Acey, autant la branche cadette fut bienfaisante à l'égard de la Grâce-Dieu, dont l'église reçut plus tard la dépouille mortelle d'Antoine de Rye, un de leurs descendants. La tombe était chargée de quatre aigles, ce qui était une brisure de cadet (1).

Les titres de la Grâce-Dieu et les annalistes franc-comtois présentent JACQUES DE NEUVELLE comme abbé de ce monastère de 1429 à 1435 au plus tard, car en cette dernière année, ou déjà peut-être en la précédente, il fut transféré sur le siége abbatial de Bithaine. ETIENNE DE CHATENOY le remplaça à la Grâce-Dieu de 1436 à 1462. Le 17 août 1452, ce prélat, s'intitulant *humble abbé de la Grâce-Dieu*, et de son autorité frères Hugues de Bremondans, Hugues de Cour, et Girard de Rougemont, religieux de cette maison, transigent sur un procès avec Saint-Juan. L'abbaye avait acensé à des particuliers d'Orsans divers héritages au-dessus du mont d'Aïssey, sur lesquels les habitants de Saint-Juan avaient le droit de parcours en morte et vaine pâture, conformément à la sentence arbitrale de 1318. On fixa des limites entre lesquelles ce droit serait exercé, et on convint que les habitants de Saint-Juan ne pourraient couper du bois plus loin que les bornes plantées du côté de l'abbaye; qu'ils n'useraient de la vaine pâture, depuis la Saint-Michel à la Saint-Georges, qu'autant qu'ils ne trouveraient pas ailleurs de pâturage convenable; que l'abbaye pourrait faire paître son bétail plus loin que les bornes du côté de Saint-Juan et de Passavant, cela en tout temps ; enfin

(1) Rye portait d'azur à l'aigle d'or.

qu'à l'avenir, les parties contractantes ne pourraient amodier ces pâturages sans un consentement réciproque. Elles réglèrent aussi, par un autre traité, le mode de partage de la forêt de Bouvassot, commune entre l'abbaye, Aïssey et Saint-Juan, dont la population était réduite à cette époque à une douzaine de familles. Dans toutes ces transactions, les religieux de la Grâce-Dieu, qui, comme on le voit, n'avaient pas encore entièrement abandonné l'agriculture, montrèrent un esprit de désintéressement et de conciliation au-dessus de tout éloge ; et par là ils s'attiraient l'estime affectueuse de leurs voisins.

Messire HUGUES II DE BREMONDANS, religieux à la Grâce-Dieu depuis 1446, monta sur le siége abbatial en 1463 et l'occupa jusqu'en 1492 ; il fut le successeur d'Etienne de Chatenoy, décédé en 1462. Hugues II sortait de la famille noble de Bremondans, dont nous avons déjà parlé à l'occasion du testament de Jean de Montfaucon (1). Pendant sa prélature, de nouvelles catastrophes fondent sur l'abbaye. A l'époque des guerres de Bourgogne, mille soldats suisses et allemands, détachés des garnisons d'Héricourt et de Montbéliard, dévastent et brûlent, en 1475, les villes de l'Isle, Clerval sur le Doubs, Baume et quelques villages voisins. La Grâce-Dieu n'échappe point à ce désastre ; ses religieux sont tués en partie, les autres mis en fuite. Les documents historiques, selon le savant président Clerc, montrent ce monastère comme détruit et inhabitable dès le mois de mars 1476. Chaux-lez-Passavant, village voisin de l'abbaye, souffrit beaucoup de l'incursion

---

(1) En 1418, Huguenin de Bremondans, père ou oncle de cet abbé Hugues, reprit de fief de Thiébaud VIII, seigneur de Neuchâtel-Bourgogne, le domaine noble qu'il possédait à Péseux. (*Recherches sur Neuchatel*, p. 201.) Les seigneurs de Bremondans, qui portèrent fréquemment les noms d'*Hugues*, d'*Huguenin*, s'éteignirent vers le milieu du XVe siècle dans la famille noble de Croscy. (LABBEY DE BILLY, t. II, p. 40 et suiv.)

des ennemis. La section de cette commune autrefois existante *vers le bois du Clos* fut incendiée et détruite.

Les religieux de la Grâce-Dieu employèrent plusieurs années à relever leur maison. Les désordres, suites des guerres de Bourgogne, une longue série d'années calamiteuses, avaient tellement bouleversé les monastères et amené une si grande disette de toutes les choses nécessaires à la vie, qu'on y mangeait de la viande sans scrupule. Les religieux qui voulaient s'en abstenir tombaient malades par défaut de nourriture, ou ils étaient si faibles qu'ils ne pouvaient observer la règle. Le pape Sixte IV, réfléchissant que le droit naturel l'emporte sur toutes les lois ecclésiastiques, donna, par une bulle [1] de l'an 1476, pouvoir aux chapitre et abbés de Cîteaux de dispenser, selon leur conscience, de l'abstinence de la viande, autant de temps que la nécessité l'exigerait. Cette dispense fit naître une affreuse confusion. Parmi les abbés, les uns étaient trop faciles et les autres trop rigides. Dans le même couvent les uns mangeaient de la viande, les autres des légumes, ceux-ci du poisson, ceux-là des œufs. Cette diversité engendrait des disputes parmi les religieux, à tel point que le chapitre de 1485 [2] crut trancher toutes ces difficultés en ordonnant que, dans tous les monastères, on servirait de la viande trois fois par semaine à un seul repas, les dimanches, mardis et jeudis, mais dans un lieu séparé du réfectoire ordinaire. Cette mitigation porta un funeste coup à l'institut de Saint-

---

[1] L'abbé de Rancé, à Rome, a nié hautement l'authenticité de cette bulle ; mais Alexandre VII l'a reconnue.

[2] Depuis cette époque jusqu'à 1624, 11 juillet, époque du commencement de l'étroite observance, l'ordre de Cîteaux perdit cette vie d'édification qui l'avait distingué.

Les monastères de la Belgique se conservèrent mieux que ceux des autres nations.

Etienne Harding, et dès lors ses disciples ne furent plus, aux yeux du monde, environnés de l'auréole de l'austérité.

Nous ne connaissons aucun des actes de l'administration de l'abbé Hugues avant 1483. Le 24 février de cette année, il acense à Huguenin et Jean Chauvel, de Saint-Juan, trois journaux de terre près la corvée de l'abbaye, lieu dit *au Plateau*, et *les bois d'Aïssey*. Cependant ses voisins, au milieu de ces temps de troubles et de guerres, cherchaient à étendre leurs droits à son préjudice. Le 17 avril 1491, dom *de Cour*, procureur de la Grâce-Dieu, proteste contre la communauté de Saint-Juan, assemblée à l'effet de planter des bornes, sans la participation de l'abbaye, au-dessus de la côte d'Aïssey. Rendons justice à cette commune: elle déféra à la sommation qui lui fut faite, renonça à sa tentative et répondit qu'elle ne voulait pas troubler l'abbaye dans les droits qu'elle avait en cette place et au voisinage. Quelques jours après, il fut arrêté qu'à la participation du même procureur on procéderait à la délimitation du canton des *Tassonnières*, situé entre les finages d'Aïssey, Saint-Juan, le Moley de Coustang, le côteau de Combe-Arbey, que ces communes reconnurent être et mouvoir du territoire et de la haute justice de l'abbaye.

Quelque temps avant sa mort, arrivée en 1492, Hugues de Bremondans résigna avec pension son bénéfice à Nicolas de Bremondans, son compatriote, mais qui ne paraît pas avoir été son parent, puisque, selon le manuscrit de Rosières, il s'appelait Nicolas Boudot. Il gouverna peu de temps, car il résigna à son tour, moyennant pension, le 24 juin 1499.

CHAPITRE SIXIÈME.

Et pauci facti sunt et vexati sunt à tribulatione malorum, et dolore. (Psalm. 106.)

Nouvelle cause de la diminution du nombre des religieux de la Grâce-Dieu. — Son désintéressement dans l'acensement de ses terres. — Les abbés Pierre III Marquis, Jean IV de Maisières. — Acensements et procès, causes de la décadence temporelle de l'abbaye. — Ses sujets veulent s'affranchir des prérogatives seigneuriales. — Tentatives d'usurpation de la justice et autres droits de l'abbé de la Grâce-Dieu, par les officiers de Passavant et les seigneurs du Châtelard. — Relâchement des religieux. — Scandales et crimes non prouvés. — Chapelle d'Aïssey.

Au commencement du XVIe siècle, les mœurs publiques apparaissent en Franche-Comté avec les traits d'une simplicité mêlée de rudesse et de grossièreté. Les ecclésiastiques et les religieux participaient nécessairement à l'esprit et aux habitudes sociales de cette époque. Les juger et les condamner d'après le développement de la civilisation au XIXe siècle serait une sévérité outrée, nous le dirons même, une injustice criante. D'ailleurs, sous un extérieur dur et impoli cette génération avait conservé une foi vive, manifestée par les signes les plus touchants, et un profond attachement à la religion de ses pères : avantage bien précieux pour l'homme, qui, n'hésitons pas à le dire, fait un peu trop défaut à nos contemporains !... Cependant le temps, les révolutions et la faiblesse humaine finissent par miner tôt ou tard les institutions les plus saintes et les endommager d'une manière plus ou moins funeste.

Ainsi, ne nous étonnons pas si, à cette époque, le clergé régulier comme le séculier était tombé dans le relâchement, si de toutes parts on signalait des abus dans les corps ecclésiastiques, et si on y appelait des réformes.

Déjà nous avons dit comment la Grâce-Dieu, succombant sous le poids de deux grands désastres dans les siècles précédents, avait vu le nombre de ses religieux réduit à quelques-uns. Nous trouvons encore une autre cause de cette diminution dans l'apparition des nouveaux ordres monastiques qui surgirent en grand nombre au xvie siècle, et qui absorbèrent les vocations à l'état religieux. Dieu, qui dans ses dispositions providentielles avait fait servir les bénédictins et les cisterciens au défrichement des déserts et à la culture des terres, voyant qu'ils avaient accompli leur tâche, suscita de nouvelles phalanges monastiques pour rendre des services d'un autre genre aux populations agglomérées pour les arts de l'industrie dans les villes et les bourgades. C'est ainsi que la Providence veille sans cesse sur les besoins de l'humanité et dispose toujours avec sagesse ce qui peut contribuer à son bien. Elle destina ces nouveaux sectateurs de la vie religieuse à l'éducation de la jeunesse, à l'instruction des peuples, au soin de toutes les infirmités humaines. La place de ces serviteurs de Dieu et de l'humanité apparus nouvellement se trouva assignée au milieu ou auprès des grands centres de population, auxquelles, avec l'exemple de toutes les vertus, ils venaient apporter les services les plus variés.

La Grâce-Dieu, comme la plupart des anciens monastères, manquait de bras pour la culture de ses terres; les campagnes elles-mêmes, dépeuplées par les guerres de Bourgogne de la fin du xve siècle, ne présentaient plus qu'un petit nombre de cultivateurs. Le meilleur moyen pour notre abbaye afin d'en attirer à son service, c'était de les intéresser à la propriété en leur abandonnant des terres moyennant quelques redevances annuelles. De là les nombreux acensements qu'elle fit au commencement du XVᵉ siècle. La Grâce-Dieu se montra toujours très désintéressée dans ces sortes de concessions, car elle ne se réserva que la dîme d'une seule gerbe par journal de terrain emplanté de céréales, et de bien minimes sommes en argent pour les herbes de pré. Dans tous les temps, d'ailleurs, elle fut un asile où les pauvres reçurent d'abondantes aumônes. Qu'on ne vienne donc pas répéter que le moine, pauvre lui-même par choix, gagnant par un travail laborieux beaucoup plus qu'il ne dépense et consacrant le fruit de son pénible labeur à secourir toutes les misères, est un être inutile à la société !

Pierre III Marquis, originaire de Cirey-lez-Bellevaux, reçut le titre abbatial de la Grâce-Dieu par la résignation de Nicolas Boudot de Bremondans, en juin 1499, et le porta jusqu'en 1512. Ce prélat est connu par des actes de 1499, 1506, et par l'acensement qu'il fit, le 6 janvier 1511, d'un pré dit en la croix de *Prodey* ou le pré du *Sçay*, à un Deschamps, d'Orsans, moyennant le cens annuel de six sols six deniers estevenants (1). Dès 1513 il eut pour successeur Jean IV de Maisières, maison noble qui avait son château à Fondremand (2). Ce nouveau prélat, le parent et probablement le neveu de Jean III de Maisières, abbé de la Charité, fut d'abord religieux profès de cette maison, y devint docteur en théologie et ès sacrés

---

(1) La monnaie *estevenante*, ainsi appelée de saint Etienne, un des patrons du diocèse, était celle des archevêques de Besançon. Elle était presque la seule en usage au comté de Bourgogne au XIIIᵉ siècle. Le sou estevenant valait 3 centimes 7/10.

(2) Il y a eu en Franche-Comté, dit dom Grappin *(Almanach de 1785)*, une ancienne famille du nom de Maisières, alliée entre autres à celles de Raincourt et de Montarlot.

décrets, et la quitta pour prendre le gouvernement de la Grâce-Dieu. Deux ans après, le 12 juin 1515, il fut élu abbé du monastère de Rosières près Salins. Il cumula la possession simultanée de ces deux bénéfices, ce qui était permis avant le concile de Trente. Cette identité de chef fut pour les abbayes le principe d'une liaison étroite, d'intervention mutuelle de leurs supérieurs dans les affaires de l'une et de l'autre. Néanmoins on ne peut disconvenir que le défaut de présence de l'abbé, qui résidait quelquefois à Rosières, mais le plus souvent à la Grâce-Dieu, n'ait nui au maintien de la discipline dans ces deux maisons. Pendant la prélature de l'abbé de Maisières, le nombre des religieux était de huit à dix dans cette dernière abbaye. Le rétablissement de l'université de Dole à la fin du xve siècle avait ranimé le goût des lettres et de l'étude, l'amour des livres, dans les monastères franccomtois. Aussi Jean de Maisières se montra-t-il à la Grâce-Dieu, comme son oncle l'avait fait précédemment à la Charité, l'ami des lettres et des livres. Il releva et entretint le goût de l'étude dans ses abbayes et commença à y former des bibliothèques.

Les actes du gouvernement de Jean de Maisières sont nombreux et eurent pour objet des acensements, des loyers de terres, des transactions sur procès et la conservation de ses droits seigneuriaux. Le 10 février 1514, il acense à Berceot, d'Orsans, un-pré bois de quatre *soiptures* (1), *aux Echenoz*, moyennant le cens annuel et perpétuel de douze *engrognes* (2). En 1517, le 11 octobre, il amodie aux habitants du même village le pâturage dans les bois banaux du vallon de l'abbaye jusqu'à l'*Echenoz*, moyennant le rendage de onze livres

---

(1) Ce vieux mot a la même signification que *faulx de pré* et exprime la même contenance de terrain.

(2) L'engrogne valait 1 denier 1/9 ou un 1/2 centime actuel.

huit gros. Le pré *Clément* est acensé, le 12 avril 1520, pour quatre blans (1), ou la dîme d'une gerbe par journal, si on le labourait. La commune de Chaux, le 19 mai 1536, reçut en acensement cent trente-trois journaux de terrain dépendant de la ferme de Rentessert, moyennant une faible redevance en argent pour les parties en pré et la dîme d'une gerbe sur les journaux ensemencés, avec réserve expresse de la haute justice, de la mainmorte et des autres droits seigneuriaux. Après vingt ans de jouissance, les censitaires élèvent des difficultés sur la quantité de ce terrain qu'ils doivent cultiver ou tenir en prairie, et un procès s'engage à ce sujet devant le bailli d'Amont. Ce magistrat fait une descente sur les lieux, en 1585, pour constater la nature du terrain litigieux, et le parlement de Dole, par arrêt du 24 mars 1589, annula cet acensement, qui pourtant fut renouvelé le 16 février 1606. De leur côté, quatre particuliers de Saint-Juan prennent part aux acensements de l'abbaye, en mai 1541, pour douze faulx de pré dans les cantons de l'*Oursières*, des *Tassonnières* (2), au-dessus de la *Combe-Vancley*, au prix de deux engrognes l'une.

L'esprit d'indépendance et de révolte soufflé par le protestantisme fermentait partout dans les têtes au commencement du XVIe siècle : aussi voit-on de nombreuses tentatives faites par les sujets de la Grâce-Dieu pour se soustraire aux droits seigneuriaux de l'abbé. Ce prélat, alors exposé à subir des spoliations de tous les genres, est obligé de redoubler d'activité et de vigi-

---

(1) Le blan valait 3 deniers 1/4 ou un centime 1/2.

(2) Le nom d'*Oursans* donné dans plusieurs titres au village d'Orsans, les autres dénominations de l'*Oursières*, des *Tassonnières*, mots patois qui signifient la demeure des ours et des blaireaux, annoncent que ces animaux se retiraient en grand nombre autrefois dans les rochers et dans les forêts qui avoisinent la Grâce-Dieu.

lance pour n'être point dépouillé. Ainsi en 1514 et 1518 il fait reconnaître ses droits de justice dans le canton de Coustang par trente-huit habitants de Saint-Juan, et par les Roussel, d'Orsans, en 1528, sur les prés de l'*Oursières*, *Michaux* et *Combe-Arbey*. A leur tour, les sujets du comte de Montbéliard, à Passavant, disputent, en 1537, à l'abbaye ses droits de justice et de seigneurie sur les mêmes héritages et le pré *Fraisier* : de là procès au parlement, qui ordonne une enquête par-devant le bailli d'Amont ; elle démontra jusqu'à la dernière évidence la légitimité des droits du monastère. En 1584, des habitants du même lieu réclament des droits d'usage dans ces cantons sans plus de succès. Dix habitants de Saint-Juan veulent, au mépris de l'autorité abbatiale, planter des bornes en Coustang ; le juge châtelain de l'abbaye les condamna, le 14 février 1557, à soixante sols estevenants d'amende. D'autres particuliers du même lieu et d'Aïssey vendent des pièces de terre dépendant du territoire de l'abbaye, sans avoir obtenu le consentement de l'abbé et payé le lods (1). Son procureur fiscal les assigne, et le 24 avril après Pâques 1542, frère Pierre *Copin*, prieur ; frère Alexandre *Bélière*, sacristain ; frère Pierre *Clerget*, d'Esnans ; frère Robert *Cavoiella*, religieux, *des congé, licence, autorité et consentement* du révérend père frère Jean de Maisières, transigent sur cette difficulté en présence et à la participation de frère Gauvins-Convers, prieur de Rosières. Les vingt-trois chefs de famille composant la communauté de Saint-Juan conviennent que lorsqu'ils vendront des terres en Coustang, et que les acheteurs ne seront pas de leur village, ils passeront ces actes devant le tabellion ou notaire de l'abbaye, mais que dans le cas contraire ils pourront les faire ré-

---

(1) *Lods*, droit perçu par le seigneur sur les ventes des héritages dépendant de sa seigneurie.

diger par quel notaire ils voudront, pourvu que dans les quarante jours ils les fassent transcrire sur les registres de l'abbaye, le tout à peine d'amende. Deux ans après, en 1544, malgré cette transaction, un héritage fut vendu dans ce canton et déclaré dépendant de Saint-Juan. Aussitôt l'abbé en déclare la commise (1). L'usurpateur reconnut son tort et paya une somme pour la faire lever.

Les terres de la Grâce-Dieu, aux confins d'Orsans et de Saint-Juan, portaient deux espèces de bornes délimitatives, les unes de la contenance des propriétés, les autres de la circonscription de ses héritages sur lesquels l'abbaye, par pure bienveillance, avait permis aux habitants de ces communes de faire paître leur bétail. Cette concession lui attira de leur part de nombreuses tracasseries; ils voulaient s'approprier les terres sur lesquelles ils n'avaient qu'un droit d'usage pour le pâturage. A des difficultés injustes les religieux ne savent répondre que par des transactions toujours de plus en plus favorables à leurs adversaires. C'est ainsi que le 1ᵉʳ février 1526 ils consentent à ce que les habitants d'Orsans usent du pâturage comme par le passé dans les cantons des *Echenoz*, prés du *Sçay* et *Myard*, avec défense cependant d'approcher plus près de l'abbaye que les limites indicatives du parcours; des bornes plantées à cet effet terminèrent le procès pendant à ce sujet devant le bailliage de Baume. Ces bornes, ayant disparu, furent renouvelées le 15 septembre 1606. Le comte de Montbéliard et les habitants de Passavant discutèrent aussi avec l'abbaye les limites de leurs territoires respectifs. Des contestations s'étaient élevées d'un autre côté entre la commune de Chaux et le fermier de Rentessert, par rapport au pâturage, et, le

---

(1) La *commise* était la confiscation d'un fief, faute de devoir rendu au seigneur par le vassal.

19 mai 1536, on convint qu'il s'exercerait mutuellement sur les deux territoires respectifs. Rentessert avait son territoire distinct et séparé de Chaux, ainsi que de celui de l'abbaye.

Si les sinistres qu'elle avait subis furent la première cause de sa décadence temporelle, nous voyons encore une autre raison de la grande diminution de ses revenus dans les nombreux acensements et loyers de terres faits à vil prix et dans les sacrifices énormes qu'elle s'imposa pour terminer à l'amiable les procès que les communes voisines lui suscitèrent dans les premières années du xvie siècle. Elle eut aussi à repousser des tentatives d'usurpation de la part de personnages plus puissants que ses sujets mainmortables.

Les officiers du comte de Montbéliard à Passavant, et Charles de Pillot, seigneur du Châtelard, prétendaient exercer quelquefois, notamment le dimanche de Quasimodo, le droit de justice à l'abbaye et dans son district, à l'exclusion du juge châtelain et des autres agents de la haute justice de l'abbé. Un grave procès s'engagea à ce sujet et fut porté devant le parlement de Dole. Par arrêt de l'an 1527, cette compagnie maintint le prélat dans les droits et possession de rendre en tout temps la justice, même le jour de Quasimodo, à l'exclusion des seigneurs de Passavant et du Châtelard, *tant dans le creux de l'abbaye et à Aïssey, que dans toute l'étendue de son territoire.* Déjà au xiiie siècle, sans que nous ayons pu découvrir à quelle époque précise ni sous quel abbé, les sires de Montfaucon, gardiens de l'abbaye, avaient suscité, mais en vain, un procès au prélat de la Grâce-Dieu pour le dépouiller du droit de justice. Il le conserva toujours dans toute sa plénitude jusqu'au commencement du xviiie siècle, car depuis 1530 jusqu'à l'époque précédente il existe encore de nombreuses procédures instruites et des condamnations prononcées exclusivement par les juges de l'abbaye contre divers délits, tels que blasphèmes, voies de fait, y commis le jour de Quasimodo (1). Le procureur fiscal Magnin, de Passavant, voulut le contester de nouveau vers 1720, mais l'abbé fut maintenu dans l'intégrité de son droit. Cependant, trois ans après, il admit bénévolement les officiers de Passavant à taxer le prix du vin et des denrées alimentaires le dimanche de Quasimodo, conjointement avec les gens de sa justice, tout en réservant à ceux-ci seuls le pouvoir de poursuivre les délits (2).

D'un autre côté la garde qui se faisait à l'abbaye le jour de Quasimodo au nom des comtes de Montbéliard, soit par leurs officiers de Passavant, soit par les seigneurs du Châtelard, était dégénérée en contribution forcée pour cette maison et en une source de désordres. Ces seigneurs ou leurs agents y descendaient en ce jour avec un nombreux cortége qui devait être défrayé. Ils s'y livraient aux plaisirs de la table, du jeu et de la danse au son bruyant de la musique, ce qui occasionnait un tumulte scandaleux dans ce lieu de recueillement et de prières. Ces excès, qui existaient depuis le commencement du xvie siècle, furent poussés si loin que le 28 mars 1581 les états de la province en portèrent plainte au roi, qui ordonna qu'il n'y aurait plus à cette réunion que le seigneur ou son commis avec quatre cavaliers, leur enjoignant *d'éviter tous frais superflus, le désordre, tout scandale, et de se comporter avec le respect et la modestie convenables.* Les gardiens de la Grâce-Dieu tinrent peu de compte de cette ordonnance, et l'abbé porta au parlement de nouvelles plaintes contre leur conduite déréglée

(1) Ces procédures et sentences sont entre autres des années 1530, 1532, 1540, 1581, 1582, 1583, 1584, 1623, 1723, 1757.

(2) L'année 1723 est celle où les officiers de Passavant et de la Grâce-Dieu taxèrent ensemble pour la première fois les denrées au jour de la fête patronale de l'abbaye. Ils fixèrent le prix du pain à 2 sols la livre, le vin à 6 sols la pinte.

en 1585 et les deux années suivantes. Cette compagnie rendit successivement trois arrêts pour défendre *tous jeux et danses sous tambours et fifres* le jour de Quasimodo, *faisant en même temps inhibition aux gardiens de donner la permission de ce faire dans l'abbaye et son district.*

Un autre droit, sans doute peu important pour des religieux, mais qui appartenait à ceux de la Grâce-Dieu en leur qualité de seigneurs, et que des personnages nobles du voisinage leur disputèrent avec acharnement, était celui de la chasse. Les religieux avaient le droit de chasser dans la longue haie; quelques-uns d'entre eux se livraient à ce divertissement (1). Odo Martin, docteur ès droits, lieutenant général du bailliage d'Amont, les déclara le 18 août 1530 vrais et paisibles possesseurs du droit de chasser dans la longue haie, nonobstant toute opposition formée par Adrien Jouffroy, seigneur de Gonsans, qui le leur disputait. L'année précédente, ils avaient réclamé vivement contre le mandement de garde de la chasse dans l'étendue de sa seigneurie qu'avait obtenu Charles de Pillot, écuyer, seigneur du Châtelard. Enfin, en 1546, ils firent un traité avec les habitants d'Aïssey pour chasser sur des héritages dont ils étaient co-propriétaires avec cette commune. Aussi messire Claude Robel, procureur général en la gruyerie (2) de Bourgogne, condamna-t-il un particulier d'Aïssey qui avait tué un écureuil avec une arbalète dans le bois de la *Faye.* Cette passion de la chasse, il faut l'avouer, était peu compatible avec le recueillement, la douce modestie et les autres devoirs de l'état monastique!

(1) Une enquête faite en 1530 fait voir que certains religieux de la Grâce-Dieu étaient déterminés chasseurs. Ils tendaient principalement des piéges aux bêtes sauvages et les tuaient à coups d'arbalète ou d'arquebuse.

(2) La *gruyerie* était le tribunal spécialement destiné à juger les délits forestiers.

L'hérésie de Luther, intronisée à Montbéliard dès 1524, en apprenant à secouer le joug de l'autorité de l'Eglise, conduisit bientôt ses partisans à méconnaître le pouvoir social et le droit de propriété. Des hommes, surexcités par l'esprit d'indépendance, s'organisent en bandes armées, pénètrent en Franche-Comté en 1525, y apportent le pillage et l'incendie. Ces pillards s'en prennent plus particulièrement aux nobles et aux gens d'église. Ils dévastent l'abbaye des Trois-Rois, le prieuré de Lanthenans. L'archevêque de Besançon songe à réunir quelques troupes pour les réprimer, et à cette fin il demande un subside à son clergé. Les treize abbayes cisterciennes de la Comté se cotisèrent pour une somme totale de soixante-huit livres, dont la Grâce-Dieu, déjà bien appauvrie, ne paya que trois livres (1).

Les faits que nous venons de rapporter font déjà assez pressentir que le relâchement s'y était introduit. Plus favorisée que les autres monastères de Cîteaux, qui chez nous avaient tous abandonné le travail des mains et la régularité dès la fin du XIIIe et au commencement du XIVe siècle, la Grâce-Dieu y avait persévéré jusque vers la fin du XVe siècle ; mais les nombreux acensements qu'elle fit à cette époque signalent la cessation des travaux corporels et l'abandon de la règle qui en est bientôt la suite. Quelques titres, une enquête qui eut lieu en 1530, présentent le tableau de l'état déplorable auquel y étaient réduits le service de Dieu et la discipline dès les premières années du XVIe siècle. A peine y restait-il alors une ombre de vie religieuse. Les absences et les fréquents voyages de l'abbé laissent les religieux vivre à leur liberté ; les offices divins sont négligés et les portes du cloître ouvertes à tous venants. La cuisine est devenue un foyer de bruit qui répand la

---

(1) Ces 68 livres valaient 215 francs de la monnaie actuelle.

dissipation dans toute la maison, une académie de conversations souvent entremêlées d'éclats de rire ou de disputes et de débats. Les cénobites fréquentent habituellement cette pièce, prennent part aux scènes qui s'y passent et vont s'asseoir à la table de l'hôtellerie pour boire, manger et perdre le temps avec les séculiers. De son côté, quand l'abbé est au monastère, il habite son quartier abbatial, a sa table particulière, ses domestiques pour le servir et n'entretient plus avec les religieux que des rapports rares et insignifiants. Outre les noms de ceux que la transaction de 1542 a conservés, l'histoire et l'enquête de 1530 font connaître dom François Aïssey, dom Jean, dom Simon, dom Boucard, sans parler de quelques religieux de Rosières qui y venaient de temps à autre et y séjournaient pendant quelques semaines. Hélas! tout ce que cette fille de Sion avait de beau lui a été enlevé! Il faudrait les larmes d'un Jérémie pour pleurer sur l'abîme de la dégradation profonde où elle était tombée!

Jean de Maisières se rendit en octobre 1530 aux obsèques de Philibert de Chalon, célébrées solennellement dans l'église des Cordeliers de Lons-le-Saunier. Il fut un des assistants de Claude de Longwy, évêque de Langres, qui célébra la troisième grand'messe dans cette cérémonie funèbre [1]. Pendant ce temps-là, la justice seigneuriale de Passavant descendait à Aïssey afin d'instruire secrètement une procédure criminelle contre

(1) Philibert de Chalon, dernier rejeton mâle de cette illustre et puissante famille, irrité des mortifications que lui fit subir le roi de France, François Ier, passa au service de l'empereur Charles V en 1529. Avec l'éloquence et le courage, il possédait toutes les qualités d'un brillant chevalier et d'un vaillant capitaine. Après plusieurs victoires remportées en Italie par l'empereur, et où il eut une grande part, il fut tué d'un coup d'arquebuse devant Florence, le 3 août 1530. Philiberte de Chalon fit ramener le corps de son fils à Lons-le-Saunier, où ses obsèques eurent lieu avec une magnificence royale.

un de ses religieux. Dom Guillaume, moine de l'abbaye de Rosières, homme insubordonné qui, au mépris de la règle et des défenses réitérées, s'obstinait à mener une vie indigne de sa vocation, fut envoyé à la Grâce-Dieu pour y pratiquer une pénitence de trois ans. Il vint à mourir subitement, et un des religieux fut soupçonné de l'avoir empoisonné. Il s'était attiré la haine des officiers et juges de Passavant en leur appliquant l'épithète de *luthériens*, et traitant les assises de leur justice de *chambre d'enfer*. Nous sommes heureux de pouvoir dire qu'ayant entre nos mains une copie du procès-verbal de l'enquête faite contre lui (1) à la diligence du procureur fiscal Tanchard, le 8 octobre, on n'y voit aucune preuve positive des quatre ou cinq crimes tous plus énormes les uns que les autres dont il était inculpé. Des *on-dit*, des *rapports vagues*, voilà tout ce que les huit témoins entendus articulent contre le prévenu. Encore moins est-il question dans leurs déclarations du drame sanglant et barbare qui aurait consommé plusieurs forfaits! Il n'y a aucun indice de la condamnation et de la punition de l'accusé. Les détails qu'on lit sur cette affaire dans les documents tirés des archives de Montbéliard l'ont dénaturée et envenimée. Il n'y a là dedans rien d'étonnant. Le protestantisme alors naissant était dans son effervescence contre le catholicisme, et ses sectateurs ne laissèrent pas échapper un prétexte quelconque de dénigrer et d'avilir le clergé. Au reste, le religieux de la Grâce-Dieu eût-il été coupable de ce qu'on a voulu lui reprocher, ses crimes, aux yeux de tout homme sensé, ne peuvent pas plus être imputés à la religion catholique, qui les défend, à ses frères, qui en étaient purs, que le déicide de Judas ne retomba sur ses collègues dans l'apostolat.

(1) Cette copie a été faite sur l'original déposé aux archives impériales à Paris.

Evidemment, la religion et les corporations ecclésiastiques ne peuvent être souillées par les actes criminels de quelques-uns de leurs membres dépravés. Enfin l'emprisonnement qu'on fait subir au religieux dans les prisons de l'archevêché n'a pas même l'ombre de la vraisemblance, puisque l'ordre de Citeaux était soustrait par ses priviléges à la juridiction épiscopale. En résumé, si ce malheureux moine fut coupable en quelque chose, il n'est pas moins vrai qu'il avait conservé la foi et un vif attachement à la véritable religion. Sa chute est une leçon salutaire ; elle apprend à quels excès peuvent entraîner l'abus des grâces, l'infidélité à la vocation même la plus parfaite. Les David, les Salomon, les plus fermes colonnes du sanctuaire sont tombés. Ces scandales rappellent aux serviteurs de Dieu les plus haut placés cette instruction de l'Apôtre, utile à tout le monde : *Que celui qui croit être ferme prenne garde de tomber !*

L'abbé de Maisières mourut à la Grâce-Dieu le 18 août 1546, et y fut inhumé. Ce prélat distingué voulut rompre l'oisiveté du cloître en y ramenant le goût de l'étude, et se montra bienveillant et généreux envers les populations dépendantes de son monastère. C'est ainsi qu'il permit aux habitants d'Aïssey de construire, en 1535, une chapelle consacrée sous le vocable de Saint-Nicolas, et que le 17 janvier de l'année suivante, il leur donna, du consentement de ses religieux, un verger dont les revenus étaient destinés à l'entretien de cet édifice et du prêtre qui y célébrait l'office divin : telle est l'origine de la paroisse d'Aïssey.

CHAPITRE SEPTIÈME.

Videte, fratres, quomodò cauté ambuletis....
quoniam dies mali sunt. (*Eph.*, V, 15-16.)

Robert II Cavaielley de Laurillon. — Dette de l'abbaye de Bellevaux à la Grâce-Dieu. — Transactions sur diverses difficultés avec les communes voisines. — L'abbé Etienne Pierrard. — L'esprit de protestantisme répandu dans les montagnes qui environnent l'abbaye. — Antipathie des populations contre sa domination temporelle. — Commerce du bois. — Procès. — L'abbé Pierrard préside à l'élection d'un abbé à Bithaine. — Sa translation à Saint-Vincent et sa mort.

Robert II Cavaielley de Laurillon, profès à la Grâce-Dieu sous Jean de Maisières, son neveu selon quelques-uns, et personnage de noble extraction, hérita de sa crosse abbatiale le 6 février 1547. Il fut un prélat actif, vigilant, et justifia sa devise armoriale : *Non omnibus dormio :* je ne m'endors pas sur tout (1). Il eut besoin de patience et de fermeté pour faire respecter les droits de son monastère.

L'abbé Renault de Salins avait eu besoin, comme nous l'avons dit, pour retirer la Grâce-Dieu de l'abîme où la prodigalité de son prédécesseur l'avait plongée, d'hypothéquer à l'abbaye de Bellevaux tous les biens de son monastère, la ferme de Morchamps entre autres. Cette propriété lui fut même abandonnée en paiement ou à-compte de la somme prêtée ; mais

(1) Les abbés de famille noble conservaient leurs armoiries personnelles en montant sur le siége de la Grâce-Dieu, et ceux qui n'étaient pas nobles de naissance prenaient celles de cette maison.

comme sa valeur surpassait la somme du prêt, Bellevaux fut déclaré redevable à la Grâce-Dieu d'une rente perpétuelle de onze livres, payables chaque année à la fête de Saint-Martin d'hiver, comme on le voit par des lettres des années 1349, 1463 et 1584.

A peine Robert a-t-il pris les rênes du gouvernement de la Grâce-Dieu, qu'il s'empresse de transiger sur un procès avec Antoine Loriol, d'Orsans, à qui il acensa un pré de quatre faulx en *Coustang*, moyennant la rente perpétuelle de quatre petits blancs. D'autres particuliers du même lieu voulaient soustraire ce canton à la circonscription territoriale de l'abbaye, mais le 22 janvier 1555, ils reconnaissent qu'il en dépend. En 1566, l'abbé de la Grâce-Dieu se trouve aux prises avec les communes de Saint-Juan et d'Aïssey, qui se plaignent qu'il ait permis à un particulier de Passavant de construire un four à charbon au delà des chemins du moulin devers Saint-Juan et des bornes délimitatives du pâturage placées en 1452. Les plaignants donnent, le 22 octobre, mainlevée de l'opposition qu'ils avaient formée à l'établissement de ce four, et on renouvelle l'alignement des bornes. Le bailliage de Baume rend, le 22 septembre 1567, une sentence qui maintient les vénérables abbé et religieux dans la possession de la totale justice aux bois des *Brousses* contre frère *Mathieu de Masso*, commandeur du Temple à Dammartin. Que de procès accumulés en même temps et tout à la fois terminés par l'esprit doux et conciliant de l'abbé et des religieux de la Grâce-Dieu! Ils ne répondent aux tracasseries que par des bienfaits. La commune d'Aïssey, qui déjà avait obtenu d'eux, trente-cinq ans auparavant, la faculté de bâtir une chapelle, reçoit encore en 1578 de l'abbé Robert la permission de construire une maison communale. Il acense, le 13 avril 1573, à Xavier et à Jacques Deschamps, d'Orsans, deux pièces de terre, l'une au *Moley de Coustang* ou le *pré Fraisier*, de cinq faulx, et l'autre en *Combe-Arbey*, arrivées à l'abbaye par l'échute (1) de Villemain-Chapuisot, moyennant le cens perpétuel de deux gros (2). Plus tard (le 11 janvier 1582), les censitaires devinrent les propriétaires de ces fonds aux conditions de l'acensement. Les terres, à cette époque, avaient sans doute diminué de valeur, par suite des guerres et surtout des courses des soldats étrangers qui parcouraient la Franche-Comté dans tous les sens. C'est ici le dernier acte connu de l'administration de l'abbé Robert. Il mourut le premier juin 1575.

Etienne Pierrard lui succéda immédiatement. Il était originaire de Passavant, d'une famille bourgeoise dont quelques membres avaient rempli des fonctions de magistrature seigneuriale. Pierrard dut sa dignité à sa science. Docteur ès droits, il fut d'abord professeur à l'université de Dole, mais il préféra l'obscurité du cloître au vain éclat dont il brillait dans le monde. Il consacra ses profondes connaissances à conduire les religieux de la Grâce-Dieu dans la voie du salut pendant vingt-neuf ans. La science était nécessaire, même dans les cloîtres, à une époque où le protestantisme cherchait à répandre le poison de l'erreur sur tous les points de la Franche-Comté. Quelques-uns des officiers seigneuriaux de Passavant, parmi lesquels on ne doit pas comprendre les Tanchard, les Pierrard, les Magnin, les Vernerey, les Belot, etc., etc., qui furent toujours honorés pour la pureté de leur foi comme par leur extraction, étaient infectés de la nouvelle hérésie et lui faisaient des prosélytes. Elle trouva des partisans dans certains villages de nos montagnes, à Orchamps, à Vercel, et jusque dans le district de la Grâce-Dieu. L'abbé Pierrard fit ins-

---

(1) *Echute*, succession d'un mainmortable qui arrivait au seigneur.
(2) *2 gros* valaient 5 centimes 1/3.

truire, en 1593, un procès contre un de ses sujets pour avoir dit à sa femme : *qu'il aimerait mieux qu'elle conduisît un chien en laisse sur la fosse d'un trépassé, qu'un prêtre*. L'impiété de ces paroles, exhalant des sentiments anti-catholiques, annonce assez les progrès de l'hérésie jusque dans les hameaux de nos campagnes.

Aussi, ne nous étonnons pas de voir l'esprit de révolte contre la domination temporelle de la Grâce-Dieu s'accroître et se propager. Plus les religieux se montrent bienfaisants, moins leurs mainmortables paraissent-ils les supporter ! Dès 1578, les habitants d'Aïssey sont en réclamation contre les droits de *banvin* et de *langal* (1), et l'abbé est assez bon pour faire une transaction à son préjudice. Le 12 janvier 1581, la justice de l'abbaye condamne un homme d'Orsans à l'amende de soixante sols estevenants pour avoir coupé du bois *en Coustang*. Le condamné en appelle au bailliage de Passavant, qui, le 11 mai 1582, confirme la sentence du premier jugement ; il en rappelle une seconde fois au bailliage d'Amont. Elle est confirmée pareillement par le bailli d'Amont, le 10 septembre de la même année, et par le parlement le 19 janvier 1589. Pour une minime somme, voilà un procès qui dure neuf ans et dans lequel tous les degrés de la juridiction judiciaire sont parcourus et épuisés ! A quoi attribuer un pareil entêtement si ce n'est à une insubordination inconcevable ? La commune d'Aïssey avait établi sans permission un four à chaux dans les bois des *Combes-du-Mont*, sous le prétexte du droit d'usage qu'elle y avait, et il fallut encore un arrêt du parlement, 23 février 1580, pour défendre à ses habitants d'user de ces

---

(1) Le *banvin* était le droit du seigneur de vendre seul le vin dans sa seigneurie pendant six semaines de l'année.

Le *langal*, autre droit seigneurial qui consistait à percevoir une certaine quantité de vin sur chaque mesure débitée dans les cabarets.

forêts autrement que pour eux seuls, de vendre ou de donner de ces bois à des étrangers. Ensuite, onze particuliers de Saint-Juan se font condamner pour divers délits sur les terres et dans les bois de l'abbaye, 1580 à 1584. Attaquée de toutes parts dans ses propriétés, elle fait procéder à un renouvellement de terrier (1). Cette mesure était indispensable contre les envahisseurs, après la perte des titres occasionnée par les guerres. Vingt-quatre propriétaires d'Orsans comparaissent devant un notaire et reconnaissent qu'ils possèdent cinquante-huit pièces de prés, sises sur son territoire; neuf particuliers de Saint-Juan déclarent à leur tour que les héritages du canton de *Malchèvre* sont du même ressort (avril et mai 1586). Ils font aussi l'aveu qu'au temps des moissons sur les héritages dont ils sont les ténementiers de la Grâce-Dieu, ils doivent crier par trois fois: *Dîmeurs!!!* et leur délivrer la gerbe par journal; que si ceux-ci ne paraissent pas, ils la laisseront sur les champs. Les habitants de Chaux veulent aussi, de leur côté, anticiper sur la ferme de Rentessert, dont ils contestent les limites, ce qui suscite deux procès. D'abord, le 11 février 1583, le bailli d'Amont maintient l'abbaye dans la possession du *Champ-Brûlé*, contenant sept journaux tant en plaine qu'en broussailles, entre les places dites *Sous-les-Vergers* et le *Champ-du-Tourel* devers midi, et le *Champ-du-Clos* du côté de septentrion, mais en y reconnaissant aux habitants de Chaux le *réage, l'affouage et le pâturage* en tout temps dans les broussailles, et dans les plains seulement après les premiers fruits levés. En juillet 1586, le juge de Baume se rendit sur les lieux pour reconnaître les confins du territoire particulier de Rentessert et les héritages y compris, sur lesquels

(1) *Terrier*, registre contenant le nombre et la nature des héritages dépendant de la censive d'un seigneur, avec les redevances dont ils sont chargés.

les habitants de Chaux avaient le droit de pâturage ensuite de la transaction de 1536. Ceux-ci, quatre ans après (1590, août et octobre), attaquèrent encore l'abbaye en prétendant que son fermier de Rentessert avait coupé du bois dans leur forêt située au levant du chemin tirant à Vercel.

Nous avons vu que les communes voisines de la Grâce-Dieu, et cette abbaye elle-même, commençaient à tirer parti, pour le commerce, des vastes forêts qui couvrent cette contrée. Elles les exploitaient pour le chauffage des villes de Baume et de Besançon ; les menus branchages et les broussailles étaient convertis en chaux et en charbon. Enfin, d'une autre partie de ces bois on fabriquait des cercles, d'autres ustensiles de ménage, de grossières chaussures (1) et divers instruments d'agriculture.

Depuis le concordat du roi de France François Ier avec le pape Léon X relativement à la nomination aux bénéfices, les rois d'Espagne, souverains de la Franche-Comté, sans avoir eux-mêmes de concordat, reçurent des indults des souverains pontifes pour nommer aux bénéfices. Ils n'usèrent que rarement de ce pouvoir à l'égard de la Grâce-Dieu, probablement parce qu'elle ne fut jamais donnée en commende. Si les souverains y nommèrent quelquefois à la dignité abbatiale, ce fut sur la demande des titulaires qui résignaient, quelquefois sur celle des religieux qui avaient élu leur chef. Les élections d'abbés, rarement interrompues, ont été conservées à la Grâce-Dieu jusqu'au xviiie siècle. Dans les abbayes de Cîteaux, tombées en commende au diocèse de Besançon, on a vu souvent les rois d'Espagne, ou plutôt leurs représentants, les gouverneurs des Pays-Bas et de la Franche-Comté, ne pas profiter de leur droit de nomination et déférer même aux

(1) Des sabots.

religieux l'élection de leurs abbés, dont, en tout cas, ils se réservaient la confirmation. Nous avons un exemple de ce fait dans l'ordre donné par le gouverneur des Pays-Bas à l'abbé Pierrard de la Grâce-Dieu pour se rendre à Bithaine afin d'y présider au choix d'un nouvel abbé. Cette commission de confiance annonce la haute considération dont jouissait ce prélat. En voici le texte :

« A l'abbé de la Grâce-Dieu et au lieutenant de Vesoul,
» Pierre Ernest comte de Mansfeld.
» Révérend père en Dieu très cher et bien aimez, comme
» nous entendons présentement estre vacante l'abbaye de Bi-
» thaine au comté de Bourgogne par le trespas du dernier
» abbé, estang besoing d'y pourvoir, nous vous députons et
» de par Sa Majesté ordonnons vous transporter en ladite ab-
» baye et *illec* vous informer deuement et pertinamment en
» la manière accoustumée, se entre les religieux profès en
» icelle abbaye y n'y a aucun ydoine et bien qualifiéz pour
» estre pourvuz de ladite prélature, retenant à ces fins les voix
» desd. religieux. Et au cas que vous n'y trouviez aucun
» ydoine en lad. abbaye, vous vous informerez de quelqu'au-
» tre religieux du même ordre et nomément de domp Daniël
» de Montrichier, prebstre et religieux profès en l'abbaye de
» Luxeul, requerant d'estre pourveu de lad. abbaye et sur
» icellui prendre ouyre les voix desd. religieux afin d'enten-
» dre qui sera le plus ydoine et capable à lad. dignité pour
» la tenir selon les canons et les saints decrets du concile de
» Trente, et votre besogne achevée la nous renveyrez avec
» votre advis de ceulx qui vous sembleront le plus ydoines et
» capables à ceste dignité, en spécifiant et déclarant par le
» verbal de vostre besogne un advis duquel ordre lad. abbaye
» est, et le nom et surnom du dernier abbé, aussi l'invoca-
» tion du saint soubs lequel cette esglise a estée fondée et

» consacrée, nous renvoyant instamment copie authentique
» des lettres de nomination dud. dernier abbez, procédant à
» ce avec la sincérité, diligence et secret requis selon l'en-
» tière quonfidence qu'avons en vous, à tant, et si Dieu, etc.,
» etc., etc. Bruxelles, le xxvi de septembre 1590. »

Dans toutes les affaires qu'il traita, l'abbé Pierrard se montra toujours le plus conciliant et le plus obligeant possible. C'est ainsi que, le 20 avril 1584, il échangea avec Pierre Deschamps un pré de la contenance de six faulx *en prés mauvais*, arrivé à l'abbaye par échute, contre un autre pré de quatre faulx au joignant du chemin de l'abbaye à Saint-Juan, moyennant la soulte d'un cens perpétuel d'un sol sept deniers.

Nous ignorons pour quelle raison ce prélat fut transféré sur le siége abbatial de Saint-Vincent de Besançon, de l'ordre des bénédictins, mais ce fait eut lieu le 23 février 1604. Avant de passer à Saint-Vincent, il obtint du souverain que Jean Penevoillet lui succéderait à la Grâce-Dieu. L'abbé Pierrard ne mourut qu'en 1608.

CHAPITRE HUITIÈME.

Væ unum abiit, et ecce veniunt adhuc duo væ post hæc.   (*Apoc.*, IX, 12.)

Jean V Penevoillet et ses talents. — Transaction sur procès. — Voies de fait contre les propriétés et les personnes réprimées par la justice de l'abbaye. — Fondations dans son église. — Sa dévastation par les Suédois. — Le prieur Blancpignon. — Les abbés Vyot et Jouffroy de Novillars. — Les délégués du parlement visitent la Grâce-Dieu et constatent sa position temporelle au XVIIe siècle.

On est péniblement affecté quand, en avançant dans l'étude des annales de la Grâce-Dieu, on la voit continuellement en butte aux tracasseries et aux procès de toute espèce de la part de ses sujets et des communes voisines. Si, à la vérité, les difficultés qu'elle eut à soutenir au XVIIe siècle furent moins nombreuses que précédemment, elles ne cessèrent pas entièrement néanmoins et ne firent qu'augmenter sa mauvaise position financière. Les délits et les crimes que sa justice eut à réprimer montrent les populations devenues plus brutales et plus méchantes. Enfin de nouveaux fléaux l'assaillirent pendant la guerre de dix ans ; ses religieux furent mis en fuite et leur nombre diminua ; elle éprouva le pillage, la dévastation, peut-être même l'incendie. En revanche, la Providence lui réserva des prélats éminents en sainteté et en mérites.

Sur la demande de son prédécesseur, JEAN V PENEVOILLET fut nommé abbé de la Grâce-Dieu par lettres patentes de Leurs Altesses sérénissimes l'archiduc Albert et Isabelle-Clara-Eugénie, infante d'Espagne, le 3 février 1605. Il fut le premier dignitaire de cette maison promu par nomination royale ; mais les religieux, parmi lesquels Jean Clerget, sacristain, et Antoine Poussot, l'élurent de leur côté. Les premiers supérieurs de Cîteaux agréèrent l'élu, et le parlement l'envoya en possession de ce bénéfice. Jean Penevoillet était originaire de Fresne-Saint-Mamès. Il possédait admirablement le talent de la calligraphie et de la peinture. Il composa et écrivit un livre de prières qu'il orna de magnifiques dessins coloriés pour l'archiduchesse Isabelle. On est redevable à son art et à son adresse d'un grand nombre de petits ouvrages de dévotion, dont quelques-uns sont parvenus jusqu'à nous. On montre encore à la bibliothèque publique de Besançon un des petits livres sortis de la plume de l'abbé Penevoillet, sur lequel il a inscrit son nom : c'est un in-32 sur parchemin, dont l'écriture semble typographiée.

Cette occupation ne le détourna point de ses devoirs et de la surveillance des intérêts de son monastère. Il continue d'abord le renouvellement de son terrier, commencé sous l'abbé Pierrard. De 1604 à 1615, trente habitants d'Orsans reconnaissent qu'ils tiennent soixante-onze prés de diverses contenances dépendant de la seigneurie de la Grâce-Dieu (1), et plus tard treize autres cultivateurs du même lieu remplissent la même formalité pour cent cinquante prés. Il s'occupe ensuite d'un procès avec la commune d'Aïssey et le termine par une transaction. Des habitants de ce lieu avaient coupé, dans les bois communaux dépendant de la haute justice de l'abbaye, un grand nombre d'arbres propres à faire des cercles qu'ils avaient

(1) De Jouffroy-Gonsans, seigneur du Châtelard, renouvela son terrier en 1617. Cette mesure devint générale parmi la noblesse au commencement du xviie siècle, parce que les titres de propriété étaient disparus par vétusté ou qu'ils avaient été égarés pendant les guerres.

conduits au marché et vendus. On convint par l'accord amiable qui eut lieu au sujet de ce délit, que les habitants d'Aïssey, de Saint-Juan, de Glamondans, pourraient couper du bois dans les forêts communes au-dessus de la côte d'Aïssey pour leur usage et pour en vendre ; que l'abbé de la Grâce-Dieu n'y avait droit que pour son affouage par son titre de haut justicier ; que ceux d'Aïssey, en corps de communauté et pour les besoins de celle-ci, pourraient vendre du bois dans les forêts leur appartenant, à la réserve toutefois des quatre fontes ; mais que dans celles communes à l'abbaye et à Saint-Juan, ils n'en couperaient que pour leur usage et non pour en vendre. Ce sage règlement annonce la vigilance du prélat sur les intérêts des communes, non moins que son zèle à rendre à chacun selon son droit. Le 29 septembre 1607, il acense à Jean Roussel, d'Orsans, un pré produisant une voiture de foin *ès-Echenoz*, au cens perpétuel de deux blancs.

De 1620 à 1630, nous voyons la justice de l'abbaye occupée à réprimer divers délits, et de nombreuses condamnations sont portées contre des cultivateurs de Saint-Juan. Les uns sans permission ont ensemencé des héritages au canton des *Tassonnières*, hors des limites placées en 1542, et ne veulent plus payer la gerbe de la dîme. Les autres ont amodié de leur propre autorité des communaux indivis avec l'abbaye ; des frères Chauvel ont bâti une maison dite le *Château-de-Paille*, en Combe-Vancley, sur son territoire. L'abbé la leur laissa, à la condition que si un étranger à la commune de Saint-Juan vient à la posséder, il lui paiera chaque année une poule, deux gros ou deux corvées de bras et fera un charroi à la vendange. Du côté de Chaux, ce sont des attentats contre les animaux et les personnes punis par la justice abbatiale. Un particulier de cette commune, Antoine X..., jette une pierre à un cheval paissant dans la *Planche-aux-Bergers*, lui fait une grave blessure au-dessus de l'œil. Laurent Balanche, du Châtelard, propriétaire de l'animal, accourt, et l'assaillant le frappe avec un coutelas entre les deux épaules. Nous ne rapporterons que ces faits, entre autres, pour faire voir la démoralisation et la brutalité, suites des mauvaises doctrines propagées avec un zèle fanatique au siècle précédent. L'effervescence, sans doute, s'était calmée ; mais les mauvais principes, secondés encore par les courses des soldats étrangers dans la Comté, portaient leurs fruits.

L'abbé Penevoillet eut aussi à soutenir un procès au bailliage de Baume pendant les années 1631 et 1632, au sujet de la ferme de Rentessert et des droits d'usage et de pâturage de l'abbaye dans la forêt dite le *Grosbois*. Il venait de recevoir, en 1624, les fondations pieuses faites dans son église par Claude Roussel et son épouse Claudine Penevoillet, ses parents, de Fresne-Saint-Mamès. Ils fondèrent le chant du *Salve, Regina*, avec *Libera me* et *De profundis* tous les premiers dimanches du mois, à l'issue des vêpres ; leur anniversaire, le lendemain de la fête de la Conception de Notre-Dame : cet office consistait dans une grand'messe de *Requiem*, le *Libera me*, les vigiles des Morts, le *De profundis* avec les collectes, moyennant la cession d'un capital de huit cents francs, à la redevance annuelle de huit francs, constitué sur Jean Osalanche et sa femme, au profit de l'abbaye.

Cependant la Providence ménageait à notre prélat une cruelle épreuve et une nouvelle désolation à son abbaye. Louis XIII, roi de France, secondé par le cardinal de Richelieu, convoitait la Franche-Comté comme un nouveau fleuron à ajouter à sa couronne. La France déclare donc la guerre à l'Espagne, et notre malheureuse province en est tout à la fois l'objet et le théâtre. La Franche-Comté est envahie dès l'année 1636 par les Français, qui appellent à leur aide des troupes de diverses contrées de l'Allemagne. On nommait vulgairement *Suédois* ces soldats étrangers. Ils étaient protestants pour la plupart; mais qu'importait à l'ambition? Alors, comme encore aujourd'hui, tous les moyens lui sont bons pour arriver à ses fins! Pendant treize années la fidèle Comté fut la victime de leurs brigandages. Ils portèrent le fer et le feu partout, aucun de nos villages ne fut épargné. Arrivé à Pontarlier dès le commencement de 1639, le duc Bernard de Saxe-Weymar, commandant en chef l'armée suédoise, y tombe malade. Sur ces entrefaites, son armée se partage en diverses bandes qui parcourent la montagne dans tous les sens, brûlant les villages; pendant plusieurs semaines les montagnes du Doubs ne présentent qu'un vaste incendie, dont les lueurs vont éclairer les provinces voisines. Vers le milieu de mars, un détachement suédois arrive devant le Châtelard, prend d'assaut la forteresse et détruit le village. L'abbaye de la Grâce-Dieu est sous leurs yeux, à la distance de quelques pas : c'est un monastère, raison de plus pour qu'il ne soit pas épargné. Aucun document ne nous est parvenu sur le sort qu'ils lui firent subir, mais on ne peut douter qu'ils ne l'aient dévasté, s'ils ne l'incendièrent pas. Les religieux et les populations voisines se retirèrent avec les meubles les plus précieux dans les cavernes des rochers voisins, où on aperçoit encore les vestiges des murs de défense qu'ils avaient élevés. Après avoir assisté aux scènes douloureuses et émouvantes de la guerre de dix ans, l'abbé Penevoillet rentra dans son abbaye, acheta, le 5 mai 1643, une portion de champ, proche la grange du Mont, de Nicolas et Jean Deschamps, d'Aïssey. Il vécut encore onze ans, et rendit sa belle âme à Dieu le 9 juillet 1654, après une prélature de cinquante ans.

A cette époque, Jean-Baptiste Blancpignon était prieur à la Grâce-Dieu. D'abord religieux à Bellevaux, il y resta pendant les guerres de 1636, et sauva tout ce qu'il put dans les divers pillages que subit le monastère. Il reçut l'office de prieur de Gaspard Bastien, prieur lui-même de Droiteval, et de Guillaume Nardin, prieur de la Charité, commissaires nommés par l'abbé de Morimond pour visiter l'abbaye de Bellevaux, en décembre 1650. Blancpignon fit renouveler le terrier de ce monastère et ne négligea rien pour lui préparer des temps meilleurs. Quelques religieux y rentrèrent pendant la prélature de l'abbé Humbert de Précipiano, mais Blancpignon, on ignore pour quels motifs, le quitta après 1651 pour se retirer à la Grâce-Dieu.

Après la cessation des guerres entre la France et l'Espagne, le parlement de Dole, associé au gouvernement de la Franche-Comté, voulut connaître la position financière des abbayes et délégua quelques-uns de ses membres pour les visiter. Jean-Ferdinand Jobelot, docteur ès droits, conseiller et avocat fiscal à la cour souveraine du parlement, et messire Jean-Simon Froissard, chevalier, seigneur de Broissia, aussi conseiller et procureur général en Bourgogne, assistés de Nicolas Tisserand, greffier de la cour, arrivèrent à cette fin à la Grâce-Dieu en 1654. Leur procès-verbal fait connaître ses biens à cette époque. Elle possédait les granges de la Vallée et du Mont, d'Aïssey, de Rentessert, les moulins d'Orsans et de Creuse, divers héritages à Aïssey, Gonsans, Saint-Juan, un fief à Champlive, des dîmes au même lieu, à Longechaux, Vercel, Goux, Osse, Ambre; une maison et une vigne à Vuillafans, des terres à Longechaux, Servin, Chaux, une rente d'une quarte de froment due par six particuliers de Saint-Juan depuis 1586. De son côté, elle devait un bichot par moitié froment et avoine à l'abbaye de Saint-Paul de Besançon. Les commissaires signalèrent encore divers titres en parchemin, concernant les indulgences et les priviléges accordés par les papes à la Grâce-Dieu ; malheureusement ils ont laissé ignorer le contenu de ces titres.

CLAUDE VYOT, élu par les religieux, fut nommé par le roi

abbé de la Grâce-Dieu, le 11 mars 1655, institué par ses supérieurs et mis en possession, par arrêt du parlement, au mois d'avril suivant. Fils de Claude Vyot et de Paule de Lafertey, il reçut le jour à Mérey-lez-Montrond, au canton d'Ornans, fut religieux profès à Cherlieu et ensuite prieur du monastère de Balerne. L'abbé Vyot était un homme très pieux, d'une grande sainteté. Heureuses les communautés conduites par de pareils hommes! elles se soutiennent dans la régularité et la ferveur. L'abbé eut à soutenir un procès contre la dernière héritière de la famille d'Orsans, épouse de Charles du Châtelet en Lorraine, son parent, et un particulier de Guyans, au sujet des quartes de four du village d'Orsans. A cette époque la seigneurie de Vercel payait annuellement à l'abbaye quatre émines de froment pour l'acquit de fondations.

Les guerres du XVIIe siècle, les brigandages qu'elles traînèrent à leur suite, ne firent que dépraver les mœurs publiques en y ajoutant encore un nouveau degré de rudesse et de barbarie, comme on peut en juger par les condamnations prononcées à la justice de la Grâce-Dieu de 1671 à 1683, pour coups, blessures faites avec des armes tranchantes. Cinq jugements furent rendus à cette occasion, entre autres un contre Claude X..., d'Epenoy, qui avait porté des coups de coutelas à un nommé Jean Pereur dans *la Planche-au-Barbier*.

Dom Vyot, après avoir gouverné et conduit ses frères dans le chemin du salut pendant sept ans, se démit de sa dignité en 1672 pour ne plus s'occuper que de lui-même et se préparer à la mort. Après avoir résigné ses fonctions en faveur de messire Claude II François de Jouffroy-Novillars, il trépassa en 1677.

CLAUDE-FRANÇOIS DE JOUFFROY était le second fils de Thomas de Jouffroy, seigneur de Novillars, d'Amagney, et de Jeanne Despotot. La famille de Jouffroy, l'une des plus illustres de la

Franche-Comté, a donné à l'Eglise, au xv⁰ siècle, un cardinal célèbre, et, à diverses époques, des ecclésiastiques distingués. Claude-François de Jouffroy était lui-même chanoine de la collégiale de Saint-Hippolyte de Poligny. Après la résignation de dom Vyot, l'invasion du roi de France Louis XIV, qui fit la conquête de la Franche-Comté, et les troubles inséparables de la nouvelle destinée de notre province, retardèrent l'installation de l'abbé de Jouffroy à la Grâce-Dieu. Profondément convaincu du néant des grandeurs de la terre, et que la seule gloire véritable consiste à servir Dieu par une vie parfaite, il y prit d'abord l'habit blanc de Saint-Bernard. La communauté l'élut le 12 juin 1675. Il obtint ses lettres patentes de nomination du roi, ses bulles apostoliques de confirmation, dont la sollicitation avait été laissée à sa diligence, et, muni de toutes ces pièces, de son envoi en possession par le parlement, il fut intronisé abbé de la Grâce-Dieu le 30 août de la même année (1).

Les actes de l'administration de l'abbé de Jouffroy sont peu nombreux et annoncent cependant dans ce prélat un grand esprit de douceur, de bonté et d'amour de la paix. Ainsi, en 1677, il cède bénévolement un espace de terrain pour l'aisance d'un moulin que la commune de Chaux faisait construire, à charge toutefois par le meunier de moudre les grains de l'abbaye dans les temps de sécheresse, ou lorsque la gelée, les glaces, etc., empêcheraient les usines de l'abbaye de pouvoir fonctionner. Cela arrivait quelquefois, et c'est pourquoi il fit bâtir un nouveau moulin *en Combotte*, un peu plus haut que le vieux moulin ; et, à ce sujet, il eut à soutenir un grave procès contre Georges II, prince de Montbéliard (1686-

---

(1) Toutes les lettres concernant la nomination, etc., etc., de l'abbé de Jouffroy au siège de la Grâce-Dieu, existaient encore dans les archives de ce monastère au moment de la révolution de 1789.

1690). Dans les mémoires que celui-ci fit publier à cette occasion, il se donna constamment la qualité de fondateur de l'abbaye comme successeur des Montfaucon, et basa sur ce titre, mis en avant comme fait notoire et incontestable, ses droits d'opposition à l'entreprise de l'abbé de Jouffroy. Il est hors de doute que s'il n'avait pas été appuyé sur de bons titres et sur une tradition ancienne, longue et constante, le prélat l'aurait contesté et eût facilement condamné à l'impuissance son adversaire par une fin de non-recevoir. Mais la pensée ne lui vint pas même de discuter un fait généralement admis depuis des siècles, et l'aveu au moins tacite de l'abbé de Jouffroy sur ce point n'est pas une des moindres preuves que la famille de Montfaucon a été la fondatrice de la Grâce-Dieu. Ce procès, qui dura quatre ans, dut singulièrement contrarier ce dignitaire, qui chérissait la paix au-dessus de tout. Si on le vit se plaindre, en 1692, que les habitants de Passavant mêlaient la dîme d'avoine avec l'orge, c'est que le curé de ce lieu et l'abbesse de Baume avaient à souffrir comme lui de ce mélange. Il relâcha à Jean-Baptiste Tripard, d'Orsans, plusieurs prés en l'*Echenoz*, *Fraisier*, *Combe-Arbey*, qui lui étaient arrivés par l'échute de Nicolas Loriol, puis les racheta de celui-ci pour trois pistoles ou trente francs. Si ce prélat avait été plus exigeant pour la conservation des droits de sa maison, il aurait réclamé contre les communes d'Aïssey et de Saint-Juan, qui, en faisant lever les plans de leurs forêts en 1700, y comprirent celle de Bouvassot comme leur appartenant exclusivement, quoiqu'elle fût dans l'indivision entre elles et la Grâce-Dieu. L'abbé de Jouffroy, comblé d'années et de mérites, termina sa longue carrière à l'âge de quatre-vingt-deux ans, le 1er janvier 1710, après trente-cinq ans de profession et de dignité abbatiale. Dom Jean Faure le seconda dans son administration en qualité de prieur.

CHAPITRE NEUVIÈME.

Exstruxit etiam turres in solitudine, et effodit cisternas plurimas, eò quòd haberet multa pecora, tam in campestribus quàm in eremi vastitate: vineas quoque habuit et vinitores in montibus,... erat quippe homo agriculturæ deditus. (II Paral., XXVII, 10.)

Les abbés Perdu, Henri II Aimez, Jeunet. — Défrichement à la Grâce-Dieu. Aménagement dans ses forêts.

La fausse philosophie qui, au XVIII° siècle, fit jouer tous les ressorts de l'impiété contre le trône et l'autel, qu'elle avait juré de renverser, s'était propagée partout et avait même pénétré dans les hameaux les plus reculés. Le clergé séculier et régulier est le soutien de l'ordre social et de la religion. Aussi ses ennemis ne négligèrent aucun moyen pour le discréditer et l'avilir. La calomnie, le ridicule, la plaisanterie, furent les armes employées pour le traîner aux gémonies. Aux peuples voisins des monastères on ne cessait de représenter l'oisiveté et l'inutilité des moines ; on peignait sous les couleurs les plus noires leurs défauts ou leurs prétendus vices. On excitait aussi la cupidité des campagnards par l'appât des biens des couvents, qu'on leur présentait comme leur patrimoine légitime. Aussi, ne nous étonnons pas si nous voyons les villages formant la circonscription seigneuriale de la Grâce-Dieu redoubler leurs attentats contre les propriétés de ce monastère. Ses ennemis ne lui laissaient aucun instant de relâche, et l'on peut dire que le XVIII° siècle résume lui seul tout ce que les temps antérieurs lui avaient amené de procès à soutenir et d'injustes entreprises à repousser. Epuisée par les dépenses nécessaires à sa défense, accablée sous le poids des dettes, tout semblait annoncer sa ruine prochaine. En attendant que la Révolution en sonnât l'heure, les voleurs, et, par une fatalité funeste, les éléments mêmes de la nature se conjurèrent pour hâter cette œuvre de destruction. Presque partout l'esprit de recueillement et de prière avait déserté les cloîtres pour y faire place à une vie mondaine; les séculiers y venaient assez fréquemment en parties de plaisir; et les abus étaient si criants que les archevêques de Besançon furent contraints de porter à plusieurs reprises, notamment en 1747 et 1760, des ordonnances pour défendre aux femmes d'entrer dans les couvents d'hommes et commander aux hommes de respecter les lois de la clôture des maisons religieuses de femmes, et tout cela sous peine d'excommunication. Au milieu de ces désordres, disons-le à sa louange, la Grâce-Dieu fut jusqu'à la fin une source intarissable d'aumônes et de secours pour les malheureux! Cinq ou six religieux l'habitèrent pendant cette période. Ils étaient servis par neuf domestiques qui remplaçaient les frères convers pour les travaux de l'agriculture. Les titulaires de cette abbaye, devenue exclusivement un bénéfice de nomination royale depuis la réunion de la Franche-Comté à la France, cessèrent d'être élus par les religieux. Ils furent tous des personnages honorables non-seulement par leur extraction, mais encore par la pureté de leurs mœurs, leur éducation distinguée et surtout par leur capacité, qui est attestée par les emplois élevés qu'ils furent appelés à remplir dans l'administration de l'ordre de Cîteaux.

Louis Perdu fut nommé au gouvernement de la Grâce-Dieu par le roi de France en 1710. Auparavant, il était religieux et cellérier de l'abbaye de Balviroux, au diocèse de Troyes.

Les bâtiments de la Grâce-Dieu, mal rétablis et construits d'une manière peu solide après les incendies et les dévastations des siècles précédents, tombaient en ruines. A peine arrivé, l'abbé Perdu, rempli de zèle pour la maison de Dieu, conçoit le projet de la relever et met aussitôt la main à l'œuvre. Il commence la reconstruction du cloître, et le millésime 1711, qu'on lit dans l'aile au joignant de l'église, annonce que cette partie fut construite en cette année. L'abbé dom Perdu continua cette œuvre les années suivantes ; mais le défaut de ressources l'empêcha de la terminer. Reprise et poursuivie par ses successeurs, la restauration du cloître et des bâtiments adjacents ne fut achevée que vers 1760. Le cloître entoure le préau et forme un parallélogramme de 20 à 22 mètres de longueur de chaque côté, dont les murs sont percés de six ou sept arcades à plein cintre, selon le goût de cette époque. Les autres bâtiments dont la reconstruction s'y rattache sont la salle actuelle du chapitre, les cuisines, le laboratoire, la cave, le vestiaire, les chambres à l'usage des supérieurs, ainsi que la brasserie, les granges, la boulangerie et la forge en partie, qui existent à l'ouest, au devant du monastère.

La Grâce-Dieu n'était pas riche au commencement du XVIIIe siècle, puisqu'elle ne payait que 24 ducats d'or pour les bulles à chaque nomination d'abbé et 2 livres 3 sols pour les dépenses générales de l'ordre de Citeaux. Néanmoins les historiens qui ont abaissé ses revenus, en 1712, à la somme de 2,000 francs, se sont manifestement trompés, comme nous le verrons dans la suite. Afin de les augmenter et de se procurer des ressources pour réparer l'abbaye, dom Perdu fit défricher et mettre en culture 20 arpents de bois dans la partie orientale de la forêt *des Angles*. La maîtrise des eaux et forêts de Baume intervint, et de là des démêlés si graves avec l'abbé de la Grâce-

Dieu, qu'en 1719 dom Aubertot (1), abbé de Morimond, s'y rendit en personne, informa juridiquement sur les faits que s'était permis l'abbé Perdu et le déposa. Depuis que la Franche-Comté fut devenue française, les nombreuses forêts de cette province commencèrent à acquérir une grande valeur par l'établissement des fabriques métallurgiques, et le gouvernement apporta la plus grande attention à leur conservation. L'administration forestière aménagea les forêts de la Grâce-Dieu et y établit un quart de réserve en 1716.

Pendant le gouvernement de dom Perdu, un particulier de Saint-Juan se permit de couper un chêne au-dessus du Mont en 1712, et fut condamné à une amende de 20 livres et à une indemnité de pareille somme. Dom Nicolas Courtot, religieux de la Grâce-Dieu, ayant célébré les offices de Noël, en 1713, dans la chapelle d'Aïssey, sans la permission de l'Ordinaire diocésain et du curé de Saint-Juan, ce qui était formellement défendu aux prêtres réguliers par les statuts synodaux de Besançon, s'attira une sentence de réprimande de l'archevêque; elle lui fut signifiée par le curé de Saint-Juan, à Aïssey, le 21 janvier 1714. Deux savants bénédictins, dom Martenne et dom Durand, avaient entrepris un voyage littéraire dans toutes les abbayes de la France, afin d'en visiter les archives pour recueillir des matériaux destinés à l'histoire de ce royaume. Ils arrivèrent à la Grâce-Dieu en 1717, et dirent dans la relation de leur voyage qu'ils n'y avaient rien trouvé, parce que *les papiers de cette maison étaient dissipés et perdus par suite des guerres précédentes.*

Henri II Aimez, natif de Poligny, fut nommé abbé de la Grâce-Dieu en 1720. Il avait été religieux profès de Balerne et

(1) Nicolas-Philibert Aubertot de Mauveignan, religieux d'une grande piété, d'une rare capacité, était tout à la fois l'ami et le confident de Mgr de Clermont-Tonnerre, évêque de Langres. (L'abbé Dubois, p. 375, etc.)

prieur de Cîteaux. L'abbé Aimez fut réputé pour sa vertu et sa science, qui furent ses titres à son élévation.

En conséquence d'une ordonnance royale du 22 avril 1727, le maître particulier des eaux et forêts de Baume, messire Noël, seigneur de Mésandans, se transporta, assisté de ses agents, le 23 juillet, à l'abbaye de la Grâce-Dieu ; avec la participation de l'abbé Aimez, de dom de Rase, procureur, de dom Beau, religieux, il procéda à l'arpentage des forêts de ce monastère, désigna le supplément de ce qui manquait au quart de réserve établi en 1716, régla les coupes ordinaires, dont l'âge pour l'exploitation fut fixé à vingt-cinq ans. Il engloba dans ces coupes le canton défriché par dom Perdu, ordonna qu'il fût labouré, repeuplé de glands et entouré de fossés jusqu'à ce qu'il devînt défensable. Les frais de ces opérations furent au compte de l'abbaye ; mais pour l'indemniser et pourvoir à son chauffage, il lui permit de couper annuellement vingt arbres dépérissants par arpent, au fur et à mesure des taillis et jusqu'à leur révolution. En vain le prélat se pourvut au conseil du roi pour être déchargé du repeuplement du canton défriché ; il n'avança rien. A cette époque, la Grâce-Dieu possédait 280 arpents 74 perches de bois, répartis dans les cantons des Angles, la côte du Châtelard, au petit Mont sous le Châtelard, Mont Ranchot, les Chevannes et Revers, les Fondereaux. Le quart de réserve fut fixé dans la forêt des Angles, comme plus propice à la conservation des bois, et emporta une contenance de 70 arpents 43 perches. Il fut défendu aux religieux d'y toucher, si ce n'est à cause de besoins urgents et extraordinaires de leur maison, dont ils devaient préalablement justifier la réalité devant l'autorité compétente afin d'obtenir sa permission.

Dom Aimez éprouva aussi de l'ennui d'un autre côté. Un sieur Caron, ancien receveur des finances à Baume, avait acheté des terres dépendant du territoire de la Grâce-Dieu, qu'il avait déclarées dans son acte d'acquisition appartenir à celui de Saint-Juan, qui était de franche condition comme faisant partie du domaine royal. L'abbé de ce monastère lui intenta un procès au bailliage de Baume, sur lequel intervint une transaction le 22 juillet 1732. Le défendeur se soumit à faire ratifier son achat par qui de droit dans les quarante jours, paya 11 livres à l'abbaye, moyennant quoi il fut déchargé de la commise qu'il avait encourue et de tous les frais faits dans cette instance. Le prélat vendit aussi, le 12 février 1736, à François Tripard, d'Orsans, un pré *au Boulot*, produisant une demi-voiture de foin ; cet immeuble lui était arrivé par l'échute de Claude Tripard.

Il fallait que l'abbé Aimez eût atteint une vieillesse avancée ou fût sujet à des infirmités, puisqu'il eut dom Jeunet pour coadjuteur. Dans les couvents, le coadjuteur était un religieux adjoint à l'abbé pour l'aider dans ses fonctions, avec droit de survivance à sa dignité. Dans le principe, les coadjutoreries furent odieuses, parce qu'elles pouvaient être un moyen de transmettre un bénéfice à des parents ou à des amis. Cependant le concile de Trente laissa au pape le pouvoir de les accorder pour soulager les prélats devenus vieux ou infirmes et célébrer le service divin avec plus de décence. Après l'adjonction de la Comté à la France, Louis XIV exigea que les coadjuteurs se pourvussent de lettres d'attache, c'est-à-dire obtinssent la ratification du gouvernement. Dom Aimez mourut en 1737.

Cet événement investit dom PONCE JEUNET du gouvernement de la Grâce-Dieu. La ville de Pontarlier l'avait vu naître. D'abord prieur de Clairvaux et ensuite d'Acey, cet abbé, d'une piété éminente et d'une haute capacité, fut élu vicaire général de l'ordre de Cîteaux en Franche-Comté par le chapitre général de 1738. En décembre de l'année suivante, l'administration forestière régla de nouveau les coupes de bois taillis de l'abbaye, dont l'exploitation demeura fixée à tous les vingt-cinq ans. Les habitants de Saint-Juan se permirent, en 1747, de couper deux cent soixante-un arbres futaies dans la forêt de Bouvassot, indivise avec l'abbaye, mais qu'ils avaient présentée aux agents forestiers comme étant leur propriété exclusive. Après avoir réprimé cette usurpation, l'abbé Jeunet mourut à la fin de 1745 ou au commencement de 1746.

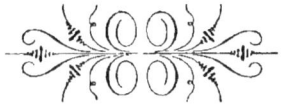

CHAPITRE DIXIÈME.

Simul venerunt latrones, et fecerunt sibi viam per me, et obsederunt in gyro tabernaculum meum.
(Job, XIX, 12.)

L'abbé Mamiel. — Délimitation du territoire de la Grâce-Dieu. — Inondation. — Pillage de ce monastère par des voleurs. — Ses charges et ses dettes. — Pensions sur les bénéfices de nomination royale.

Les trois derniers abbés de la Grâce-Dieu gouvernèrent peu de temps et furent occupés, dom Perdu à la reconstruction de son monastère, et ses deux successeurs aux affaires de l'ordre de Cîteaux. C'est pourquoi ils ne purent surveiller le temporel de leur maison, dont la position n'avait été ni vérifiée, ni arrêtée après le décès de ces trois derniers prélats. Il n'est donc pas étonnant que nous n'ayons eu à retracer que peu de faits de leur administration. Mais la Providence suscita enfin dom Mamiel pour travailler au rétablissement des affaires temporelles de la Grâce-Dieu.

Dom BRICE-NICOLAS MAMIEL [1] était prieur de Boulbonne en Languedoc quand le roi le nomma abbé de la Grâce-Dieu,

---

[1] Voici les titres qu'il prenait quand il instituait ses officiers de justice et autres :

Nous frère Brice-Nicolas Mamiel, docteur en théologie de la Faculté de Paris, abbé régulier de la royale abbaye de Notre-Dame de la Grâce-Dieu, de l'ordre de Cîteaux, en cette qualité seigneur haut, moyen et bas justicier des fonds, territoire particulier, ainsi que des terres, seigneuries et fiefs qui en dépendent, etc.

le 27 mars 1746. Il était originaire de Metz, d'une famille très honorable, mais peu à l'aise sous le rapport de la fortune. Elle avait fourni sept fils, qui par leur capacité et leur courage s'étaient élevés à de hautes charges dans le service de l'Etat. Trois des frères de notre prélat étaient morts dans les différentes armes du génie, de l'artillerie et du régiment de Royal-Bavière ; le quatrième commandait la citadelle de Metz ; le cinquième était capitaine dans le Royal-Marine ; le sixième, ingénieur et grand-voyer d'Arcadie, combattait les Anglais dans le Canada et venait d'être fait pour la troisième fois leur prisonnier à Québec ; enfin le dernier, l'abbé Mamiel, était docteur en théologie de la Faculté de Paris.

Le soin le plus empressé de ce prélat fut de se faire rendre compte de la position temporelle de son abbaye, trop négligée précédemment. Il commence par réprimer la commune de Chaux, qui avait la prétention de vouloir réunir à son territoire la ferme de Rentessert, qui, comme nous l'avons vu, avait un territoire particulier distinct de celui de Chaux et même de l'abbaye, d'après la teneur de tous les titres et surtout des traités de 1536 et 1606. L'aveu des habitants de Chaux, confessant ce fait, ainsi que celui de la haute justice de l'abbé sur toutes les terres qu'ils tiennent de lui en acensement, met fin, le 11 septembre 1749, au procès que l'abbé Mamiel leur avait intenté à ce sujet. Il trouve aussi sa maison engagée dans d'autres difficultés, dont quelques-unes durent depuis plus de cinquante ans, non-seulement avec Chaux, mais encore avec les autres communes d'Orsans, Aïssey et Saint-Juan. Les particuliers de ces localités ont commis, les uns des délits, les autres des usurpations sur le territoire de la Grâce-Dieu. Il y en a qui ne veulent pas lui payer la dîme des grains produits des héritages indivis avec eux ; enfin les communautés d'Aïssey et de Saint-Juan exploitent la forêt de Bouvassot, y assignent leur quart de réserve et ne se gênent pas de le faire comprendre, comme si elle était leur propriété exclusive, dans leurs états de section ; délinquants et envahisseurs confondent le droit d'usage et de pâturage avec celui de propriété, s'écrient que tous les terrains dont ils jouissent leur appartiennent, sont de leur territoire et non de celui de l'abbaye ; et, à l'aide de ce futile prétexte, ils se débattent devant les tribunaux, dont ils épuisent tous les degrés hiérarchiques.

Dans cet état de choses, la décision de tous ces procès dépendait de la fixation, clairement établie à vue des titres, et des limites territoriales de toutes les propriétés de l'abbaye, et en même temps de celles de la circonscription dans laquelle elle avait bénévolement concédé des droits d'usage et de pâturage aux communes voisines sur son propre territoire. Homme aussi juste que ferme, ne désirant que la conservation des biens de la maison dont le soin est confié à sa sollicitude, l'abbé Mamiel, méprisant les reproches d'esprit chicaneur et processif que lui adressent ses adversaires, a recours au roi de France pour obtenir justice. Ce monarque, par lettres patentes du 7 décembre 1754, évoque devant le parlement de Dole les huit ou neuf procès dans lesquels l'abbaye est engagée ; nous en avons indiqué sommairement les objets. Cette compagnie ordonne qu'à la participation des communes voisines, et en présence de leurs délégués, le plan du territoire de la Grâce-Dieu sera levé et les limites en seront fixées conformément aux titres de 1348, 1452, 1542, 1566, et aux reconnaissances qu'en ont faites, à maintes et maintes reprises, ces communautés elles-mêmes. Un commissaire nommé *ad hoc* par le parlement présida à cette opération, qui eut lieu à la fin de mai et au commencement de juin 1755. Ce procès traîna en longueur pendant bien des années ; nous en ferons connaître l'issue.

Deux ans après, d'autres calamités vinrent frapper la Grâce-Dieu. En février 1757, le torrent de l'Audeux, grossi par les pluies, inonde l'abbaye de la manière la plus désastreuse. Les eaux dans leur impétuosité ébranlent les murs de clôture, les renversent en partie, se répandent dans le monastère, remplissent les caves, les appartements du rez-de-chaussée, dont ils détériorent les meubles. L'abbé, dans un mémoire adressé à la cour afin d'obtenir des secours, estima la perte suite de cette inondation à une somme de 15,000 fr. (1). Trois mois après, pour comble d'infortune, la Grâce-Dieu fut volée et pillée par une bande de voleurs qui avait pour chef Dumont, et qui était devenue célèbre par ses forfaits dans les montagnes du Doubs.

Dumont naquit à Flangebouche (Doubs), vers l'an 1730, d'une famille très religieuse. Doué d'une nature perverse dont il ne réprima pas les penchants, il arriva promptement au comble du crime. Sourd aux remontrances réitérées de bons parents, il les quitte et embrasse, à l'âge de dix-huit ans, l'état de domesticité à Longechaux, village voisin de celui qui lui avait donné le jour. Il commence par voler peu de chose, une volaille qu'il va manger dans une taverne. Quelques jours après, il dérobe une pièce de toile exposée au soleil sur une haie et va la vendre en Suisse. N'osant plus reparaître chez ses maîtres, il erre pendant quelque temps à l'entour de Neuchatel. La police du pays le poursuit comme un vagabond dangereux ; il rentre en France et se retire dans les forêts voisines de Vercel avec quelques mauvais sujets comme lui, qu'il a entraînés à sa suite. Certain jour, ces forcenés, armés de pied en cap, entrent à midi dans le bourg, saisissent l'échevin, le contraignent à les accompagner dans les principales

---

(1) Voir aux Pièces justificatives, n° 8.

familles afin de percevoir les impôts à leur profit et le forcent à délivrer des quittances aux contribuables. L'alarme se répand bientôt, on sonne le tocsin, et les habitants se réfugient au clocher. Dumont et les siens s'en approchent pour en forcer les portes, mais les coups de fusil les obligent à s'éloigner. Ils ne le font qu'en proférant des menaces d'incendie et se retirent pour passer la nuit dans la forêt du *Chânois*, au voisinage de la Villedieu. Certain jour, ayant appris que le fermier du *Leubot* avait vendu une paire de bœufs, ils profitent de l'absence des personnes composant sa famille, qui se sont rendues à la messe paroissiale, pour s'introduire dans cette maison isolée. Ils n'y rencontrent qu'un domestique, le massacrent; après quoi, ils s'emparent de tout ce qu'ils trouvent à leur convenance. Ces atrocités n'étaient que le prélude d'un exploit plus monstrueux encore contre l'abbaye de la Grâce-Dieu.

Le 28 avril 1757, vers les trois heures du soir, Dumont, à la tête de douze scélérats munis de toutes sortes d'armes, descend à l'abbaye. Il y pénètre avec ses compagnons par les brèches faites par l'inondation aux murailles de la basse-cour, après avoir placé des sentinelles à toutes les portes afin que personne ne puisse y entrer ou en sortir. Ils déchargent leurs armes sur tous ceux qui se présentent. Dom Mamiel voit tuer à ses pieds son domestique, et au moment qu'il lève la main pour lui donner l'absolution, il reçoit plusieurs coups de sabre sur le bras. Le tailleur de l'abbaye, blessé mortellement, meurt quelques instants après; tous les domestiques sont plus ou moins atteints. Les voleurs fouillent partout, forcent les armoires et les coffres, dont l'abbé à cause de sa blessure ne peut leur présenter les clés, enlèvent le peu d'argent qu'ils y trouvent, sa montre, sa croix, son anneau pastoral, toute l'argenterie de la maison, le linge personnel et de table, font des paquets qu'ils chargent sur le dos des chevaux et des mulets, qu'ils emmenèrent tous sans en excepter un seul. Cette rapine avait une valeur de 15,000 francs et plus. Néanmoins ils comptaient sur une plus riche proie, et, trompés dans leur attente, ils devinrent furieux. Ils se saisissent de l'abbé, des religieux, parmi lesquels se trouvaient doms Ignace-François Richardot, prieur, Nicolas Micaud et Ignace Cuënot, les lient étroitement deux à deux et les entraînent avec violence au-dessus du monticule dit le Bas-des-Fondereaux, à un demi-quart de lieue, et les font mettre à genoux pour les fusiller. Ni les représentations de dom Mamiel, vénéré dans le canton, ni la faiblesse de ce vieillard âgé de quatre-vingts ans, ni les suites de leur attentat, ne peuvent les adoucir et les calmer. Ils tiennent pendant fort longtemps sous leurs armes, entre la vie et la mort, ces malheureuses victimes, et ils allaient les égorger lorsque Dumont, cédant enfin à un sentiment d'humanité, détermina ses compagnons à les renvoyer. Hélas ! ces infortunés avaient souffert déjà plus que la mort par la seule appréhension de mourir ! Les voleurs disparurent. Ensuite, les habitants des fermes du Châtelard, spectateurs de cette scène effrayante, vinrent détacher les religieux et les ramenèrent au monastère, où, à peine arrivé, l'abbé fit sonner les vêpres aussi tranquillement que s'il n'avait couru aucun risque (1). Jusqu'à la restauration récente de l'abbaye, on a vu, à l'entrée du cloître, une porte fort ancienne percée par les balles des coups de feu tirés par la bande de Dumont ; on la montrait comme un triste souvenir du tragique événement que nous venons de raconter. Les jours suivants, des procès-verbaux authentiques et détaillés furent dressés à la requête de Son Excel. l'intendant de la province et du procureur général du parlement de Besançon. Mgr l'archevêque en transmit le double au secréta-

---

(1) Voir, aux Pièces justificatives, la 1re lettre de l'abbé Deleschaux, n° 1.

riat de la feuille des bénéfices, afin d'obtenir un dédommagement à la Grâce-Dieu, qui venait d'être entièrement dépouillée.

Cette barbare expédition avait mis le comble aux crimes de Dumont et de ses complices. Lassée enfin, la patience divine le fit tomber peu après entre les mains de la justice humaine. Le 31 décembre, il arrive seul au village du Grand-Sancey et demande à dîner dans l'auberge tenue, au bas de ce village, par la veuve Vieille. Son signalement avait été envoyé dans toutes les communes avec ordre de l'arrêter. L'aubergiste croit le reconnaître dans le voyageur à qui elle sert à manger. Pour mieux s'en assurer, elle s'assied en face de lui, feignant de souffrir cruellement d'un mal de dents. L'étranger lui indique plusieurs remèdes. La femme Vieille, n'ayant plus aucun doute sur l'identité de Dumont, sort en lui disant qu'elle va pratiquer quelques-uns des moyens curatifs qu'il lui a conseillés. Mais elle monte en toute hâte dans la grange, où quelques hommes battaient le blé, leur fait part de sa découverte et se concerte avec eux pour l'arrestation du voleur. On appelle au plus vite quelques autres hommes; on convient qu'on descendra à la chambre à manger de l'auberge sous le prétexte de boire du vin, et qu'on arrêtera Dumont. Parmi ces conjurés se trouve le sourd-muet Vieille, homme très fort et très intelligent. On lui fait aisément comprendre de quoi il s'agit, et qu'au signal qu'on lui indique, il devra en passant derrière Dumont le tirer à la renverse et l'étreindre fortement.

Le complot ainsi arrêté, ces hommes, dans leur costume de batteurs en grange, viennent s'asseoir à la même table que Dumont et prient la femme Vieille de leur servir du vin. Tandis qu'elle va le chercher, ils lient conversation avec lui, admirent le couteau dont il se sert, le lui demandent pour l'examiner de plus près, témoignant la grande envie qu'ils ont d'en acheter de semblables. A peine Dumont a-t-il lâché l'instrument tranchant que le signal convenu est donné. Sous un prétexte quelconque, le sourd-muet passe derrière Dumont, le saisit tout à coup par les épaules et le tire à la renverse. Dumont, fort comme un Hercule, se débat, fait des efforts de lion pour se faire lâcher, mais c'est en vain ; il est serré par deux bras de fer. Charles Montravers et Claude-Antoine Viotte s'élancent pour soutenir le sourd-muet. On apporte des cordes, on lui attache les mains derrière le dos ; les deux pistolets suspendus à sa ceinture lui sont enlevés et on lui met des entraves aux pieds. Tout cela se fait dans un instant. Alors Dumont s'indigne, crie à la cruauté et proteste de sa probité. On lui répond qu'il est d'usage dans la commune d'arrêter tous les voyageurs sans papiers, et que s'il est un honnête homme, on le rendra à la liberté. Quelques instants après, sous le prétexte de satisfaire à un besoin naturel, il cherche un nouveau moyen d'évasion ; tentative inutile, car il est trop bien gardé.

Le lendemain la maréchaussée de Baume arriva par un temps si mauvais que deux de ses soldats tombèrent épuisés de fatigue auprès de la croix Saint-Denis, à deux kilomètres de Sancey. Les habitants se portèrent à leur secours [1]. A la vue des gendarmes, Dumont se mit à les railler de ce qu'ils n'avaient pas osé l'arrêter à Gigot, territoire de Pierrefontaine, où ils l'avaient rencontré dernièrement. Il continua ensuite en proférant des menaces contre les habitants de Sancey. En le fouillant, on trouva sur lui une liste des familles riches de cet endroit. On le transféra sur une voiture, après l'avoir étroitement garrotté. Au moment du départ, un homme inconnu perce la foule, lui dit quelques mots à l'oreille et disparaît

---

(1) Cet événement fut cause, selon la tradition, que depuis cette époque les soldats de la maréchaussée furent pourvus de chevaux pour leurs expéditions.

aussitôt. Au milieu du tumulte, ce fait passe d'abord inaperçu, mais quelques instants après, il fixe l'attention des esprits. On soupçonne avec vraisemblance que cet étranger est un des complices de Dumont. On suspend le départ, et des émissaires partent en toute hâte à la poursuite de l'homme suspect, suivent ses traces jusqu'au hameau de Tigne. Là, Servois Bart leur dit qu'un voyageur très pressé, trempé de sueur, est entré chez lui, a bu un verre de vin sans s'arrêter, et est reparti précipitamment, qu'ils ne peuvent l'atteindre. Les gens de Sancey redescendent alors au village.

Le convoi se met donc en route sous l'escorte d'un grand nombre d'hommes armés de fusils, de sabres et de piques, afin de prêter main-forte à la gendarmerie. On craint que les complices de Dumont, embusqués dans les forêts qu'on doit traverser pour arriver à Baume, ne cherchent à le délivrer. Ce n'était pas à tort, car dès qu'on eut atteint le bois de *Voitre*, entre Sancey et Chasot, le prisonnier se mit à siffler d'une manière particulière, mais personne ne lui répondit. Plus loin, en descendant la forêt de *Bussières*, entre Petit-Crosey et Villers-le-Sec, il siffla de nouveau sans plus de succès. Lorsqu'on fut arrivé sur le pont de Baume, Dumont s'écria bien tristement : « Hélas, il n'y a plus personne pour moi, je suis perdu!... » Il ajouta que de sa vie il n'avait eu peur qu'une fois, quand un charbonnier qu'il se proposait de voler lui tira un coup de fusil dont la balle lui coupa la queue de ses cheveux sans lui faire de mal [1].

Dumont, envoyé de Baume dans la prison de Besançon, vit son procès bientôt instruit. La cour criminelle le condamna à être rompu vif, et ordonna que son cadavre serait suspendu

---

(1) Ces détails reposent sur une tradition authentique et digne de foi. Nous avons omis une infinité de variantes concernant l'arrestation de Dumont, parce qu'elles ne nous ont pas paru prouvées.

à une potence entre les villages d'Aïssey et de Côtebrune. Le condamné mit trois grandes heures à se rendre sur le lieu de l'exécution. Il s'arrêtait à chaque pas pour regarder la foule, s'asseyait sur tous les bancs de pierre placés au devant des maisons (1). Son cadavre, exposé à la voirie près de la croisée des routes de Baume à Ornans et de Besançon, au pied du château de Côtebrune, glaça d'effroi et d'épouvante les habitants du pays et les voyageurs. Par là, l'autorité judiciaire voulut faire comprendre l'horreur que la société ressentait des forfaits inouïs qu'il avait commis à l'abbaye de la Grâce-Dieu. C'est aussi ce qu'exprimait la complainte composée à l'occasion de son supplice et qu'on chantait sur les places publiques et les champs de foire des villages. L'usage de pareils chants sur la fin des criminels que leurs passions avaient conduits au supplice, subsistait depuis longtemps en Franche-Comté. Le but de cette coutume était de détourner les populations du crime par la description des châtiments terribles qui lui sont réservés (2), mais non d'en faire retomber le blâme sur des parents qui en sont innocents et dignes de considération par leur religion et leur bonne conduite.

Après les deux désastres que la Grâce-Dieu venait de subir dans l'espace de trois mois, la position de l'abbé Mamiel n'était rien moins que brillante ; car, comment et avec quoi réparer tant de pertes ? Ce prélat dit dans son mémoire que les revenus de son monastère s'élevaient à 5 ou 6,000 francs ; que là-dessus il avait été chargé de payer pendant quinze ans deux pensions, l'une de 800 francs à M. Domet de Mont, doyen du

---

(1) C'est pourquoi, dit-on, on a conduit dès lors au supplice dans une voiture les condamnés à mort.

(2) Voir aux Pièces justificatives, n° 9, la *complainte sur Dumont* ; elle atteste la vérité des détails que nous avons donnés sur sa vie, son arrestation et sa mort.

chapitre d'Arbois, et l'autre de 600 francs à M. de Chargey d'Ovanches, prévôt du chapitre de Gray ; qu'il avait encore à payer annuellement 1,500 livres d'intérêt pour l'emprunt de 30,000 francs qu'il avait contracté pour la reconstruction des bâtiments renversés par l'inondation. En outre, l'abbaye payait tous les ans 500 francs de don gratuit et de vingtième, une pension de 150 livres pour l'entretien des vieux soldats à l'hôtel royal des Invalides. Cette dernière charge datait seulement de l'année 1676. Il est vrai que dès le mois de février 1746 une pension lui avait été assignée, mais seulement pour quinze ans; elle expirait en 1762. L'abbé Mamiel avait encore à réparer les suites du vol de Dumont, à racheter du linge et d'autres objets indispensables, à pourvoir à l'entretien de six ou sept religieux et de neuf domestiques qui leur étaient absolument nécessaires dans leur position isolée. Tel est le bilan de sa maison présenté dans le mémoire adressé à la cour en 1761. Il y ajoute que personnellement il n'est pas riche, qu'il n'a rien à espérer de sa famille, attendu que ses frères ont besoin du peu de fortune qui leur reste pour soutenir leur rang au service du roi.

Pour mieux comprendre ce qu'étaient ces pensions attribuées sur les revenus des bénéfices de nomination royale, entrons dans quelques détails. Louis XV avait coutume de charger les titulaires qu'il nommait à un bénéfice de payer pendant un certain nombre d'années une somme à un autre monastère ou église, afin de l'aider à réparer ou entretenir ses édifices, ou quelquefois seulement à cause de sa seule pauvreté. C'est ainsi que la pension assignée sur la Grâce-Dieu au doyen d'Arbois avait pour objet la réédification du clocher de son église, qui tombait en ruines. La subvention au prévôt de Gray était nécessitée par le manque de ressources pour les réparations les plus urgentes à l'antique église collégiale de cette ville, dont les revenus avaient été dissipés et perdus par suite des guerres des siècles précédents. Voilà ce qui, avec les frais des procès nombreux qu'elle était obligée de soutenir, avait grandement appauvri la Grâce-Dieu. Ces secours mutuels que le roi de France imposait aux établissements religieux étaient tout à la fois une belle œuvre de charité et un lien d'union chrétienne. Quant au don gratuit et au vingtième, ils étaient la contribution payée au gouvernement par les abbayes, etc., etc. Cette contribution était ainsi dénommée de ce que pendant la domination espagnole la Comté étant exempte de tout impôt, la subvention pécuniaire offerte au roi était censée absolument gratuite; les états de la province en votaient la quotité. Après la conquête de notre pays par Louis XIV, une chambre ecclésiastique créée à Besançon en 1698, et dont tous les abbés franc-comtois faisaient partie, fut chargée de régler le don gratuit et les autres charges que le clergé avait à acquitter envers l'Etat. L'abbé de la Grâce-Dieu siégeait dans les assemblées du clergé après tous ses confrères du même ordre; mais il avait le pas sur l'abbé de Corneux, qui appartenait à celui de Prémontré. Enfin le roi Louis XIV, après avoir fait bâtir l'hôtel des Invalides, à Paris, régla, par une ordonnance du 3 janvier 1676, que toutes les abbayes ayant 1,000 livres de revenu et au-dessus seraient imposées à 150 livres chaque année pour l'entretien des soldats invalides qui seraient reçus dans cet hôtel.

L'abbé de la Grâce-Dieu obtint, et avec raison, le 17 septembre 1705, un arrêt du conseil du roi qui l'autorisait à vendre des futaies à Bouvassot et à l'Echenoz, ainsi que quatre coupes; mais, à cause des procès, la délivrance n'en fut faite par la maîtrise de Baume qu'à son successeur, le 7 décembre 1779. Dom Mamiel, il faut l'avouer, eut une administration traversée par de rudes épreuves; mais la grâce,

CHAPITRE DIXIÈME.

la fermeté de son caractère et une activité prodigieuse, ne l'abandonnèrent jamais. Il consacra sa vieillesse, qui se prolongea jusqu'à près de quatre-vingt-dix ans, à reconstruire les murailles et les bâtiments de son monastère. Le millésime du portail principal, 1756, est de dom Mamiel. Le dessin qu'on en voit au frontispice de cet ouvrage le présente tel qu'il était à la fin du XVIIIe siècle. La vue en est prise du nord-est (1). L'abbé Mamiel affranchit quelques mainmortables de son monastère, entre autres un Vitot, de Chaux, et, après une prélature de vingt années, il s'endormit paisiblement dans le Seigneur le 13 juin 1766.

(1) Ce dessin a été copié sur une gravure déposée à la Bibliothèque impériale, à Paris, et est dû à l'obligeance de M. Ed. Clerc.

CHAPITRE ONZIÈME.

Tolle Mariam hanc maris stellam, maris utique magni et spatiosi, quid nisi caligo involvens, et umbra mortis, ac densissimæ tenebræ relinquuntur.
(SANCT. BERNARD., *De Aquæductu.)*

L'abbé Deleschaux. — Possessions et biens de la Grâce-Dieu au xviiie siècle. — Dom Rochet. — Revenus et dettes de l'abbaye. — Dispersion des religieux par la révolution de 1789. — La fête des douze apôtres. — Translation de la statue miraculeuse de la Vierge dans l'église d'Orsans.

GABRIEL-ANDRÉ DELESCHAUX, nommé par le roi à la dignité abbatiale de la Grâce-Dieu le 17 août 1766, obtint des lettres de provision le 18 novembre, prit possession le 23, et fut béni le 26 avril par dom Pierre Thirion, abbé de Morimond. Originaire de Lons-le-Saunier, dom Deleschaux sortait d'une famille honorable de la bourgeoisie. Doué sous le rapport corporel de tous les dons de la nature, il n'était pas moins favorisé sous le rapport intellectuel et social; il avait de l'esprit, de l'instruction, une éducation soignée, des manières polies, et les lettres qui restent de lui annoncent qu'il était, en un mot, un homme de mérite. Aussi le chapitre général de Cîteaux le nomma-t-il son vicaire général en Franche-Comté en 1768. C'est en cette qualité qu'il mit en possession de la chaire abbatiale des dames de Battant, le 7 janvier 1775, Marguerite Dagay de Myon, promue à cette dignité par nomination royale.

Le xviiie siècle avait amené l'affranchissement des serfs et des mainmortables. C'est pourquoi un des premiers actes de l'abbé Deleschaux après sa prise de possession fut d'affranchir en masse les habitants de la commune d'Aïssey, moyennant une légère redevance. Arrêtons-nous un instant pour jeter un coup d'œil sur l'état des biens et des revenus de l'abbaye vers le milieu de cette période ; les baux et les comptes de ce monastère, conservés aux archives du Doubs, le font connaître parfaitement. Elle possédait donc à cette époque les terres et les moulins du Vallon, ceux d'Orsans, les granges du Mont, de Rentessert, d'Aïssey; les fiefs de Rougemont, de Côtebrune, de Bretigney, de la Villedieu, de Passavant, de Saint-Juan, de Roulans ; la seigneurie de Glamondans ; des dîmes à Gonsans, Servin, Bémont, Bremondans, Bretigney, Passavant, Vercel, Champlive, Deluz, Pont-les-Moulins, Côtebrune; quarante ouvrées de vignes à Vuillafans, acensées à moitié, cinquante ouvrées à Ougney, acensées au tiers, avec un verger, un pré et une petite maison. Elle percevait encore des redevances sur les salines de Salins, à Côtebrune, de la cire à Bémont et des rentes de quatorze censitaires habitants de divers lieux. Ces revenus réunis donnaient une somme d'environ six mille francs. Nous remarquerons, au reste, que depuis le commencement de ce siècle la valeur des terres, capital et revenus, était augmentée. C'est ainsi qu'une estimation détaillée de la ferme de Rentessert, faite en 1739, ne portant sa valeur en capital qu'à 5,123 livres, l'éleva, en 1752, à 7,556 livres. Elle rapportait 640 livres et diverses denrées en 1782. L'abbé Deleschaux augmenta de 200 francs le prix de la ferme d'Aïssey, en 1786. Ces loyers élevés indiquent que ces propriétés valaient encore mieux que le prix qu'on leur donnait, puisque d'ailleurs les fermiers, en les cultivant, vivaient, payaient leurs maîtres et faisaient, sans doute, quelque profit. Dom Deleschaux, secondé par les deux prieurs, Petitjean en 1784 et Benoît Seguin en 1786, fut un administrateur actif et ne négligea rien pour améliorer le temporel de son abbaye. Elle continuait à être obérée, car, en 1771, les religieux furent encore obligés de contracter un nouvel emprunt de 4,000 francs auprès des grands carmes de Besançon.

La Grâce-Dieu vit enfin la décision du procès en délimitation de territoire commencé en 1755 par dom Mamiel avec les communes voisines. Celles de Chaux, d'Orsans, d'Aïssey, l'abbesse de Baume, le sieur Caron et autres, s'étaient désistés. Par son arrêt du 26 août 1774, le parlement de Besançon adjugea les deux tiers de la forêt de Bouvassot à Saint-Juan, et l'autre tiers à l'abbaye : il contenait cinquante-quatre arpents soixante-dix perches, dont vingt-deux arpents en défrichement. La délimitation en fut faite à l'amiable le 15 avril 1779, et *le revers de l'Echenoz*, de deux arpents cinquante-six perches, fut assigné à la Grâce-Dieu. Elle se pourvut devant la maîtrise des eaux et forêts en février 1780 pour faire augmenter son quart de réserve et ses coupes ordinaires, en proportion de trente-trois arpents cinquante-quatre perches, dont l'arrêt de 1774 l'avait rendue propriétaire. Les agents forestiers placèrent l'augmentation de la réserve dans le canton du Fondereau, et celle-ci comprit dans sa totalité soixante-dix-huit arpents quatre-vingt-deux perches; quatre coupes nouvelles furent aménagées dans le *Bouvassot* et l'*Echenoz*. Par là l'affouage du monastère fut reculé à une révolution de vingt-huit ans, et chacune des coupes comprenait huit arpents quarante-cinq perches. Le 13 mars 1780, les officiers de la maîtrise de Baume se transportèrent à la Grâce-Dieu pour procéder à l'arpentage des coupes dont le règlement avait été arrêté le 1er février précédent.

Le P. Dunand, historiographe franc-comtois, originaire de Salins, gardien des capucins de Dijon, travaillait à une histoire des abbayes cisterciennes de la Comté. Il s'adressa à l'abbé Deleschaux pour avoir des renseignements sur la Grâce-Dieu (1). Ce prélat lui écrivit deux lettres à ce sujet, à savoir, la première le 13 juin et la seconde le 3 août 1768. Ces pièces, que le temps a épargnées, nous ont fourni plusieurs renseignements utiles pour l'histoire que nous écrivons; elles sont assez intéressantes pour qu'on les transmette à la postérité. On lit dans celle du mois d'août que les inscriptions des pierres tumulaires de l'église de la Grâce-Dieu étaient entièrement effacées vers la fin du XVIIIe siècle, et qu'à cette époque *ses armoiries étaient d'azur, au soleil resplendissant d'or, en chef éclairant des rochers escarpés d'argent*. A quelle époque les prélats de la Grâce-Dieu changèrent-ils l'effigie de la sainte Vierge, qu'ils portaient sur l'écu de leurs armoiries, pour la remplacer par la figure du soleil et des rochers qui entourent le monastère? C'est ce que nous n'avons pu découvrir. Mais nous croyons que ce changement, inconvenant jusqu'à un certain point, osons le dire, pour une communauté religieuse, eut lieu en janvier 1697, ensuite de l'ordonnance du roi Louis XIV du mois de novembre précédent, qui enjoignait à tous, séculiers ou ecclésiastiques, ayant droit d'avoir des armoiries, de les faire vérifier aux grandes maîtrises qu'il avait créées à cet effet dans chaque province, pour être ensuite enregistrées dans le grand armorial de France.

L'abbé Deleschaux se démit de sa prélature pendant l'été de 1788, à cause de sa vieillesse avancée, et se retira à l'abbaye de la Charité. La modique pension que lui avait promise

---

(1) Déjà au commencement du XVIIe siècle, *Balduin Moreau*, abbé de Rosières, procureur général de l'ordre de Cîteaux à Rome, travaillait à une histoire générale des monastères cisterciens. L'auteur fut prévenu par la mort en 1622, avant d'avoir achevé son travail. Il aurait probablement contenu des détails intéressants sur la Grâce-Dieu, liée si intimement à celle de Rosières.

son successeur occasionna un procès entre eux, parce que celui-ci ne pouvait la payer. La révolution française vint l'expulser de sa retraite. Il se rendit à Besançon, où il vécut des dons de personnes charitables. Il ne mourut qu'en 1808, et reçut la sépulture des pauvres dans la fosse commune.

Le 21 septembre 1788, le roi Louis XVI, par lettres patentes datées de Versailles, avait nommé pour successeur à dom Deleschaux, Frédéric-Léonard Rochet. Ce souverain disait : *qu'étant informé de la bonne vie et mœurs, piété suffisante et autres vertueuses qualités du sieur Rochet, religieux profès de Cîteaux, et voulant, par ces considérations, le qualifier et traiter favorablement, Sa Majesté lui a accordé et fait don de la Grâce-Dieu, ordre de Cîteaux, diocèse de Besançon, actuellement vacante par la démission du sieur Deleschaux, dernier titulaire, à la charge d'une pension annuelle et viagère de 720 livres.* Ce dernier abbé de l'ancienne Grâce-Dieu prêta serment devant le parlement le 5 décembre 1788 et fut installé deux jours après. La courte durée de sa prélature n'a laissé aucun acte important.

En avril 1789, Antoine Monin d'Ogicour, abbé de Vaux-la-Douce, au diocèse de Langres [1], en vertu de commission de l'abbé de Morimond, fit la visite régulière à la Grâce-Dieu. Il trouva les comptes journaliers tenus très exactement et avec beaucoup de soin par les deux derniers abbés. Les recettes, depuis le 1er janvier 1784 jusqu'au 17 novembre 1788, s'élevaient à 30,030 livres 16 sols 9 deniers. En 1784 la dépense de janvier à novembre exclusivement se monta à 2,978 livres 18 sols 2 deniers. En 1785 la recette fut de 4,570 livres, la dépense de 7,776. Enfin, en 1790 les revenus étaient de 8,400 li-

---

[1] Cette abbaye, fille de Clairefontaine, avait été fondée en 1155 par Manassès de Vergy.

vres, non compris les droits féodaux qui venaient d'être abolis. Cette même année, l'abbaye emprunta encore une nouvelle somme de 5,952 livres, tellement que le total de ses dettes se portait alors à la somme énorme de 63,566 livres, ce qui lui donnait à payer chaque année 3,042 livres 6 sols 8 deniers d'intérêts [1]. Cette dernière somme prélevée sur les revenus de la maison, on avouera qu'il ne restait guère pour l'entretien de ses habitants. On voit par leur livre de comptes que leur dépense était aussi restreinte et modeste que possible. A la fin de chaque mois, le procureur le faisait vérifier par l'abbé, et chaque année l'abbé de Morimond ou son délégué le contrôlait de nouveau et arrêtait le chiffre des recettes et des dépenses. Si la Grâce-Dieu continuait à s'endetter, il est aisé d'en trouver la cause dans les intérêts payés pour les emprunts et dans les frais des interminables procès qu'elle avait soutenus. L'avocat Philippon, à la fin de son Mémoire de 1772, à l'occasion du procès de Bouvassot, a dépeint au naturel la triste position de la Grâce-Dieu. « Que peut craindre celui qui a de bons juges et
» de bons droits ! s'écrie le savant jurisconsulte. L'abbaye de
» la Grâce-Dieu ose tout espérer. Elle se flatte de pouvoir,
» enfin, à l'abri de l'arrêt de la cour, jouir paisiblement de
» ses possessions, réparer les pertes sans nombre qu'une troupe
» de brigands, le malheur des temps, l'avidité de quelques
» voisins entreprenants, lui ont causées depuis une trentaine
» d'années, et s'occuper uniquement à remplir les pieuses
» fondations à qui elle doit son existence. Sa richesse ne sau-
» rait exciter la jalousie ; à peine ses revenus suffisent-ils pour

---

[1] Les monastères continuèrent jusqu'à la fin à s'aider les uns les autres. Aussi les créanciers de la Grâce-Dieu étaient seize maisons religieuses, à savoir : les grands et les petits carmes, les minimes, les cordeliers, l'abbé de Saint-Paul, le collége, les chanoines de Besançon, la mission de Beaupré et les chapelains de Marnay.

» l'entretien de quelques religieux ! Elle est ruinée si la com-
» mune de Saint-Juan vient encore à lui ravir le Bouvassot,
» qui fait son unique ressource et dont la propriété lui est
» assurée par tant de titres! Des magistrats rigides observa-
» teurs de la justice et protecteurs zélés de l'Eglise, ne permet-
» tront pas, sans doute, que l'ambition de quelques habitants
» dilapide des biens voués aux autels et qui forment tout le
» patrimoine de la seule abbaye régulière que l'ordre de Ci-
» teaux ait dans la province ! »

Mais la Grâce-Dieu touchait à sa fin. La révolution française s'avançait à grands pas et allait renverser toutes les institutions religieuses. Après l'abolition des droits féodaux par l'assemblée nationale, les populations voisines, en proie à l'effervescence révolutionnaire, firent irruption à l'abbaye dans les derniers jours de juillet 1789, et forcèrent l'abbé à leur remettre les titres et papiers qui établissaient les droits féodaux de sa maison. En vain l'intendant de la province ordonna-t-il à ces pillards de les rendre, ils n'en firent rien ! Ce fut ici le comble et la consommation des entreprises dirigées et soutenues avec une rare constance pendant plusieurs siècles contre les droits temporels de la Grâce-Dieu. Pendant l'été de 1790, les religieux la quittent, à l'exception du seul prieur Rousselet, qui y reste avec quelques domestiques. Le 30 août, il se présente dans la salle du district de Baume, dit aux administrateurs que, n'ayant pas de quoi vivre, il se propose de s'éloigner, et leur demande à qui il devra remettre les vases sacrés, les meubles, titres et papiers de sa maison, et prie qu'il lui soit donné de l'argent pour payer les domestiques. M. Bougeot, membre du district, se transporte le lendemain à l'abbaye, y fait l'inventaire des meubles et des papiers, y appose les scellés, reçoit du prieur les vases sacrés et les objets les plus précieux, qui sont déposés chez M. Girardin, receveur du district à

Baume, et établit un concierge à la Grâce-Dieu pour la garde de cette maison et des scellés (1).

C'est ainsi qu'après sept siècles, les chants sacrés cessèrent sous les voûtes de cet antique monastère; ainsi fut tarie pour les pauvres la source de ces abondantes aumônes qui étaient distribuées chaque jour. C'était surtout le jeudi saint, appelé vulgairement dans la contrée *la fête des douze Apôtres*, que l'aumône, à l'occasion de la cérémonie du lavement des pieds, s'y faisait avec une solennité dont la description mérite une place ici. Les habitants du voisinage accouraient en habits de fête au monastère. L'abbé choisissait au milieu de cette multitude douze jeunes hommes pour la cérémonie du *Mandatum*. Après l'avoir accomplie, il faisait dîner ces représentants des douze apôtres et leur donnait à chacun un gros pain. Ils l'emportaient respectueusement chez eux, le regardant comme une source de bénédictions pour leur famille. Ils le partageaient ensuite en morceaux qu'ils distribuaient à leurs parents et aux personnes de leur connaissance. Chacun se regardait comme heureux de goûter de ce pain, auquel ils attachaient un grand prix.

Dans les derniers jours d'octobre 1790, on vendit à l'enchère, sous la présidence de M. Nachin, membre du district, le mobilier de l'abbaye. Ce magistrat rend compte de cette vente le 2 novembre, déclare qu'elle a produit une somme de 4,165 livres; que la bibliothèque, les archives et le linge d'église, qu'il n'a point laissé vendre, sont exposés à être pillés. Ce n'est point de votre part, pieux catholiques de Chaux, d'Orsans, des paroisses de Leugney et des Monts-de-Villers, qu'un pareil méfait est à redouter! La statue miraculeuse de la Vierge, qu'on vénérait à l'abbaye et à laquelle on venait

---

(1) Registre du district de Baume, aux archives du Doubs.

en pèlerinage de toutes parts pour obtenir la cessation des fléaux publics ou la guérison de quelques maladies, excite surtout leur sollicitude (1); ils craignent qu'elle ne soit profanée. M. Vertel, curé d'Orsans, obtient, le 5 novembre, l'autorisation du district de la transférer dans son église. Dès le lendemain il réunit ses paroissiens en procession pour aller la chercher. Lorsqu'il arrive à l'abbaye, il la trouve, ainsi que l'église, remplie de pillards. Les uns travaillent à dépendre de l'une des deux tours une horloge de prix, les autres partagent entre eux les tableaux de l'église. A la vue de la procession, les dévastateurs intimidés prennent la fuite. Le curé célèbre une messe à haute voix sur l'autel de la chapelle où reposait la Vierge. Puis, la descendant respectueusement, il la remet entre les mains des personnes chargées de la porter. La procession se remet en marche au chant des hymnes sacrées à l'honneur de la Mère de Dieu; mais elle ne rentrera pas à Orsans sans contradiction. Elle atteignait à peine en effet le sommet de la montagne, près la cascade de l'Audeux, lorsqu'elle rencontra une masse compacte de gens : c'étaient les paroissiens des Monts-de-Villers et de Leugney, qui, eux aussi, venaient à la Grâce-Dieu pour s'approprier la statue miraculeuse. Ils arrêtent la procession, et, après avoir échangé quelques mots avec ceux d'Orsans, on en vient aux mains. Ceux-ci allaient céder au nombre quand une vertueuse fille, leur compatriote, donne le mot à quelques compagnes (2). Elles

(1) Dans une procession de la paroisse des Monts-de-Villers à la Vierge de la Grâce-Dieu, un nommé *Goguez* avait porté la bannière. Il se trouvait fatigué, et au retour il ne voulait pas s'en charger. Un débat entre plusieurs hommes s'engage à cette occasion. Le curé, pris pour arbitre du différend, dit : *Goguez* a porté la bannière, *Goguez* la reportera : ce qui est passé en proverbe dans le pays pour signifier que celui qui a commencé un ouvrage doit le finir.

(2) Claudinette Tripard.

profitent du tumulte pour s'emparer de la statue, gravissent avec rapidité le sentier rocailleux qui conduit dans la forêt, s'y enfoncent et s'y tiennent cachées tout le reste du jour. La nuit arrivée, elles sortent du milieu des halliers et rentrent à Orsans. Un ancien militaire (1) les attend à la porte de l'église, prend la statue et la place dans la niche qui lui avait été préparée sur un des autels collatéraux, où elle repose encore! O touchant exemple de piété et de foi en face de l'impiété qui a franchi toutes les bornes !

Le 8 novembre 1790, le concierge de l'abbaye se rend au district de Baume et lui annonce qu'un grand nombre de particuliers, accompagnés de M. le curé d'Orsans, sont venus en procession chercher l'image de la sainte Vierge qui était déposée sur l'autel d'une des chapelles de l'église, qu'ils s'y sont livrés au pillage ainsi que dans le monastère, enfin qu'il ne s'est point opposé à ces enlèvements parce qu'il n'en avait pas reçu l'ordre. En conséquence, le district écrivit à M. le curé d'Orsans pour lui demander un extrait du procès-verbal de la translation avec l'inventaire des objets soi-disant enlevés par ses paroissiens. Dès le lendemain, M. Vertel s'empresse d'envoyer à Baume le procès-verbal qu'on lui demandait, et n'a pas de peine à disculper ses paroissiens du prétendu pillage qu'on leur imputait. Les administrateurs du département venaient de donner l'ordre qu'on mît en lieu sûr les archives, la bibliothèque et les autres effets de l'abbaye. M. Nachin, membre du district de Baume, arriva à l'abbaye et fit transporter les ornements de l'église et les autres objets mobiliers qui y étaient encore dans une des salles de l'hôtel de l'administration (2).

(1) Antoine Gaiffe.
(2) 1er registre de la correspondance du district de Baume. Archives de la préfecture du Doubs.

CHAPITRE DOUZIÈME.

> *Et viderunt sanctificationem desertam, et altare profanatum, et portas exustas, et in atriis virgulta nata sicut in saltu vel in montibus, et pastophoria diruta.*
> (*I Machab.*, IV, 38)
> *Dixit Jesus : Auferte ista hinc, et nolite facere domum Patris mei domum negotiationis.* (*Joann*, II, 16.)
> *Et mundaverunt sancta.... et ædificaverunt sancta et quæ intra domum erant intrinsecus, et ædem et atria sanctificaverunt. Et fecerunt vasa sancta nova, et intulerunt candelabrum, et altare incensorum, et mensam in templum.*
> (*I Machab.*, IV, 48-49)

Vente de l'abbaye de la Grâce-Dieu comme bien national. — Sa transformation en usine à fer. — Elle est rachetée par des religieux de l'ordre de Cîteaux.

Aux cisterciens succèdent à la Grâce-Dieu des familles d'industriels, d'ouvriers avec leurs femmes et leurs enfants. Des cris bruyants y remplacent le silence des cloîtres ; au lieu du chant des saints cantiques, la vieille basilique ne retentit plus que du bruit et du sifflement des machines ; enfin là, près de l'autel où l'Agneau sans tache s'immolait chaque jour, où le feu de l'amour de Dieu et de la pénitence embrasait les cœurs, on verra le minerai liquéfié par la chaleur de la fournaise découler en longs sillons de fer fondu, qui ensuite se transformera en divers ustensiles. Telle sera la destination de la Grâce-Dieu pendant plus d'un demi-siècle. Mais à la fin de cette période, par une disposition toute spéciale de la Providence, seule entre toutes les anciennes abbayes cisterciennes de la Franche-Comté, la Grâce-Dieu retournera à des religieux du même ordre que ceux qui l'avaient primitivement possédée (1). Le rocher et la vallée de cette gorge solitaire fleuriront de nouveau, se couvriront de fruits de vertus et de sainteté, sans doute parce que dans les temps anciens la fleur de la régularité ne s'y fana jamais. Il n'est pas inutile de connaître ce qui s'est passé dans ce monastère pendant l'intervalle de cinquante-cinq ans qui sépare l'ancienne Grâce-Dieu de la moderne; aussi en faisons-nous l'objet de ce chapitre.

La nation commença par vendre en détail les terres dépendant de la Grâce-Dieu, le 18 mai 1791. Le domaine d'Aïssey fut adjugé à M. Cosme-Damien Delacour, magistrat à Baume, pour 30,000 livres. La grange du Mont à Claude-Ignace-Louis Clerc, maître particulier des eaux et forêts, pour 25,977 livres; le domaine de Rentessert, contenant cent quatre-vingts journaux, à Claude-Antoine Vilat, de Chaux, qui l'acheta pour la commune au prix de 19,400 livres. Cette dernière vente, on ne sait par quel motif, n'eut pas d'exécution, car le 30 fructidor de l'an III de la République (16 septembre 1796), cette ferme fut remise en vente après avoir été divisée en seize lots, qui furent adjugés à divers particuliers pour une somme totale qui excédait 800,000 livres en assignats. Enfin les terres du vallon furent vendues en détail le 6 décembre de l'année 1791.

Le 15 mai 1792, les administrateurs du district de Baume vendirent pour la somme de 51,660 livres au sieur Jeannet, maître de forges de Creuse (2), le monastère de la Grâce-Dieu,

---

(1) Les Trois-Rois, Bellevaux, Cherlieu, Theuley, Mont-Sainte-Marie, sont détruits; Bithaine et Clairefontaine ont été transformés en établissements industriels; la Charité et Buillon en maisons de plaisance; Balerne et Rosières servent à divers usages profanes; Acey seul a reçu pendant quelques mois un établissement de bénédictins de Solesmes, qui s'est dissous.

(2) Le haut-fourneau de Creuse existait depuis le milieu du XVIIIe siècle. Le

les moulins comprenant cinq entremuids, deux ribes, une huilerie, une scierie, les bâtiments à l'usage du meunier. L'acquéreur obtint plus tard de la Convention nationale l'autorisation d'y construire un fourneau à fondre le minerai pour remplacer celui qu'il avait établi à Creuse, à charge de détruire celui-ci et de se conformer aux dispositions de la loi du 28 juillet 1791. Le 6 avril 1793, Jeannet revendit à un M. Goisson, de Paris, l'abbaye de la Grâce-Dieu pour le même prix qu'il l'avait achetée, et ce même jour il la reprit en loyer du nouvel acquéreur pour l'espace de vingt ans, à la réserve d'un logement que celui-ci s'y garda et à la charge de construire une forge. A son tour le sieur Jean Goisson transmit la Grâce-Dieu à François-Jean Chaubry-la-Roche, de Congy, département de la Marne, pour 32,400 francs, qui la céda bientôt pour pareille somme à M. Jean-Joseph Pône, de Besançon. Chaubry-la-Roche n'avait pu payer son acquisition, et déjà avant de la vendre définitivement à M. Pône, il l'avait fait racheter au moment de la vente par expropriation forcée qui s'en fit, le 12 fructidor an III (29 août 1795), par un nommé Henri Vallée, qui la lui avait remise le six pluviôse an IV (26 janvier 1796). Enfin, M. Pône vendit l'abbaye de la Grâce-Dieu, le 5 germinal an X (26 mars 1802), à MM. François-Bernard Derosne, de Paris, Claude-François Cornet et Nicolas-Auguste Vertel, professeur à l'école de médecine de Besançon, pour 55,000 livres tournois, payées par M. Derosne, qui admit en société les deux autres messieurs que nous avons nommés, mais au capital social de 108,625 francs. Toutes les forêts restées invendues firent partie du domaine national.

Les six ventes successives de l'ancien monastère de la Grâce-

---

minerai qui l'alimentait était extrait du territoire de quelques villages voisins, de Pierrefontaine entre autres, qui en fournit beaucoup vers 1780.

Dieu, ce fréquent changement de maîtres qu'il subit dans l'espace de dix ans, semblent naturellement annoncer que sa destinée n'était pas de se trouver employé à des usages profanes et entre les mains des laïques. Cependant il devait rester pendant trente-cinq ans la propriété de MM. Derosne et Vertel, hommes intelligents et tout à la fois religieux et moraux. Ils donnèrent une grande extension à leur haut-fourneau pour la fonte et la sablerie. Il consommait annuellement 3,000 cuveaux de mine en grains, autant de mine en poussière, 6,000 cordes de bois, et produisait 1,200,000 kilogrammes de fer de première qualité. Les propriétaires en employaient une partie à confectionner en sablerie des poêles, des ustensiles de cuisine, divers objets d'art et d'ornement, avec une grande perfection de formes et un fini très recherché. De 1820 à 1824, l'émaillage fut appliqué avec succès aux ustensiles de cuisine fabriqués à la Grâce-Dieu, ce qui accrut encore les développements de cette usine, augmenta l'écoulement de ses produits et valut aux propriétaires les félicitations du jury de l'exposition de l'industrie française à Paris, le 25 août 1823. Le fourneau et la sablerie occupaient vingt et quelques ouvriers.

Après la restauration de la maison de Bourbon sur le trône de France, le gouvernement vendit les forêts dépendant de l'ancienne abbaye ; elles furent divisées en plusieurs lots. M. Derosne acheta, le 6 février 1815, le bois du *Petit-Mont*, pour 13,035 francs, et le 27 mai 1819, celui du *Châtelard* pour 18,601 fr. 70 c. ; *la Chevanne*, 3,401 fr. 30 c. ; *le Bouvassot*, 17,025 fr. ; *les Angles*, 19,900 fr. ; *les Fondcreaux*, 10,200 fr., formant une somme totale de 82,183 fr. Toutes ces forêts étaient mûres et bien au delà pour l'exploitation, car depuis cent ans elles n'avaient pas vu la hache. Aussi, la première tonte qu'en firent les maîtres de forges leur rapporta un produit bien supérieur à la valeur du sol.

Un événement affreux s'accomplit au fourneau de la Grâce-Dieu, du 10 au 25 mai 1832. Une femme avait été assassinée dans un village voisin par des héritiers cupides ou empressés de faire cesser les soins qu'ils donnaient à une parente âgée. Le mari et son épouse coupables de ce crime, à ce qu'il paraît, cachèrent le cadavre de la défunte, et vers la fin de ce mois le firent transporter de nuit, par un voiturier, à la Grâce-Dieu et le jetèrent dans le brasier du fourneau, où il fut consumé en un instant. Si le Dieu vengeur du crime suspend quelquefois les coups de sa justice sur les coupables, il sait aussi dans certaines circonstances déjouer les machinations que les méchants emploient pour se soustraire à la vindicte des lois humaines. La Providence permit que deux peigneurs de chanvre qui passaient, vissent, sans être aperçus eux-mêmes, le cadavre qu'on chargeait sur la voiture et entendissent les époux assurer au voiturier *que cette femme était bien morte*, et celui-ci répondre : *Eh bien ! roulons, ce sera une affaire de dix minutes pour la faire disparaître !* Ceux-là, traduits devant la cour d'assises de Besançon, en 1835, sous l'accusation du crime d'assassinat, furent acquittés faute de preuves. La cour les renvoya devant le tribunal de Baume, qui, le 12 août de cette année, les condamna chacun à deux années d'emprisonnement et 50 francs d'amende, pour avoir fait disparaître le cadavre d'une personne homicidée.

M. Derosne vendit ses usines de la Grâce-Dieu, le 23 juin 1836, à MM. Rigaud et Cie, pour une somme de 145,000 francs. Les nouveaux propriétaires n'ayant pas réussi dans leurs spéculations, l'abbaye se revendit par autorité de justice devant le tribunal de Baume, qui l'adjugea, le 14 novembre 1844, pour la somme de 118,500 francs, aux trappistes du Val-Sainte-Marie, canton d'Amancey (Doubs), avec les terres et forêts qui en dépendent. Ce domaine comprend maintenant cent soixante hectares de bois et trente-six hectares de prés et terres labourables.

Ici se terminent les annales de l'ancienne abbaye de la Grâce-Dieu ; passons maintenant à l'histoire de la Grâce-Dieu moderne.

DEUXIÈME PARTIE.

CHAPITRE PREMIER.

> Une société qui enfante des saints est marquée d'un signe infaillible de régénération. (BOSSUET.)
> *Converte nos, Domine, ad te, et convertemur: innova dies nostros sicut à principio.* (Thren., V, 21.)

Fondation de la Trappe. — Sa filiation des abbayes de Savigny et de Cîteaux. — Relâchement de la Trappe. — La commune et l'étroite observance. — Les abbés de Rancé, Eustache de Beaufort, Dorothée Jallontz. — Leurs réformes.

L'ordre de la Trappe n'est autre que celui de Cîteaux. Celui-ci fut réformé à diverses reprises au xviie et au xviiie siècle. La communauté actuelle de la Grâce-Dieu reçut ces réformes et pratiqua à certaines époques les principaux règlements de chacune d'elles. C'est pourquoi, afin de connaître son origine, la nature de ses constitutions, et avant d'aborder les détails historiques qui la concernent exclusivement, nous devons rappeler, au moins sommairement, l'histoire de la Trappe. Ce que nous allons en dire servira à rectifier les idées fausses et imparfaites qu'on a généralement sur cette congrégation religieuse.

La Trappe, ainsi appelée de sa position au milieu de vastes forêts où la multiplicité des chemins égare les voyageurs et forme un labyrinthe au milieu duquel on se perd, est située près de Mortagne, au diocèse de Séez, dans le département de l'Orne. Ce monastère a donné son nom à toutes les maisons religieuses qui ont adopté ses constitutions et dont il est devenu le chef-lieu. Il fut fondé en 1140, par Rotrou, comte du Perche, en reconnaissance de ce qu'il avait été sauvé d'un naufrage comme par miracle. Le vœu qu'il fit au Ciel dans cette circonstance n'avait pour objet qu'une église à la Vierge. Il la bâtit dans un vallon solitaire entouré d'épaisses forêts et traversé par plusieurs ruisseaux, qui forment en se réunissant la petite rivière de l'Yton, sur les limites du Perche et de la Normandie. Pour faire un monument commémoratif et durable du danger qu'il avait couru, Rotrou fit donner à cette église la forme d'un vaisseau renversé. L'idée lui vient ensuite d'y joindre un monastère, et il appelle pour le peupler une colonie de religieux de l'abbaye de Savigny, en Normandie, de l'ordre des bénédictins. Elle y arrive en 1140. Quelque temps après, Rotrou, avant de partir pour la Palestine, dote son nouveau monastère de terres, d'étangs, de moulins, de forêts, et le pape Eugène III, alors en France, le prend sous sa protection et lui impose le nom de *Notre-Dame de la Maison-Dieu* et *de la Trappe*. Ce pontife présida, en 1148, le chapitre général de Cîteaux. Dans cette assemblée on adopta dans la famille cistercienne l'abbaye de Savigny avec les trente monastères qui en dépendaient. Ce fut ainsi que la Trappe, qui comptait au nombre de ceux-ci, se trouva transférée dans l'ordre de Cîteaux. Qui alors aurait pu prédire son importance future? Qui eût pensé, du temps de saint Bernard, qu'un jour viendrait où une tempête impie balayant son ordre du sol français, la Trappe, échappée seule à l'orage, renouvellerait l'ordre monastique par son heureuse fécondité, et que les chrétiens du xixe siècle, retrouvant au milieu d'eux les mœurs monastiques du moyen âge, substitueraient au nom de Cîteaux celui de la Trappe? Elle a vérifié ces paroles, sorties de la bouche de Jésus-Christ : *En vérité, en vérité je vous le dis : si quelqu'un garde ma parole, il ne mourra pas.*

A travers les violences et les spoliations de la féodalité, des guerres civiles et étrangères qui désolèrent la France, la Trappe grandit et conserva le feu sacré à l'ombre de la protection pontificale pendant les deux ou trois premiers siècles de son existence. La cessation du travail des mains commença à y introduire le relâchement, et la commende consomma sa ruine spirituelle et temporelle au commencement du xvie siècle (1526). Alors l'ordre de Cîteaux n'existait plus que de nom en France. Les religieux de ses monastères s'appropriaient les revenus, qu'ils dépensaient à leur fantaisie ; ainsi plus de pauvreté. Plus d'abstinence de la chair ; les moines en mangeaient indistinctement. Plus de jeûnes que ceux de l'Eglise, avec une collation travestie en souper abondant. Plus de vêtements de laine, de couchettes dures, qu'avaient remplacés des lits et des habits où tout respirait la mollesse. Plus d'offices de la nuit, plus de silence, et, à plus forte raison, plus de travail des mains. Après les offices du jour, expédiés le plus lestement possible, le temps de la journée se passait en conversations, en promenades, en parties de plaisir, de jeu et de chasse. Les abbés marchaient sur le ton du luxe et de la somptuosité des grands seigneurs. Ils abandonnaient à leur sens réprouvé les maisons de leur dépendance. En vain les souverains pontifes, au xiiie et au xive siècle, travaillèrent à raviver la ferveur parmi les cisterciens. Les calamités et le grand schisme d'Occident survenus pendant cette dernière période paralysèrent les fruits des sages ordonnances qu'ils avaient faites à ce sujet. Au xv⁰ siècle, le mal était si grand dans l'ordre de Cîteaux que Rome crut devoir le démembrer pour le sauver; de là l'érection de congrégations religieuses qui prirent divers noms. Cette mesure réussit presque par tout l'univers catholique, excepté en France, où plus de deux cents monastères résistèrent à toutes les exhortations et s'obstinèrent dans le désordre. C'étaient les abbés, et surtout ceux des premières maisons de l'ordre, qui l'entretenaient et par leurs mauvais exemples et par les fausses interprétations des règles. Enfin, au commencement du xvii⁰ siècle, Dieu suscita un premier réformateur aux cisterciens : ce fut Denis Largentier, abbé de Clairvaux. Ce prélat, esprit droit, âme pieuse et de mœurs pures, commença par se réformer lui-même, ramena par son exemple la plupart de ses religieux au retour des austérités de saint Bernard, laissant les faibles vivre dans les habitudes commodes que le temps avait consacrées. De l'enceinte de Clairvaux, la régularité ressuscita dans un assez grand nombre de monastères de sa filiation. Ils formèrent entre eux ce qu'on appela l'*étroite observance* (1618). Les monastères qui conservèrent les usages relâchés composèrent l'*observance commune*.

Quelque louable que fût l'étroite observance, elle était encore bien éloignée des austérités de la règle primitive. Elle supprima, il est vrai, l'usage de la viande, mais elle permit un maigre analogue à celui dont usaient les séculiers. Elle rétablit les jeûnes d'ordre, celui du 14 septembre à Pâques ; mais elle autorisa une collation. Elle imposa le silence, mais elle accorda une heure de conversation par jour. Elle rétablit l'office de la nuit, mais en rendant quelques moments au repos et au sommeil après matines. Du reste, elle prescrivit le travail des mains, les vêtements de laine, les couches de paille et la pauvreté. Il n'en fallait pas tant pour soulever contre elle tous les religieux relâchés et lui attirer le courroux des premiers supérieurs. Nous ne redirons pas les intrigues ourdies, les perfidies, les persécutions tantôt ouvertes, tantôt déguisées, qu'on employa contre elle pendant l'espace de quarante ans. D'abord tolérée seulement et ne vivant que par grâce, le cardinal de la Rochefoucauld, chargé par les papes Grégoire XV et Clément VIII de réformer les ordres religieux en France (1634), l'établit en congrégation indépendante, tout en la conservant dans l'unité de l'ordre. Le cardinal de Richelieu confirma toutes ces mesures du commissaire apostolique, et dès 1642 la France posséda plus de quarante monastères de l'étroite observance (1), qui répandaient partout une agréable odeur de sainteté. En vain les religieux relâchés se pourvurent contre les ordonnances du cardinal de la Rochefoucauld devant le parlement; cette compagnie en ordonna l'enregistrement (1660). Ils furent plus heureux à Rome. Le pape, par deux brefs des années 1662 et 1663, cassa les règlements de son commissaire et se réserva à lui-même la réformation de l'ordre de Cîteaux. Telle était la situation de l'étroite observance lorsque l'abbé de Rancé se présenta pour l'introduire à la Trappe et la défendre auprès du saint-siége et du roi de France contre les abbés de Cîteaux, partisans de la commune observance.

Faisons connaître le réformateur de la Trappe; il occupe une place distinguée dans cette galerie nombreuse des personnages remarquables qui ont illustré le XVIIe siècle, justement surnommé le grand siècle. Armand-Jean le Bouthilier de Rancé naquit à Paris le 9 janvier 1626. Son père, seigneur de Rancé, était président à la chambre des comptes, secrétaire

---

(1) Du nombre desquels était l'abbaye de la Charité dans le diocèse de Besançon.

de Marie de Médicis ; sa mère était une Joly-Henri, de Dijon. Un de ses oncles avait été surintendant des finances, et deux autres figuraient dans l'épiscopat. Rancé eut pour parrain le célèbre cardinal de Richelieu. Aux avantages d'une naissance si illustre, il joignait de brillantes qualités naturelles qui seules auraient suffi pour l'élever au premier rang dans l'Etat et dans l'Eglise. Dès l'âge le plus tendre, les charmes de sa physionomie captivaient tout le monde autant que ses facultés intellectuelles excitaient l'étonnement. A dix ans, il connaissait les auteurs grecs et latins aussi bien que ses maîtres. Destiné d'abord à l'état militaire, la mort de son frère aîné le tourna du côté de l'Eglise. A douze ans, il était chanoine de Paris et possédait cinq à six bénéfices. Cette position imposait au jeune Armand l'obligation de parvenir à la science ; aussi s'adonnait-il à l'étude avec une ardeur incroyable. Il publia à treize ans une édition grecque d'Anacréon, avec des notes qui lui attirèrent l'admiration des érudits. Il fit paraître ensuite un *Traité sur l'excellence et la dignité de l'âme*, chef-d'œuvre aussi profondément pensé que bien écrit. A seize ans, il connaissait assez bien les Pères de l'Eglise pour que l'archevêque de Paris lui permit de prêcher dans une des premières églises de la capitale. Il ne brilla pas moins dans l'école, soutint sa thèse de philosophie, devint bachelier en théologie, et dans le concours pour la licence, il mérita la première place, remporta la victoire sur Bossuet, qui n'obtint que la seconde. Une grande ressemblance rapprochait ces deux jeunes hommes, qui s'estimèrent et s'aimèrent pendant le reste de leur vie.

Ces débuts éclatants éblouirent l'abbé de Rancé. Il aima la gloire du monde, ambitionna toutes les vanités et laissa entraîner son imagination impétueuse à la dissipation de la cour. Après la mort de son père, possesseur d'un héritage opulent, il le consacra à éclipser le faste des gentilshommes ses amis. Il n'envisageait dans les différents degrés de la carrière ecclésiastique que les avantages temporels. Il reçut le sacerdoce sans préparation (1651), le titre d'archidiacre de Tours comme un gage de future succession à la dignité archiépiscopale de cette ville, possédée par son oncle, et le bonnet de docteur de Sorbonne comme le complément de son illustration théologique (1652). Il dédaigna comme indigne de lui l'évêché de Léon, qui lui fut offert. Ami de tous les personnages de la Fronde [1], il mena la vie des héros de cette folle époque. On ne voyait rien dans son extérieur et dans ses vêtements précieux qui pût faire reconnaître un homme attaché au service des autels. La chasse, les aventures, étaient sa passion. Faut-il croire que le jeune et brillant abbé succomba à d'autres séductions? Quelques écrivains ont cru voir dans la perte de la plus belle des vertus le motif de sa rude pénitence. Pour nous, avec tous les historiens graves de l'abbé de Rancé, nous croyons que l'amour de la gloire et l'ambition ne laissèrent point de place à d'autre passion dans son cœur, et que les remords qu'il éprouva d'avoir indignement abusé de ses revenus ecclésiastiques, furent la cause de sa conversion. Nommé premier aumônier du duc d'Orléans et député par l'archevêque de Tours, son oncle, à l'assemblée du clergé de 1655, il y trouva pour son amour-propre une belle occasion de triompher. Par son esprit, son éloquence, ses manières nobles et élégantes, il y ravit les suffrages de l'admiration universelle.

Cependant tous ces honneurs ne satisfaisaient point son

---

[1] La *Fronde* était un parti qui se forma à la cour dès les premières années du règne de Louis XIV, par suite du mécontentement que ressentaient les seigneurs de voir un étranger, le cardinal Mazarin, élevé au rang de premier ministre et gouverner la France.

cœur. *Je ne trouvais pas dans le monde,* dit-il, *ce que j'y cherchais; j'y voulais un repos qu'il n'était pas capable de me donner.* Ses bonnes qualités naturelles ne s'étaient point effacées dans les égarements de sa jeunesse. Il aimait la vérité avec passion, la défendait avec ardeur envers et contre tous, jusque contre lui-même. Sa droiture et sa grandeur d'âme avaient horreur des bassesses. Il compatissait tendrement à la misère des pauvres et enviait le bonheur des simples et des petits. Plus il avançait dans la vie, plus l'expérience l'éclairait sur la vanité des choses humaines et le dégoûtait des hommes du monde, dans la plupart desquels il ne trouvait ni bonne foi, ni fidélité, ni honneur. Il est impossible de préciser l'époque de la conversion de l'abbé de Rancé. On voit seulement par ses lettres que dès 1657 il pensait sérieusement à l'éternité, que l'année suivante il fit une retraite sérieuse et pénitente sous la direction d'un saint prêtre; qu'après la mort du duc d'Orléans, en 1660, il abandonna ses bénéfices, avec lesquels, disait-il, *il ne pouvait se sauver.* Il vendit la plus grande partie de sa fortune, dont il distribua le produit aux pauvres, et commença à mener une vie humble, pauvre, studieuse et vraiment sacerdotale. En vain ses parents et ses amis employèrent-ils tour à tour le raisonnement et la raillerie pour le détourner de ce nouveau genre de vie : il resta inébranlable. Cependant il ne connaissait pas encore sa vocation, et se doutait même si peu de la perfection à laquelle Dieu l'appelait, que lorsqu'elle lui fut annoncée il en eut peur *et regimba contre l'Esprit.* Mais les évêques d'Aleth, de Pamiers et de Comminges, qu'il consulta successivement, le décidèrent à renoncer au monde et à embrasser la vie religieuse, qui, selon ses propres paroles, lui répugnait souverainement. Il eut le mérite de dompter sa répugnance, et son sacrifice fut d'autant plus méritoire qu'il lui coûta davantage. Il ne lui restait plus que deux de ses bénéfices, son prieuré de Boulogne et son abbaye de la Trappe ; lequel de ces deux monastères choisira-t-il pour sa retraite? C'est sur quoi il hésite. La situation de Boulogne lui plaisait, mais la Providence le porte à préférer la Trappe à cause de l'état de ruine spirituelle et temporelle où elle se trouvait.

Lorsqu'il y vient au commencement de 1662 pour y mettre la réforme, il n'y trouve que sept moines, ennemis de toute règle, vivant au milieu des séculiers et des malfaiteurs. A l'invitation qu'il leur fait de rentrer dans le devoir, ils se récrient, ils s'emportent contre lui et s'occupent d'attenter à sa vie. Le réformateur reste ferme et inflexible, menace ces forcenés de la justice humaine. A ce mot, ils se soumettent. Ils les éconduit en leur faisant à chacun une pension de 400 francs. Il relève les ruines du monastère, presque inhabitable, et appelle pour remplacer les anciens moines des religieux de l'abbaye de Perseigne, qui suivait l'étroite observance. Touché profondément de leurs vertus et de leur ferveur, l'abbé de Rancé essaie de les imiter. Cependant la répugnance qu'il avait éprouvée autrefois pour la vie monastique durait toujours, non sous la forme du mépris comme autrefois, mais par suite d'une grande défiance de ses forces. Au milieu de ses hésitations, il se rappelle ces paroles des Augustin et des Bernard : *Pourquoi ne pourrais-tu pas ce que d'autres ont pu avant toi ?* Un jour qu'il entend chanter au chœur ces paroles du Psalmiste : *Ceux qui se confient au Seigneur sont comme la montagne de Sion ; il ne sera jamais ébranlé celui qui habite Jérusalem ;* il est frappé d'une lumière subite, comme autrefois Saul sur le chemin de Damas, et sa décision est prise à l'instant. Il part immédiatement pour Paris afin d'obtenir du roi la permission de tenir en règle l'abbaye de la Trappe, tombée en commende depuis cent trente ans. Il revient à Perseigne, commence son noviciat en juin 1663, fait profession le même mois de l'année suivante, à l'âge de trente-huit ans, et reçoit la bénédiction abbatiale à Séez, dans l'abbaye de Saint-Martin. Le lendemain il prit possession de la Trappe, où alors se trouvaient seulement onze religieux.

Pendant l'admirable conversion de l'abbé de Rancé, l'abbé de Cîteaux remuait ciel et terre, en France et à Rome, pour abolir l'étroite observance qui venait d'être installée à la Trappe. Si celui-ci travaille à la destruction de son ordre, le premier en sera le soutien et le réparateur. Nous ne suivrons pas l'abbé de Rancé dans les nombreux et pénibles voyages qu'il eut à faire, tant à Paris qu'à Rome, dans les intrigues, les artifices de toutes sortes qu'il eut à y déjouer pour défendre l'étroite observance, dans les chances émouvantes de succès et d'insuccès qu'il eut alternativement à subir dans ce long procès, où il ne plaidait pourtant qu'afin d'être autorisé à faire pénitence; ce détail nous entraînerait trop loin. Tout en accordant leur estime et leur admiration à l'étroite observance, le pape et le roi de France, épouvantés et tour à tour trompés par les clameurs et les menées des religieux relâchés, crurent qu'il était de la prudence de ne pas lui donner une approbation formelle et se contentèrent, en lui décernant des éloges, de l'approuver indirectement. Aussi l'abbé de Rancé put-il la suivre à la Trappe. Mais il ne s'en tint pas là; il la perfectionna par des pratiques qui la rapprochèrent davantage de la règle primitive de Cîteaux. Ces additions forment ce qu'on appelle *la réforme de l'abbé de Rancé*. Elle est observée actuellement à la Grâce-Dieu et dans toutes les maisons de la Trappe en France. Arrêtons-nous ici un instant pour en dessiner les traits principaux. La réforme de la Trappe fut au xviie siècle le frein imposé aux déréglements des cisterciens, comme la règle de Cîteaux avait été elle-même celui des bénédictins au xi⁰ siècle. *L'étroite observance*, quelque louable qu'elle pût être, était incomplète puisqu'elle ne prescrivait qu'en partie les austérités primitives de Citeaux et de Saint-Bernard. L'abbé de Rancé entreprit de la faire revivre d'une manière plus parfaite et plus conforme à l'institut des fondateurs, et bientôt la Trappe devint le foyer et le modèle des vertus monastiques. Admirons d'abord la sagesse et la prudence de ce réformateur célèbre. Il donne lui-même l'exemple des austérités, les propose ensuite à ses religieux en leur conseillant d'en faire l'essai, et ne les érige en lois qu'autant que ceux-ci, après en avoir reconnu la possibilité et l'utilité, le prient d'en consacrer l'obligation. Voici les articles essentiels de cette réforme, dont on est autant redevable aux désirs et aux prières des premiers trappistes qu'au zèle éclairé de leur abbé : 1° abstinence perpétuelle de la viande, du poisson, des œufs, du beurre et des autres assaisonnements sensuels, permis seulement aux malades ; les aliments usités sont du pain de blé dont le gros son a été extrait, des légumes et des racines accommodés au sel, à l'eau et au laitage, avec de la bière ou du vin pour boisson ; 2° observation des jeûnes de l'ordre, surtout de celui commençant au 14 septembre et ne finissant qu'à Pâques ; à la collation, on ne sert que trois onces de pain et deux seulement en carême ; 3° silence perpétuel, si ce n'est pour les conversations indispensables avec les supérieurs, les conférences spirituelles et l'accusation publique au chapitre des fautes extérieures commises contre la règle; dans toutes les autres circonstances les religieux ne se parlent que par signes ; 4° travail des mains appliqué principalement à l'agriculture ou à d'autres arts industriels ; l'étude n'y est cultivée que pour acquérir la connaissance des psaumes, de l'Ecriture sainte, des écrits des Pères de l'Eglise, et de la théologie pour les religieux qu'on élève au sacerdoce ; 5° sept heures de repos, pris sur des paillasses piquées avec une couverture et sans quitter les habits ; 6° le lever, chaque jour, à deux heures, à une heure ou à minuit, selon le degré des fêtes et la longueur de l'office ; 7° chant ou psalmodie chaque jour de l'office divin de la nuit comme du jour, du petit office de la Vierge ; 8° enfin observation de la liturgie cistercienne (1).

On voit par là tout ce que l'abbé de Rancé ajouta d'austérité à la règle de l'étroite observance. Mais il n'oublia pas que la mortification corporelle seule ne peut faire le vrai religieux ; aussi prescrivit-il la mortification intérieure de l'esprit et du cœur. C'est par la mort entière à lui-même, à sa propre volonté, à toutes les choses de la terre, qu'un cénobite s'élève à la vraie perfection. Or, on peut dire que chacun des exercices de la règle de l'abbé de Rancé suppose la pratique de ces vertus.

Quand cette réforme parut, elle excita l'étonnement plutôt que l'admiration. On ne la croyait ni possible ni durable, les cisterciens de l'étroite observance eux-mêmes furent surpris de ces austérités nouvelles, étonnantes dans un siècle qui ne savait plus ce que c'était que la perfection monastique. Les religieux relâchés crièrent à la nouveauté et à l'hérésie, et les partisans du monde, à la folie! De nos jours encore, où l'argent et la sensualité sont les seuls dieux qu'adorent les hommes terrestres et charnels, que n'entend-on pas dire et répéter à chaque instant contre l'institut de la Trappe? Les trappistes, dit-on, sont de vrais suicides, de grands criminels poursuivis par le remords, ou des hommes atrabilaires, des têtes exaltées, qui font injure à la miséricorde de Dieu et aux mérites de Jésus-Christ?... Ces déclamations ne peuvent sortir que de la bouche de gens qui ignorent le véritable esprit du christia-

---

(1) Voir, aux Pièces justificatives, n° 10, le détail de l'emploi de la journée du trappiste.

nisme et les éléments de la vie spirituelle à laquelle le Fils de Dieu est venu appeler non-seulement les religieux, mais encore tous les hommes. A la Trappe on se porte aussi bien, on vit autant et même plus longtemps que dans le monde. On voit moins de religieux devenir malades et mourir par suite des austérités, que de mondains par l'effet des excès et de la débauche. La plus grande partie des hommes qui se retirent à la Trappe ont mené dans le monde une vie chrétienne; ce n'est que la crainte, l'amour de Dieu, le désir d'assurer leur salut d'une manière plus certaine, qui les portent à embrasser un genre de vie plus parfaite, et non, certes, le remords de leurs crimes. D'ailleurs, quelques-uns d'entre eux eussent-ils été pécheurs, ne vaut-il pas mieux pour eux expier leurs fautes que d'y persévérer, et plus leur pénitence est austère, plus aussi n'est-elle pas raisonnable et digne d'éloges ?. Les traits calmes, sereins, de la physionomie du trappiste, annoncent assez la tranquillité, la paix et la sainte joie de son âme, et qu'il n'est rien moins que livré à la mélancolie, au trouble ou à l'exaltation. Ce qu'il plaît au mondain sans foi et sans souci pour ses destinées éternelles, de traiter de fanatisme et de folie, n'est qu'un grand fond de raison et de caractère soutenu par la grâce, qui aide le solitaire à persévérer dans sa pénitence pendant les longues années de sa vie. Mais il fait injure à la miséricorde de Dieu et aux mérites de Jésus-Christ ! Bien loin de les injurier, il prend le meilleur moyen pour y avoir part abondamment, car ils sont la seule source de toute sa confiance. S'il y a en Dieu une miséricorde, n'y a-t-il pas aussi une justice ? Et le parti le plus assuré de profiter de la première, n'est-ce pas d'apaiser la seconde? Les mérites de Jésus-Christ sont infinis, le trappiste n'a pas la prétention d'y rien ajouter, mais il se met en devoir de mériter d'en recevoir l'application, soit pour lui-même, soit pour les pécheurs. Dans la pratique de la mortification et de la solitude continuelle, il goûte une joie inexprimable, un bonheur solide qu'on ne rencontre point dans le tumulte du monde. Délivré des passions qui sont pour l'homme le principe de toutes ses peines, il vit en paix et meurt avec confiance. Il est impossible de le voir de près et de ne pas ambitionner son sort !

La Trappe, dont les austérités nouvelles avaient éveillé la surprise générale, fut pendant quelque temps sans postulants ; l'abbé de Rancé subissait la même épreuve que les premiers fondateurs de Cîteaux. Supportée avec la même résignation, elle reçut bientôt sa récompense. De nombreux aspirants viennent frapper à la porte du monastère, comme autrefois Bernard avec ses trente compagnons à celle de Cîteaux. Alors se vérifie cette pensée d'Isaïe : *La solitude tressaillit, celle qui était stérile put dire en voyant ses nouveaux enfants: J'étais abandonnée et seule, qui donc m'a envoyé ceux-ci? Et ceux-là où étaient-ils donc? Celle qui était aride s'est changée en lac et en source d'eau vive qui a arrosé les autres corps monastiques. Les nations vinrent de loin pour la voir !* Effectivement les autres monastères, le clergé séculier, les diverses conditions sociales, envoyèrent un si grand nombre de religieux à la Trappe, surtout de 1668 à 1690, que les supérieurs des autres couvents et les évêques se plaignirent hautement et réclamèrent. Sept à huit maisons cisterciennes, de l'une et de l'autre observance, et celles de quelques autres ordres, adoptèrent la réforme de la Trappe. On y accourait de toutes parts afin de contempler ces solitaires qui menaient sur la terre une vie angélique. Quand on les avait vus une fois, on brûlait du désir de les revoir : ce sentiment était partagé par toutes les classes de la société. Les princes, les plus hauts personnages allaient s'édifier à la Trappe. Les souverains pontifes et le roi de France Louis XIV, voyant que le nouvel ordre jetait de profondes racines, le revêtirent de l'approbation la plus éclatante et lui accordèrent toute leur protection. L'abbé de Rancé, parvenu à l'âge de soixante-dix ans, infirme d'ailleurs, se démit de la dignité abbatiale en 1695, et mourut de la mort des saints le 27 octobre 1700, après avoir vu son institut affermi et florissant. En rendant le dernier soupir, ce pieux abbé exprima des sentiments de crainte sur l'usage des grâces ineffables dont Dieu l'avait comblé, mais en même temps sa vive confiance en la miséricorde divine et son désir ardent d'être réuni à Jésus-Christ. Il a laissé de savants écrits sur la sainteté et les devoirs de l'état monastique; la lecture en sera toujours très utile aux religieux qui aspirent à la perfection de leur état. Il fallut en quelque sorte faire violence à sa profonde humilité pour les conserver par le moyen de l'impression (1).

Parmi les premiers monastères de Cîteaux que le réformateur de la Trappe ramena à la vie régulière, paraît celui de Septfons. C'est un ancien religieux de cette abbaye qui a ressuscité l'ordre de Cîteaux dans le diocèse de Besançon. C'est donc un devoir pour nous de faire connaître cette antique abbaye et l'ami de l'abbé de Rancé, qui en fut le réformateur. L'abbaye de Septfons est située dans le département de l'Allier, à 30 kilomètres de Moulins, au milieu d'une belle plaine, à un kilomètre de la Loire; elle dépendait autrefois de l'évêché d'Autun. Fondée en 1132, sous le titre de Notre-Dame-du-

(1) L'abbé de Rancé a laissé : 1º Traduction française des œuvres attribuées à saint Dorothée; 2º Explication de la règle de Saint-Benoît; 3º Abrégé des obligations du chrétien; 4º Réflexions morales sur les quatre évangiles; 5º Conférences sur le même sujet; 6º Conduite chrétienne pour Mme de Guise; 7º Lettres spirituelles, en grand nombre; 8º plusieurs écrits au sujet des études monastiques; 9º Relations de la vie et de la mort de quelques religieux de la Trappe; 10º Constitutions et règlements de cette abbaye; 11º De la sainteté et des devoirs de l'état monastique.

Saint-Lieu, elle avait des bâtiments remarquables par leur régularité et leur élégance ; mais ses habitants avaient perdu l'esprit de saint Benoît et de saint Bernard. Quoiqu'elle n'eût jamais été donnée en commende et qu'elle conservât jusqu'à la fin du XVIIIe siècle le titre de régulière, ses religieux suivaient une règle plus relâchée que celle même de l'observance commune de Citeaux. Messire Eustache de Beaufort, qui en avait été pourvu en 1654, à l'âge de dix-neuf ans, en devint le réformateur. « Ce bénéfice, dit Drouet de Maupertuis,
» l'historien de Septfons, lui fut donné à la sollicitation de
» ses parents et à la recommandation du cardinal Mazarin.
» Pour le faire consentir à se faire moine, on fit briller à ses
» yeux une mitre et une crosse. Une vocation si peu canoni-
» que eut ses effets ordinaires ; le jeune abbé donna dans la
» vanité, dans le luxe et la mollesse, ainsi que font ceux qui,
» comme des pasteurs mercenaires, n'entrent dans la bergerie
» du Seigneur qu'avec des vues purement humaines. Il fit son
» noviciat et ses vœux à Clairvaux, d'où il partit peu de jours
» après sa profession pour aller à Paris étudier la théologie. Il
» s'y adonna plutôt pour la forme que pour connaître les
» grandeurs infinies de Dieu, afin de les adorer, les aimer et
» en instruire les autres. Il revint à Septfons, où il ne fit que
» peu de résidence, au milieu des moines aussi déréglés qu'i-
» gnorants des devoirs de leur profession, qui l'habitaient. Ce
» fut beaucoup pour lui, à un âge si peu avancé, d'avoir évité
» de participer à leurs désordres. Sur ces entrefaites, il reçut
» les ordres sacrés et la bénédiction abbatiale, et il raconta
» souvent avec regret qu'il y regarda souvent avec bien de la
» complaisance tout ce qui pouvait se sentir de la vanité et de
» l'orgueil. Il aimait surtout à se voir revêtu d'habits pontifi-
» caux...... Nous voici enfin arrivés à cette célèbre époque de
» 1663, que Dieu avait marquée pour la conversion de dom

» Eustache, la réforme de Septfons et la sanctification d'un
» grand nombre d'âmes. Ce jeune abbé n'était en ce temps-là
» âgé que de vingt-huit ans, et ne songeait qu'à goûter les
» plaisirs de la jeunesse et de la liberté, les deux grandes
» ennemies de la vertu, lorsqu'il vit arriver à Septfons M. de
» Beaufort, son frère aîné, prêtre non moins distingué par
» l'éclat de ses lumières que par sa haute vertu. Le cardinal
» de Noailles, archevêque de Paris, avait en lui une telle con-
» fiance qu'il l'avait fait chef de son conseil et choisi pour son
» confesseur..... Il ne put voir sans douleur l'égarement pro-
» digieux où l'amour des créatures avait jeté l'abbé son pau-
» vre frère. Il en gémit en secret devant Dieu, qui lui inspira
» de lui proposer de faire quelques jours de retraite.........
» La maison des carmes déchaussés de Nevers est choisie à
» cet effet, et dom Eustache est recommandé au prieur. Le
» retraitant s'ennuie d'abord, mais dans une méditation faite
» avec les religieux, son âme est tout à coup environnée d'une
» lumière céleste, un doux calme semblable à un léger som-
» meil le surprend, et il goûte alors une douceur qu'il ne
» saurait exprimer et qu'il n'a jamais éprouvée. En un mot,
» il ne se connaît plus, et il ne se trouve plus le même. Après
» cela, la grâce lui laisse apercevoir l'abîme profond où ses
» péchés l'avaient plongé. Il se tourne vers Celui qui pro-
» duisait en lui tous ces mouvements, et lui dit tendrement
» et avec une confiance propre à obtenir l'effet de sa prière :
» Seigneur, j'ai péché contre vous; s'il en est encore temps,
» sauvez une âme qui vous a coûté tout votre sang..... . Il
» passa le reste de l'oraison dans une grande tranquillité et à
» faire une ferme résolution de changer de vie. Il y travailla
» dès le soir même en faisant au père prieur une confession
» générale et sincère de tous ses péchés, qui fut accompagnée
» de torrents de larmes. Pendant les huit jours que sa retraite

» dura, il se fortifia dans la résolution de rétablir dans son ab-
» baye l'observation littérale de la règle de saint Benoît, mal-
» gré tous les obstacles que le démon, le monde et la chair pour-
» raient lui susciter. Il ne voulut pas même partir de Nevers
» sans donner des preuves sensibles de la sincérité de sa con-
» version. Pour cet effet il envoya chercher des étoffes grossiè-
» res, il en fit faire sur-le-champ une chemise de serge et une
» robe de drap dont il se revêtit, déchirant en mille morceaux
» les habits qu'il portait auparavant. Il dit ensuite adieu à son
» frère et à ses charitables hôtes, aux prières desquels il re-
» commanda le projet de sa réforme, et, reprenant le chemin
» de Septfons, il y rentra dans le dessein d'en faire son tom-
» beau et de s'y ensevelir tout vivant. »

L'abbé de Beaufort se convertit l'année même où l'abbé de Rancé était entré au noviciat. A son retour à Septfons, il retrouve les religieux abandonnés aux mêmes déréglements. Ils prennent le parti de se retirer dans des maisons de la commune observance. Lorsqu'il eut reçu des postulants du dehors, il les envoya à la Trappe faire leur noviciat, et il y vint lui-même, après le chapitre général de 1667, prendre des leçons du célèbre réformateur. Ce qu'il reconnut de sagesse, de discrétion, de piété, dans cette âme extraordinaire, lui inspira le désir de rester à la Trappe, de vivre et de mourir simple religieux sous un si grand maître. Mais l'abbé de Rancé n'y consentit pas. Plus empressé d'étendre aux autres monastères le bienfait de la réforme que d'acquérir pour le sien un excellent religieux, il dit à dom Eustache : *Vous vous sauvez seul en restant ici, tandis que vous vous sauvez avec beaucoup d'autres en retournant à Septfons.* L'abbé de Beaufort suivit ce conseil malgré les répugnances de son humilité. Il fit avec l'abbé de la Trappe le plan de sa réforme, et emmena les religieux qui avaient été formés pour sa maison.

La réforme de dom Eustache de Beaufort, établie en 1663 à Septfons, est, après celle de l'abbé de Rancé, la plus célèbre et la plus édifiante du xviie siècle. Elle était aussi austère et la même absolument que celle de la Trappe dans tous les points, à la réserve de cette seule différence qu'elle permettait l'usage du beurre. Drouet de Maupertuis, que nous avons déjà cité, rapporte que le silence perpétuel, le travail des mains et surtout la pauvreté et la fuite de tout ce qui pouvait attirer l'estime des hommes, y étaient strictement observés. « Les reli-
» gieux, ajoute-t-il, s'y montraient tellement recueillis, qu'ils
» paraissaient immobiles dans leurs stalles. Rien n'était plus
» édifiant que leur psalmodie. Quelquefois, surtout à com-
» plies, ils faisaient une pause au milieu de chaque verset,
» afin de se mieux pénétrer des sentiments exprimés par le
» Psalmiste. On était singulièrement touché de la profonde
» modestie avec laquelle ils allaient au réfectoire et au travail.
» Toutes leurs actions extérieures portaient l'empreinte de la
» plus tendre dévotion, de l'union la plus intime avec Dieu : on
» ne pouvait les voir sans ressentir une forte émotion de piété.
» Si Septfons fut moins renommé que la Trappe, c'est que les
» écrits de l'abbé de Rancé sur la vie monastique, les rela-
» tions de la vie édifiante des religieux décédés, la firent con-
» naître. Au contraire, l'abbé de Beaufort ne voulut pas qu'on
» écrivît rien des miséricordes de Dieu sur sa maison : à Dieu
» seul il voulut laisser la connaissance, le jugement et la ré-
» compense des bonnes œuvres de ses religieux. » Ce prélat avait pris pour base essentielle de sa réforme la vie intérieure et absolument cachée en Dieu. Il répétait souvent que le bien qui pouvait se pratiquer à Septfons ne devait être connu qu'au jugement dernier. C'est en ceci que consiste le trait caractéristique de la réforme de dom Eustache de Beaufort. Elle ne prospéra que lentement, car, en 1680, il n'avait encore que

dix ou douze religieux ; mais, comme à Citeaux et à la Trappe, après la pénurie des sujets survint bientôt le grand nombre des postulants. Le célèbre Massillon était de ce nombre, il fallut un ordre exprès du cardinal de Noailles pour le tirer de Septfons. Cette communauté devint nombreuse, se maintint constamment dans l'esprit de ferveur et dans une grande régularité. Elle comprit jusqu'à cent cinquante religieux, peu après le trépas de dom Eustache, qui arriva à une heureuse vieillesse et mourut au milieu de ses frères le 20 septembre 1709. Son horreur pour l'hérésie de Jansénius a fait briller en lui l'esprit de la foi la plus vive, et l'humilité la plus profonde fut l'âme de sa réforme.

Les quatre abbés ses successeurs la maintinrent dans toute sa rigueur sans y rien ajouter. Vint ensuite dom Dorothée Jallontz, originaire de Dole, élu abbé de Septfons en 1758. Le monastère du *Val-des-Choux*, appelé depuis le *Val-Saint-Lieu*, au diocèse de Langres, lui ayant été donné pour une colonie de religieux de Septfons, elle en prit possession en 1763. L'abbé Jallontz persuada à ces émigrants de reprendre à la lettre les constitutions primitives de Citeaux, dont personne au monde, sans excepter les abbés de Rancé et de Beaufort, n'avait cru l'accomplissement possible. Voici les austérités qu'elles ajoutaient aux réformes de la Trappe et de Septfons : 1° le chant de tout l'office de la nuit ; 2° prolongation du travail jusqu'à sept, à huit heures quelquefois ; 3° le repas à onze heures au lieu de dix et demie, à trois heures de l'après-midi les jours de jeûnes d'ordre et à quatre heures en carême ; 4° une seule portion après la soupe, accommodée au sel et à l'eau, au lieu de deux apprêtées au laitage, et un peu de fruit, seulement quelquefois ; 5° des nattes de paille cordée au lieu de paillasses pour la couche, etc. Dom Jallontz parvint à faire adopter cette réforme à Septfons même en 1765. Après avoir fait reconstruire ce monastère presqu'en entier et les murs de l'enclos, il mourut en 1789.

L'ancienne abbaye de Septfons a été relevée en 1845 par dom Stanislas, d'abord religieux du Gard, puis envoyé en qualité de prieur, en 1830, à l'abbaye de Bellevaux, au diocèse de Besançon, devenu ensuite abbé de la Trappe du Gard, près Amiens, et qui y a transféré sa communauté.

CHAPITRE DEUXIÈME.

> Le cénobitisme n'a eu, à proprement parler, d'autres ennemis que ceux de la papauté elle-même, ou plutôt du catholicisme. Un secret instinct a toujours averti les adversaires de la foi que là était la force vive de cette religion qu'ils avaient prise en haine, et c'est sur ce point, contre cette sorte de citadelle, qu'ils ont constamment dirigé leurs efforts. En effet, trois sortes d'ennemis ont désolé la face de l'Eglise : les barbares, les hérétiques et les philosophes. Eh bien ! tous les trois ont eu cela de commun qu'ils ont pris les monastères pour point de mire de leurs attaques.
> (*Vie des Saints de Franche-Comté*, t. II, préface.)

La Trappe pendant la révolution française de 1789. — Sa translation en Suisse, à la Val-Sainte, au canton de Fribourg. — Dom Augustin de Lestranges, sauveur et nouveau réformateur de l'ordre de Cîteaux. — Le tiers-ordre. — Première suppression de la Val-Sainte. — Etablissement des trappistes dans les diverses contrées de l'Europe et en Amérique. — Deuxième suppression de la Val-Sainte.

Lorsque l'assemblée nationale eut confisqué les biens ecclésiastiques, en novembre 1789 et aboli les vœux monastiques au mois de février de l'année suivante, les trappistes conservèrent l'espoir d'être exceptés de la proscription générale. Les populations voisines les réclamaient et ils avaient adressé à l'assemblée une pétition pour obtenir de rester dans leur monastère ; mais après un an d'indécision, elle fut rejetée. Le maître des novices n'avait pas partagé l'espérance trompeuse de ses frères ; c'était Louis-Henri de Lestranges, appelé en religion dom Augustin. Issu d'une famille noble du Vivarais plus distinguée encore par la piété que par le rang qu'elle occupait dans le monde, le jeune de Lestranges, destiné d'abord à la marine, y renonça pour entrer dans le sacerdoce. Mgr de Pompignan, archevêque de Vienne, qui connut son zèle ardent et charitable dans l'exercice du saint ministère sur la paroisse Saint-Sulpice, à Paris, se l'attacha d'abord en qualité de grand vicaire, puis le fit nommer son coadjuteur. Mais Dieu ne voulait pas laisser enchaîné à un seul diocèse l'homme destiné à propager l'ordre monastique dans toute l'Eglise. Dès 1778, époque de son entrée dans l'état ecclésiastique, l'abbé de Lestranges avait conçu le dessein de finir ses jours à la Trappe. Il y arriva à l'improviste en 1780, et la révolution française le trouva chargé de la direction des novices.

A la vue de la destruction des ordres religieux, il conçoit le projet de transférer les habitants de la Trappe sur une terre étrangère. Il s'ouvre de cette entreprise à ses confrères, qui la désapprouvent et s'y opposent; mais il prie, il patiente et il agit. Plusieurs tentatives échouent, et ses supérieurs, qui le surveillent, ne voyant en lui qu'un homme remuant et téméraire, contrecarrent en secret toutes ses démarches et lui ôtent la charge de père maître des novices. Peu étonné de la contradiction des hommes, dans laquelle il ne voit qu'un signe de la volonté divine, il persévère avec calme et confiance dans ses démarches. Un supérieur de carmélites à qui il s'était adressé écrit à Mgr de Durfort, archevêque de Besançon, pour protéger la translation de la Trappe en Suisse. Ce prélat en réfère à son suffragant de Lausanne, qui obtient du gouvernement de Fribourg l'admission des trappistes dans ce canton. Dom Augustin part pour la Suisse, et obtient des avoyers et du sénat fribourgeois la permission pour les trappistes de s'établir sur leurs terres, mais à la condition qu'ils ne seront qu'au nombre de vingt-quatre, tant frères de chœur que convers, et que ce nombre ne pourra être augmenté que de l'aveu du pouvoir souverain. Le monastère de la Val-Sainte, ancien couvent de chartreux supprimé depuis une quinzaine d'années, situé dans un vallon perdu au milieu des forêts et des rochers, leur est assigné pour demeure. Dom de Lestranges revient en toute hâte retrouver ses frères et fait un appel à ceux qui sont de bonne volonté pour le suivre dans le nouvel établissement. Les vingt-quatre compagnons sont aussitôt trouvés; ils l'élisent pour supérieur. L'abbé de Clairvaux ratifie ce choix le 3 mai 1791, et lui accorde des pouvoirs presque égaux à ceux des abbés. La colonie se met en route sans autres provisions que des livres de prières et quelques vêtements. Ces religieux édifient tout le monde par leur modestie et leur recueillement; si, en traversant la France, ils reçurent des insultes en certains lieux, en retour ils furent accueillis presque partout avec un respectueux intérêt et par les dons de la charité chrétienne. Les pieux fidèles de Besançon les entourèrent d'une vénération généreuse; les populations des montagnes du Doubs et surtout les habitants de Fribourg versèrent, en les voyant, des larmes d'attendrissement. Ils prirent possession de la Val-Sainte le 1ᵉʳ juin. Ils y éprouvèrent d'abord les privations du plus grand dénûment; leur pauvreté extrême rappelait celle des fondateurs de Cîteaux; mais ils étaient heureux, tant la charité fraternelle animait tous les cœurs! Du pain noir, de la farine de mauvaise qualité, des tiges de fèves, des feuilles de navets, quelques raves dédaignées par les bestiaux, formaient toute leur nourriture; ils n'avaient pas autre chose pour restaurer leurs forces épuisées par dix ou douze heures de travail journalier!

La vie pauvre et austère qu'ils menèrent dans les premiers temps de leur arrivée à la Val-Sainte, leur donna l'idée de nouveaux règlements, afin de parvenir à une plus haute perfection en faisant revivre les pratiques de saint Benoît et de saint Bernard. Les religieux furent unanimes pour demander à dom Augustin cette recrudescence d'austérités. La règle de l'abbé de Rancé ne s'y opposait pas, bien au contraire, puisque ce réformateur avait laissé toute latitude à ses disciples pour reprendre les usages primitifs de Cîteaux, si des circonstances plus heureuses leur en donnaient la possibilité. Telle est l'origine de la réforme de la Val-Sainte ; voici ses principales additions à la règle de la Trappe : 1° Tous les priviléges et distinctions autres que ceux inséparablement attachés à sa place furent supprimés pour l'abbé ; 2° une égalité plus parfaite entre les religieux de chœur et les frères convers fut prescrite ; 3° l'heure ordinaire du lever fut avancée à une heure et demie les jours où elle était à deux heures ; 4° une simple planche garnie d'une serge ou d'une toile afin de moins user les habits, avec une couverture de mousse ou d'étoupes, servait de lieu de repos ; 5° les heures des repas et tous les jeûnes ordonnés par saint Benoît furent rétablis, et la collation supprimée ; 6° une seule livre de pain par jour avec les deux portions au dîner et l'eau pure, étaient toute la nourriture et la boisson permises ; 7° le silence observé plus rigoureusement, et des pénitences plus sévères punissaient les plus petites fautes, les moindres négligences contre la règle ; il n'y avait pas jusqu'aux détonations dans le chant au chœur qui ne fussent soumises à des châtiments ; 8° enfin la plus grande pauvreté même dans la décoration de l'église et les ornements fut ordonnée, ainsi que la charité la plus généreuse à l'égard des pauvres et des étrangers. La pénitence, l'humilité et la charité pratiquées au degré le plus sublime forment l'esprit de ces règlements.

Le souverain pontife et les autres supérieurs de l'Eglise ressentirent la joie la plus vive de l'établissement de la Val-Sainte et se firent un devoir de l'encourager. Le pape Pie VI érigea ce monastère en abbaye et en chef-lieu de congrégation; mais cette mesure, entravée pendant deux ans par une vaine susceptibilité du sénat de Fribourg, ne fut réalisée que le 8 décembre

1794. Dom Augustin de Lestranges fut élu abbé à l'unanimité des suffrages. Ce prélat sauveur, réformateur de l'ordre de Cîteaux, était encore destiné à en être le propagateur dans toute l'Europe et jusque dans l'autre hémisphère. C'est ainsi que la Providence fit servir l'expulsion des trappistes du royaume de France à leur établissement dans les divers pays de l'univers ; tant il est vrai de dire que Dieu, admirable dans ses desseins, sait toujours faire servir à sa gloire et au salut des âmes les événements qui de prime abord paraissent les plus funestes ! Dans moins des deux premières années de son existence, la communauté de la Val-Sainte s'accrut prodigieusement ; les postulants y affluaient de toutes parts. L'abbé de Lestranges ne pouvait, sans contrevenir à la parole donnée au sénat de Fribourg, conserver tous ces nouveaux disciples, que convoitaient d'autres pays catholiques. Les colonies parties de la Val-Sainte ne parviendront à s'y établir, il est vrai, qu'en surmontant des contradictions de bien des genres, ici la fausse philosophie, l'esprit de l'hérésie, là les bouleversements suites des guerres continuelles de cette époque. Mais tous ces obstacles, suscités par l'ennemi de tout bien, disparaîtront devant la main de Dieu. Au fur et à mesure qu'ils surgissent, les maisons filles de la Val-Sainte reçoivent avec empressement la réforme de leur mère et reconnaissent dom Augustin pour premier supérieur. Au lieu des chapitres annuels et des visites qui ne peuvent avoir lieu à cause de la distance trop grande des lieux et des guerres, chaque monastère eut à écrire dans les semaines de Pâques pour rendre compte de sa position spirituelle et temporelle à l'abbé de la Val-Sainte, qui de son côté, dans ses réponses à chacun d'eux, leur donnait des avis pleins de sagesse et de prudence. Telle fut la carte de visite du nouveau Cîteaux.

Dès le mois d'avril 1793, dom Augustin dirige deux de ses

religieux vers l'Espagne. Ils y fondent, l'année suivante, le monastère de *Porlet,* en Catalogne, et deux ans après (1796) celui de Sainte-Suzanne en Aragon. Le 28 août 1794 il fait partir trois autres religieux pour le Canada, mais l'évêque d'Anvers les arrête et obtient qu'ils se fixent à Vestmal en Brabant. Obligés de fuir l'année suivante devant les armées françaises, les trappistes de Vestmal se retirent à Marienfeld. Quelques-uns d'entre eux se détachent et s'embarquent pour le Canada ; mais la Providence les veut au milieu de la nation anglaise, la plus obstinée dans le protestantisme et la plus intolérante pour les moines, et ils y fondent en octobre 1794 la Trappe de Lulworth. Quelle année féconde pour la Val-Sainte que celle-là ! Trois de ses enfants arrivent en Piémont et sont installés solennellement le 30 juillet dans l'ancienne chartreuse de Mont-Brac, et l'année suivante ils avaient enfanté Sordevolo. En 1796 les trappistes restés à Marienfeld établissaient le monastère de Darfeld en Vestphalie, tandis que dom Augustin fondait celui de Saint-Branchier dans le bas Valais. La Trappe vérifiait cette prophétie d'Isaïe : *Je t'ai choisi afin que tu ranimes la fécondité de la terre et que tu rassembles les héritages dissipés.... Lève les yeux autour de toi et vois; ceux-ci se sont rassemblés, ils sont venus à toi, je t'en revêtirai comme d'un ornement et je t'en parerai comme une épouse.* Français, Suisses, Italiens, Espagnols, Anglais, Belges et Allemands, vinrent à l'envi peupler ces maisons.

Il ne suffisait pas au zèle de dom Augustin d'avoir ouvert des asiles aux hommes appelés à vivre selon les constitutions de saint Benoît et de saint Bernard, il fallait encore recueillir les femmes de bonne volonté qui demandaient à la solitude la liberté de servir Dieu et d'expier les prévarications publiques. Scholastique, sœur de saint Benoît, avait fondé les bénédictines ; celle de saint Bernard, Humbeline, avait établi les cisterciennes ; la sœur de dom Augustin le seconda généreusement dans la fondation des trappistines. Il fit construire en 1796 une maison au voisinage de Saint-Branchier pour les recevoir. Des religieuses, débris de divers ordres, des personnes du monde, y accourent de tous côtés. Louise-Adélaïde de Condé, princesse royale de France et ancienne abbesse de Remiremont, où elle s'était distinguée par sa piété et par sa ferveur, n'en fut pas le moindre ornement ; le Ciel l'avait ménagée pour protéger la Trappe. Dom Augustin hésitait à donner à ces courageuses pénitentes la réforme de la Val-Sainte, mais elles la demandèrent et l'obtinrent, sauf les pratiques appropriées aux hommes.

L'impiété, les désordres, les bouleversements, suites de la révolution française, avaient fait négliger l'éducation de la jeunesse ; l'intelligence de la génération naissante restait inculte, ou ne recevait d'autres connaissances que celles de l'irréligion et du vice. A ce spectacle, la grande âme de dom Augustin s'émeut : il conçoit le projet de régénérer la société et la religion par l'éducation de l'enfance et de donner à la Trappe la mission de l'éducation publique, et à cet effet il crée le *tiers-ordre*. Les nouvelles fonctions qu'il lui confie ne répondent point à l'esprit de la règle de saint Benoît, il est vrai, mais il applique celle-ci à ces nouveaux religieux, en l'accommodant aux devoirs particuliers qu'il leur impose. Avec l'amour de la sainte volonté de Dieu, une grande charité, un zèle ardent pour faire le bien, il n'impose aux frères du tiers-ordre qu'un court office, supprime pour eux les jeûnes d'ordre, l'abstinence de la viande et du vin, leur permet l'usage du linge et leur donne pour habillement une simple robe blanche avec le scapulaire noir sans coule. Cette nouvelle institution reçut l'approbation de Sa Sainteté le pape Pie VII et produisit les résultats les plus heureux. Les enfants suisses et français affluèrent dans ce nouveau pensionnat, qui a donné un grand nombre de personnages distingués, non-seulement à l'état religieux, mais encore au clergé séculier et aux diverses conditions libérales de la société. Plusieurs jeunes gens du diocèse de Besançon y reçurent le bienfait de l'éducation. Nous citerons entre autres MM. Mauvais, des Fontenelles, Chardon, de Trévillers, Rousselot, de la Grand'Combe-des-Bois. Les deux premiers reçurent la prêtrise en 1806 et restèrent à la Val-Sainte. Quelque temps après, le frère Mauvais fut envoyé en Amérique, où il mourut, et M. Chardon, après la seconde suppression de la Trappe, vint occuper successivement les cures de Cerneux-Monnot et de Fournet-Blancheroche. Depuis quelques années il s'est retiré au couvent de la sainte Retraite, aux Fontenelles, où il remplit les fonctions d'aumônier en se préparant saintement à la mort. M. Rousselot a été attaché au diocèse de Grenoble depuis le départ des trappistes de la Val-Sainte en 1811. Cet ancien religieux, homme d'un sens profond, savant théologien, professe la théologie depuis longues années au séminaire de Grenoble. Chanoine, vicaire général honoraire, il a toujours joui de l'estime et de la confiance des prélats qui ont successivement administré ce diocèse, dont il est un des prêtres les plus distingués. C'est lui qui a été chargé de suivre l'instruction relative à l'apparition de la sainte Vierge aux deux petits bergers sur la montagne de la Salette, et qui a eu l'insigne honneur de conférer de cette affaire avec le saint-père. Combien d'autres personnages remarquables sortis du tiers-ordre de la Val-Sainte ! Les enfants qui eurent le bonheur d'y être élevés furent tous, au reste, distingués par leur docilité et l'attachement pour les maîtres qui leur enseignaient les langues et les humanités.

Depuis six ans la Trappe de la Val-Sainte prospérait dans la pauvreté et la fidélité ; mais dom Augustin prévoit que les troupes françaises ne tarderont pas à envahir la Suisse et viendront détruire les monastères qu'il y a fondés. Où chercher un asile? Que devenir? Au milieu de sa perplexité, cet homme à caractère ferme et énergique se détermine à fuir avec ses communautés, sans savoir le lieu où il s'arrêtera, se confiant en Dieu seul pour conduire deux cent quarante-quatre personnes à travers les pays étrangers, au milieu des dangers de toutes les sortes, de peines et de privations sans nombre. Les enfants du tiers-ordre ne veulent pas se séparer de leurs maîtres, les parents eux-mêmes ne peuvent les en détacher; plus de cent de ces jeunes gens veulent suivre les trappistes. La Russie paraissait la seule contrée de l'Europe à l'abri de la guerre; c'est vers ce pays que l'abbé de la Val-Sainte tourne ses regards. La princesse de Condé avait vu à la cour de France, en 1782, le czar Paul; dom Augustin la charge de lui demander une retraite dans ses états pour les trappistes. En attendant une réponse, il fait partir dès le mois de janvier 1798 les trappistines pour Constance, d'où elles doivent se diriger sur la Bavière. Puis les religieux suivent, divisés en trois corps, marchant par trois routes différentes, afin d'éviter l'encombrement, de subsister avec plus de facilité et de ne point porter ombrage aux gouvernements dont il faut traverser le territoire. Les Français menaçant la Souabe, nos pèlerins gagnent la Bavière et ensuite Augsbourg. C'est ici qu'ils reçoivent la réponse de l'empereur et de l'impératrice de Russie. Le czar n'accorde dans ses états qu'un établissement passager aux trappistes, dont il limite le nombre à quinze religieux et à quinze religieuses. On marche ensuite sur Vienne et sur Prague, et les émigrants sont reçus partout avec une charité admirable par les peuples et par les souverains. Mais quelques membres des gouvernements imbus de l'illuminisme allemand leur sont moins favorables, et ils ne peuvent obtenir d'être reçus dans ces états qu'en petit nombre et sans pouvoir admettre de novices. C'était par là même les condamner à mourir avant de prendre pied dans ces contrées. Dom Augustin reporte ses vues sur la Russie, se met à la tête des deux colonies admises dans cet empire, où elles arrivèrent à la fin de juillet 1798. Après les avoir installées dans les deux monastères qui leur avaient été assignés, à Orcha, dans la Pologne russe, il prend le parti d'aller trouver l'empereur Paul. Ce pauvre religieux, étranger, inconnu, sans nul autre appui que le bon souvenir que la cour de Russie avait conservé de la princesse de Condé, fut bien accueilli de l'autocrate schismatique. Il lui promit des monastères dans les provinces catholiques de son empire. C'est ainsi que Dieu fait servir jusqu'aux misères humaines à sa gloire et au bien des élus! Au printemps de 1799, les trappistes de la Suisse, qui avaient été rejoints par leurs frères du Piémont fuyant devant les armées françaises, se mirent en route pour la Russie. Au mois d'août ils prirent possession des cinq nouveaux monastères qui leur avaient été assignés, deux dans le palatinat de Brezce, deux en Volhynie et l'autre en Podolie. On ne peut s'imaginer tout ce qu'ils souffrirent des rigueurs de ce climat glacial, mais depuis le départ de la Val-Sainte, ils trouvaient un domicile fixe et ils remerciaient Dieu! Il serait impossible de redire les peines, les privations, les fatigues, de ce voyage de plusieurs centaines de lieues. Au milieu de toutes ces épreuves, Dieu protégea sensiblement ses serviteurs. Leur présence réveilla la foi dans tous les lieux qu'ils traversèrent, car, pendant ces longues et pénibles pérégrinations ils observèrent constamment leur règle et firent ensemble leurs exercices autant que cela était possible. Les jeunes enfants du tiers-ordre, que leurs maîtres instruisaient pendant la marche, n'étaient pas ce qu'il y avait de moins intéressant au milieu du convoi des pèlerins.

Les trappistes ne devaient pas résider en Russie pendant un an. Le czar, battu à Zurich, s'était rapproché du premier consul et avait reconnu son gouvernement. En mars 1800, il ordonne à tous les Français émigrés, sans en excepter les trappistes, de sortir de ses états. Nos religieux partent donc de Russie en avril, et dom Augustin les dirige par eau sur Dantzick. Repoussés de la Russie, l'Autriche et la Prusse ne veulent pas les recevoir. Que d'obstacles n'eurent-ils pas à surmonter au milieu des misères les plus incroyables! Ceux que les hommes rejetaient ne furent pas délaissés du Seigneur! Il suscita même parmi les protestants des âmes charitables qui pourvurent à leurs besoins. Un négociant luthérien transporta les voyageurs à Lubeck, d'où ils gagnèrent Hambourg et Altona. Le gouvernement anglais fit à chacun des trappistes une pension égale à celle qu'il payait aux prêtres exilés, et permit l'établissement d'un couvent de trappistines à Stope-Hill, à sept lieues de Lulworth; il subsiste encore. Dom Augustin dirigea quelques autres religieuses sur la Westphalie, où elles occupèrent un couvent voisin de Darfeld. Ce dernier monastère avait joui d'une paix profonde pendant l'émigration de la Val-Sainte, et avait tellement prospéré qu'il avait envoyé une colonie s'établir à Dribourg, au diocèse de Paderborn. Dom Augustin y amena des religieux, établit à Paderborn même les trappistines qui n'étaient point parties pour l'Angleterre ou pour Darfeld. Dribourg, encombré par ces nouveaux hôtes, fonda le monastère de Velda. Tous ces établissements existaient dans les terres du roi de Prusse, si tristement célèbre par son zèle protestant. Dieu avait changé son cœur, et il avait autorisé les trappistes à demeurer dans ses états en leur défendant de recevoir des novices.

La paix étant rétablie en Europe, dom Augustin reporta ses regards vers le gouvernement de Fribourg et obtint de rentrer à la Val-Sainte. A l'exception de quelques religieux allemands qui restèrent à Darfeld, il ramena en Suisse ceux de Dribourg, de Velda, les trappistines. Leur rentrée à la Val-Sainte s'opéra tranquillement, dans les premiers jours de mai 1803. Dans le même temps il relevait la Trappe de Vestmal, en Belgique, au milieu même des terres de la république française, et il réalisait le projet conçu depuis si longtemps, mais toujours contrarié par les événements, de faire partir pour le nouveau monde un essaim de ses religieux. Ces nouveaux émigrants mirent à la voile le 30 mai de cette année.

Dom Augustin avait ramené quatre-vingt-sept religieux à la Val-Sainte et un grand nombre d'enfants du tiers-ordre. Il envoya ceux-ci en diverses maisons et n'en conserva que cent dans son abbaye. Il installa les trappistines de Paderborn dans le domaine de la *Petite-Riédra*, à deux lieues de la Val-Sainte. Les ressources de ce monastère ne suffisaient pas à la subsistance des religieux revenus de l'exil, et d'un autre côté la susceptibilité du gouvernement de Fribourg était à ménager. L'abbé prévint ces inconvénients par de nouvelles fondations. Dès les premiers mois de 1804, les monastères de la Cervara dans l'état de Gênes et de Géronde dans le Valais sont établis. Il part pour Rome afin d'obtenir du saint-père l'approbation du tiers-ordre; Pie VII y ajoute une ancienne maison religieuse sur le mont Soracte, au voisinage de Rome, que l'abbé de la Val-Sainte peuple de trappistes. En 1805, il visite la Trappe de Sainte-Suzanne en Espagne, et il y trouve plus de soixante religieux qui par leurs vertus faisaient l'admiration de l'Espagne entière.

Cependant une protection inattendue allait seconder le zèle de dom Augustin. Napoléon Ier, devenu empereur des Français, se rendit en Italie au printemps de 1805 pour recevoir à Milan la couronne de fer du royaume de Lombardie. L'autorité française chassait tous les couvents des pays conquis par ses armées. Le supérieur de la Cervara adressa à l'empereur une supplique en vers latins pour demander la conservation de son monastère. Cette pièce, d'une originalité spirituelle et piquante, frappa le nouveau Charlemagne, qui demanda des explications sur les trappistes. Dès qu'il sut que ces religieux, au lieu d'être à charge à personne, travaillaient de leurs mains afin de pourvoir à leur subsistance et de répandre de grands bienfaits autour d'eux, il les jugea utiles à la société qu'il réorganisait. Ce ne sont point effectivement l'abnégation personnelle et le dévouement aux autres, mais l'égoïsme et la cupidité qui sont dangereux pour la société. On prête à Napoléon les jugements les plus contradictoires sur les trappistes. Ici on lui fait dire : *Il faut un asile aux grandes infortunes, aux âmes faibles, aux imaginations exaltées;* là, *des religieux qui travaillent beaucoup et qui mangent peu ne sauraient être à charge à l'État;* ou bien encore, *il faut une retraite à ceux à qui le monde ne convient pas, ou qui ne conviennent pas au monde.* D'autres écrivains lui supposent moins d'égards pour une institution qui commande le respect à l'humanité, et lui mettent dans la bouche ces paroles : *Dans un grand empire, il faut quelques hospices de fous appelés trappistes!* Quoi qu'il en soit de ces propos, les actes du grand homme ne laissent aucun doute sur la profonde estime qu'il eut pour ces religieux. En effet, il fait appeler le supérieur de la Cervara et dote son couvent de 10,000 francs de revenus. Il ordonne à son ministre Portalis de s'entendre avec dom Augustin pour l'établissement d'une nouvelle Trappe au Mont-Genèvre, au-dessus des Alpes, à deux lieues de Briançon, afin de donner l'hospitalité aux soldats voyageurs, et assigne à cette maison un revenu annuel de 10,000 francs. Au mois de juin 1806, dom Augustin y installe provisoirement six religieux. D'après la permission du maître de la France, il prend encore la direction des deux Trappes qui existaient secrètement dans la commune d'Hyères et à Valenton, dans le diocèse de Versailles, et il achète ensuite l'ermitage du Mont-Valérien pour y placer des enfants du tiers-ordre. Il y érigea un chemin de la Croix où les personnages des stations étaient de grandeur naturelle ; tel fut le commencement de ce Calvaire renommé où la population de Paris se porta en foule pendant les dernières années de la Restauration. Qui aurait jamais prévu que si peu de temps après la révolution, des communautés de trappistes existeraient à la porte de Paris ?... C'est ainsi que Dieu conduit toutes choses avec sagesse, et qu'aux plus grands maux il fait succéder, quand il lui plaît, les plus grands biens !

La faveur inespérée accordée à la Trappe par Napoléon devint pourtant la cause de la scission du monastère de Darfeld avec la congrégation de la Val-Sainte. Le révérend père Augustin avait conservé la supériorité immédiate de toutes les maisons qu'il avait fondées, et s'appliquait à entretenir la plus grande union entre tous ces membres d'une même famille. Toutes ces Trappes s'entr'aidaient, soit quant au temporel, soit quant au spirituel. Il sembla aux religieux de Darfeld qu'ils contribuaient plus que pour leur part aux bonnes œuvres de leur père, ce qui occasionna parmi eux un secret mécontentement. Il augmenta quand ils le virent devenu le haut protégé de Napoléon ; ils résolurent donc d'élire un abbé et de se séparer de la Val-Sainte. Le saint-siége, pour des motifs que nous nous garderons bien de scruter, érigea le couvent de Darfeld en abbaye détachée de la Val-Sainte et la soumit à l'évêque de Munster.

Sur ces entrefaites, la colonie de trappistes partie pour l'Amérique débarqua à Baltimore, où elle fut accueillie avec la plus grande charité dans le collége Sainte-Marie, dirigé par

MM. Flaget et Dubourg, devenus, le premier, évêque de Badestown, et le second, de bonne et reconnaissante mémoire, mort archevêque de Besançon en 1833. Ces religieux, établis d'abord à 50 milles de Baltimore, essayèrent ensuite une fondation au Kentucky, à quelque distance de Louisville; mais l'ignorance de la langue anglaise, parlée généralement dans cette contrée, les empêchant de recevoir des élèves et des novices, les engagea à s'acheminer vers la Louisiane, où ils retrouvaient la langue française. Ils s'y fixèrent au voisinage de Saint-Louis, en 1809. Pendant ce temps la Val-Sainte jouissait de la tranquillité la plus profonde, et tous les établissements religieux prospéraient. Napoléon ayant déclaré la guerre à l'Espagne, les trappistes de Sainte-Suzanne crurent devoir se retirer à l'île Majorque.

L'envahissement des Etats pontificaux et l'enlèvement du saint-père de Rome, par les ordres de Napoléon, devaient attirer une cruelle persécution à l'ordre des trappistes, à cause de leur dévouement au chef de l'Eglise. Les religieux de la Cervara, refusant d'abord le serment de fidélité aux constitutions de l'empire et aux libertés de l'Eglise gallicane, sont transférés dans une forteresse où ils ont à souffrir cruellement, et l'empereur lance ensuite, le 28 juillet 1811, un décret portant suppression de l'ordre des trappistes dans l'étendue de l'empire. En conséquence, ces religieux sont expulsés d'Hyères, du Mont-Valérien, du Mont-Genèvre, de Vestmal, de Darfeld. L'ordre est donné aux autorités de la Suisse d'arrêter dom Augustin, mais heureusement il leur échappe. Le gouvernement de Fribourg est contraint, à son plus grand regret, de supprimer la Val-Sainte; les trappistes la quittent en avril 1812; mais les trappistines de la Riédra, inconnues à l'empereur, restent dans leur monastère. Les bannis passent, les uns en Amérique, les autres en Angleterre, dans des maisons de leur ordre. Ceux qui étaient prêtres et qui rentrèrent dans leurs diocèses furent employés au saint ministère. Quelques-uns continuèrent à observer la règle de la Val-Sainte dans leurs familles. Quant à dom Augustin, il se rendit en Amérique, où ses disciples avaient fondé une seconde colonie dans le Maryland. Il les réunit en une seule communauté, près de New-Yorck, puis il fonda encore un couvent de trappistines. Les exemples d'édification donnés par les trappistes aux habitants de cette contrée touchèrent profondément les protestants, dont plusieurs, et entre autres deux ministres, rentrèrent dans le giron de l'Eglise.

Un de ces religieux, Franc-Comtois d'origine, et que l'attachement à son état fit partir pour l'Amérique, était le révérend père François-Xavier Riduet; ses vertus et ses talents lui assignent ici quelques lignes. Né à Pierrefontaine, chef-lieu de canton dans l'arrondissement de Baume, d'une famille honorable, le 17 novembre 1773, il fit ses humanités dans l'école secondaire de Vercel, d'où il se rendit à Besançon pour y étudier le droit à l'école centrale. Son cours fut parcouru avec distinction et fruit sous le savant Proudhon, qui le chérissait comme son enfant. Ce jeune homme studieux et menant une vie chrétienne et morale n'eut pas de jeunesse, peut-on dire après l'Esprit Saint. Il avait cependant un caractère gai et ouvert, mais en même temps un sens profond et une grande fermeté, deux qualités bien propres à le préserver des dangers auxquels la jeunesse est exposée dans les écoles. *Ce n'est pas au bout de trois ou quatre ans d'études faites sous d'habiles professeurs,* disait-il à la Trappe, *que j'ai véritablement compris le dédale des lois: je n'ai vu clair dans cette multitude de lois éparses, incohérentes en apparence, qu'après dix ans d'études dans mon cabinet. Au bout de ce temps j'ai pu seulement rattacher ce fatras de lois à un petit nombre de principes généraux dont elles découlent comme des ruisseaux de leur source.* Devenu avocat, il vint occuper le siége de la justice de paix de Pierrefontaine, sa patrie, en 1802. Il refusa plusieurs fois d'aller s'asseoir dans un fauteuil des tribunaux supérieurs, et ses mérites étaient si bien constatés qu'il aurait pu devenir secrétaire de l'école de droit de Dijon lors de son organisation, en 1804. Mais il avait une autre ambition. Profondément touché du souvenir des fins dernières, de la brièveté de la vie présente et du néant des choses de la terre, frappé des obstacles qu'on rencontre surtout dans certains rangs de la société pour remplir les devoirs religieux, des dangers que court la faiblesse humaine de se laisser entraîner à des préjugés et à des usages anti-chrétiens, il prend le parti de quitter le monde et de se retirer dans la solitude. Les difficultés de la magistrature, les iniquités qui se commettent jusque dans le sanctuaire de la justice, le confirment dans cette résolution, dont il ne retarde l'accomplissement que par le respect filial dû à une mère restée veuve avec cinq enfants. Aussi lorsqu'il l'eut exécutée et après son départ de Pierrefontaine : *Ne pensez pas*, écrivait-il à Mlles Riduet, ses sœurs, *que c'est ici une démarche indélibérée. Depuis bien des années j'y pense, toujours résolu à l'exécuter. Sans la situation de la maman, il est bien probable que je n'aurais jamais été juge de paix*. En attendant, sous la direction du spirituel et prudent curé du Plaimbois-Vennes, M. Lambert, il fait en secret son apprentissage de la pénitence à laquelle il s'est voué ; il couche sur la dure, ne se nourrit, quand il le peut sans se faire remarquer, que d'aliments grossiers, et pratique des jeûnes fréquents.

Après la mort de sa mère, il voit enfin le moment venu de correspondre à sa vocation. En avril 1807, il fait un voyage en Suisse, visite la Val-Sainte et conclut son entrée dans ce monastère. Il revient à Pierrefontaine, et dans les derniers jours de juillet il voit ses amis, remet à chacun d'eux quelques-uns des petits meubles qui lui appartenaient, en les priant de les conserver jusqu'au retour d'un voyage qu'il va entreprendre. Ce n'était qu'une manière adroite de faire ses adieux et de laisser un souvenir à ceux qu'il aimait. Il part pour Besançon, et de là il écrit, le 29 juillet 1807, à Mlles Riduet pour leur annoncer ce qu'elles appréhendaient depuis son voyage en Suisse. Sans désigner le lieu de sa retraite, il dit qu'il ne sortira pas de France, qu'il sera à soixante ou quatre-vingts lieues d'elles, qu'elles aient à rembourser sur-le-champ une somme de 1,200 francs qu'il a prise chez un ami à Besançon, et qu'au moyen des deux petits actes qu'il leur adresse elles ne pourront pas être inquiétées sur tout ce qu'il possédait. Il leur défend encore de faire aucune tentative, soit par elles-mêmes, par des amis, ou par l'autorité, pour l'inquiéter et le faire rentrer dans la maison paternelle, sans quoi il s'expatriera, et qu'après quinze jours ou un mois il leur écrira lorsqu'il sera arrivé à sa destination. Le 7 août elles reçoivent effectivement une longue lettre de leur frère, dans laquelle il leur expose toutes les raisons qui l'ont déterminé à quitter le monde, que c'est pour lui un avantage inappréciable d'avoir été soustrait à ses dangers dès sa jeunesse, et les engage à prier Dieu de le soutenir et de lui faire la grâce de finir ses jours à la Trappe. Il les console ensuite en leur représentant que, n'eût-il pas pris ce parti, il n'aurait guère pu rester avec elles, que leur séparation n'est que d'un jour et que bientôt ils se trouveront réunis dans le ciel avec leurs parents déjà morts, ou du moins qu'elles ne doivent rien négliger à cet effet. Il leur répète de ne faire aucune démarche pour le faire revenir, qu'elles n'y gagneraient rien; qu'elles savent combien il est tenace, ajoutant qu'elles doivent même s'abstenir de lui écrire, parce qu'il ne recevra pas leurs lettres et n'y répondra pas.

Le postulant Riduet ne séjourna que peu de jours à la Val-Sainte ; on l'envoya à l'hospice ou Trappe impériale du Mont-Genèvre pour faire son noviciat. De là, il passa au couvent de la Cervara, dans l'état de Gênes, dont le supérieur, le père François de Sales, écrivait le 14 mars 1809 à M. Faton, receveur de la douane à Gênes, ami de la famille Riduet, et qui avait été chargé de découvrir la retraite de l'ancien juge de paix, « *qu'il est réellement dans ce monastère depuis quelques mois, qu'il désire n'être point dérangé dans sa vocation, qui paraît solide, et qu'il est résolu de ne recevoir ni lettres, ni visites, ni rien qui pût le rappeler au monde qu'il a quitté et où il ne veut plus rentrer ; toutefois qu'il est encore libre, mais qu'il ne tardera pas à faire au Seigneur le sacrifice de sa liberté pour devenir l'heureux esclave de Jésus-Christ.* Le frère Riduet fit donc ses vœux dans le printemps de 1809, et conserva le beau nom de François-Xavier qu'il avait reçu au baptême. Il fut ensuite promu au sacerdoce et renvoyé au Mont-Genèvre, où ses talents et sa capacité l'élevèrent aussitôt aux charges de procureur et tout à la fois de sous-prieur. A tous ses mérites le P. Riduet joignait l'humilité la plus profonde, ne se prévalant jamais de son expérience des hommes et des choses.

Lorsque l'ordre des trappistes eut été supprimé, le P. Riduet revint à Besançon pendant le printemps de 1812. Les supérieurs du diocèse lui offrent pour retraite la desserte de la chapelle de Ferrières, située sur la paroisse de Tréviliers. Ce saint religieux, se rendant à ce poste, passe à la porte de Pierrefontaine ; mais, fidèle à la maxime de Jésus-Christ, qui a dit : *Il faut laisser aux morts le soin d'ensevelir les morts*, il ne s'arrête pas pour voir ses parents et ses amis. Arrivé à Ferrières, une famille pieuse veut le loger et l'entretenir ; s'il accepte le logement, il refuse toute autre chose, car il y vivra en trappiste ; tout ce qu'on lui donne retourne aux pauvres.

Il couche sur la planche, se nourrit de pain noir et de pommes de terre, dont il cuit lui-même, le samedi ou le lundi, la provision pour toute la semaine. Sa vie pénitente touche et édifie tout le pays. Ecclésiastiques et séculiers accourent de toutes parts pour le voir, prendre de lui des conseils, car les oracles de la sagesse sont dans sa bouche. Pendant le carême, il fait une instruction chaque jour ; tous ses paroissiens veulent l'entendre, les habitations sont désertes, on ne se lasse jamais à ses sermons ; mais c'est surtout au tribunal de la pénitence qu'il opère de grands fruits de salut. Les pécheurs endurcis se convertissent, les justes sont affermis dans la bonne voie, plusieurs se vouent à l'état religieux ; le cri général est que le P. Riduet est un saint.

Ses sœurs, ses amis de Pierrefontaine le visitent, l'engagent à descendre dans son ancienne patrie, mais il s'excuse d'une manière ou d'une autre ; il ne pense qu'aux moyens de rentrer dans une maison de son ordre à l'étranger. Vers le 10 septembre 1813, il quitte Ferrières et se rend à Besançon ; là, il arrête son départ pour l'Amérique. Il annonce cette nouvelle à ses sœurs en leur disant *qu'il se sait bon gré de ne pas être retourné avec elles, pour renouer des habitudes d'être ensemble, ce qui n'aurait fait que rendre plus pénible une nouvelle séparation.* Il ajoute : « Ne me considérez plus comme existant encore, je suis ou je dois être véritablement mort ; *si j'étais enterré depuis cinq ou six ans, vous auriez oublié ma perte, faites-en de même, etc., etc., etc.* » Il dit ensuite qu'il part le lendemain pour Bordeaux afin d'y chercher un vaisseau pour l'Amérique, qu'il se pourrait qu'il fût obligé de revenir, que dans ce cas il les verra ; qu'il écrit à M. le curé de Maîche d'aller à Ferrières pour régler sa succession, c'est-à-dire pour rendre à chacun les petits meubles qu'on lui avait prêtés. Il prie ses sœurs de rembourser au digne abbé Breuillot, économe du grand séminaire, une somme de 14 francs qu'il a empruntée de lui pour l'achat d'un vêtement indispensable, leur dit qu'il n'a pas besoin de leur recommander de ne rien toucher de la commune de Ferrières, ni argent, ni étoffe ; puis il termine par ces paroles : *Je ne sais si nous nous reverrons en ce monde, mais travaillons à nous trouver réunis dans l'autre. Je vous embrasse et je serais allé le faire à Pierrefontaine si cela n'eût pas dû vous faire plus de peine !* Quand on apprit à Ferrières, vers la fin de septembre, que le P. Riduet n'y reviendrait plus, la population de cette petite paroisse, où il n'avait pourtant séjourné que de quinze à dix-huit mois, fit éclater sa tristesse. Les regrets furent universels dans les montagnes. Il s'embarqua pour l'Amérique à la fin de 1813, et il y mourut peu après son débarquement, dans le printemps de 1814, à l'âge de quarante-un ans, après six ans de profession.

Pour donner une juste idée de ce saint religieux, qui fut l'ornement de la Trappe et une des gloires du diocèse de Besançon, nous croyons devoir insérer ici la lettre que l'ancien prieur de la Trappe du Mont-Genèvre écrivit à M. Clément, curé de Pierrefontaine, pour annoncer sa mort.

« Monsieur, j'ai l'honneur de vous faire part d'une nouvelle
» qui comme moi vous affligera beaucoup. Ancien prieur de
» l'hospice impérial du Mont-Genèvre, je connus de plus près
» que personne les talents et les solides vertus de l'excellent
» révérend P. Riduet, ci-devant avocat et juge de paix de Pier-
» refontaine, sa patrie. Il avait exercé au mont Genèvre tout à
» la fois les fonctions de sous-prieur et de procureur, et s'en
» était acquitté avec une humilité et toutefois une supériorité
» qui avaient engagé le très révérend père abbé de la Val-
» Sainte de l'appeler auprès de sa personne pour s'aider de ses
» conseils et, tout m'engage à le croire, pour en faire son digne

» successeur. Mais il a plu à Dieu d'en décider autrement et
» de cueillir un fruit qui depuis longtemps était mûr pour le
» ciel. Le très révérend père abbé de la Val-Sainte, actuelle-
» ment près de New-Yorck, en Amérique, écrit que Dieu l'a
» appelé à lui dans le courant du printemps passé . . . .
. . . .

» Le très révérend père François-Xavier Riduet était le
» meilleur religieux que j'aie connu, mon ami particulier, que
» j'ai eu le bonheur de recueillir huit jours à Bourg lors de son
» dernier voyage en Amérique, et la seule considération qui
» puisse arrêter mes larmes, c'est la ferme confiance qu'il est
» arrivé au terme et à la patrie où nous tendons tous, que tous
» ses maux et ses dangers sont finis et qu'il jouit déjà de la
» récompense. Veuille le Seigneur me rendre digne, et plus tôt
» que plus tard, de partager son heureux sort !
» Signé J.-M.-J. Bottier, ci-devant prieur de l'hospice du
» Mont-Genèvre. Bourg (Ain), ce 7 septembre 1814 (1). »

(1) Nous sommes redevables de la correspondance du P. Riduet avec sa famille à l'obligeance de M. Humbert, docteur-médecin à Pierrefontaine. Pour nous, compatriote du saint trappiste Riduet, nous n'oublierons jamais la tendre amitié qu'il nous témoigna dans notre enfance. Il stimulait de toutes manières notre ardeur à étudier les éléments de la religion ; il voulut nous voir à l'école des Monts-de-Villers en partant pour la Trappe.

CHAPITRE TROISIÈME.

> Un couvent est une ruche féconde où des milliers de bras et d'intelligences fonctionnent gratuitement pour le bien public. Quels meilleurs ouvriers et quels agriculteurs plus entendus que les religieux bénédictins ou trappistes! Quels conservateurs plus intelligents et plus soigneux de la propriété! Quels hommes plus âpres et plus durs au travail, et qui mieux qu'eux a compris les grandes choses, qui plus qu'eux a accompli de grands et utiles travaux!
> (L'abbé Clément GRANDCOUR, *De l'Influence des ordres religieux*, etc.)

Rétablissement de la Trappe en France. — Mort de dom Augustin de Lestranges. — Organisation actuelle de l'ordre de la Trappe par le pape Grégoire XVI.

Après la chute de Napoléon, en 1814, les diverses communautés de la Trappe se réunirent pour reprendre leurs observances. Les trappistes rentrèrent d'abord dans leurs maisons de Sainte-Suzanne, en Espagne; de la Cervara, en Italie; de Vestmal, en Belgique; de Darfeld, en Westphalie. Dans cette dernière maison, l'abbé, qui avait visité le saint-père et les cardinaux captifs à Fontainebleau, fit prendre à ses religieux la règle de l'abbé de Rancé, le souverain pontife et sa cour trouvant trop sévère la réforme de la Val-Sainte. Cette abbaye et le Mont-Genèvre se repeuplèrent aussi. A peine est-il informé du changement de gouvernement en France, que dom Augustin quitte l'Amérique avec une partie de ses religieux, n'y laissant que ceux qui travaillaient à l'œuvre des missions. La réapparition des trappistes et de dom Augustin en Europe forme, peut-on dire, la période moderne de l'histoire de cet ordre et amène sa constitution définitive.

Les deux premières communautés qui se réorganisèrent en France furent celles du *Port-du-Salut* et de *Sainte-Catherine* (celle-ci pour des trappistines), près de Laval. Les religieux et les religieuses qui les composaient vinrent de Darfeld et suivaient les constitutions de l'abbé de Rancé. Les anciennes trappistines de Valenton fondèrent la Trappe de *Mondaye*, près Bayeux, et conservèrent la réforme de la Val-Sainte. Après les cent-jours, en 1815, pendant lesquels dom Augustin se réfugia chez ses religieux en Angleterre, il racheta l'ancienne maison de la Trappe et un vieux monastère de l'ordre de Cîteaux, situé dans une belle vallée arrosée par trois ruisseaux, et à cause de cela appelée *Aiguebelle*, dans le diocèse de Valence, et y installa ses religieux de la Val-Sainte sur la fin de 1815. Dès lors ce dernier monastère a été supprimé. Le Mont-Valérien lui fut restitué. Les restaurations des couvents de trappistes en France ne s'accomplirent pas sans de nombreuses contrariétés pour l'abbé et sans des privations bien grandes pour les religieux ; mais les populations, qui voyaient avec plaisir leur rétablissement, vinrent généreusement à leur secours.

Tandis que les religieux revenus de la Val-Sainte relevaient la Trappe et Aiguebelle, ceux d'Amérique fondaient en 1817 *Bellefontaine*, ainsi dénommée de plusieurs sources de belle eau, près de Cholet, dans la Vendée. Ce monastère ressentit jusqu'en 1821 la gêne et le dénûment les plus grands. Dom Augustin rappela aussi en 1816 les trappistines de la Riédra pour les établir, une partie dans le domaine des Forges, peu éloigné de la Trappe, et l'autre partie au faubourg de Vaise, à Lyon. Nommons encore la Trappe du Gard, qui date pareillement de cette année ; elle fut habitée par des religieux de Darfeld. A leur tour, les trappistes de Lulworth abandonnèrent l'Angleterre en 1817 et vinrent commencer le monastère de *Melleray*, près Nantes. Le couvent des Gardes, pour des trappistines, entre Cholet et Angers, remonte à l'année 1818 ; leurs consœurs des Forges vinrent les y rejoindre. Avant 1822, dom Augustin avait fondé trois maisons du tiers-ordre, dont une pour les femmes. Nous ne parlerons pas des monastères de Saint-Maurice, dans le diocèse d'Albe, en Piémont, de celui de Saint-Aubin, près Bordeaux (où se retirèrent momentanément les trappistes de Sainte-Suzanne, qui fuyaient la révolution d'Espagne), ni de la Sainte-Baume, en Provence, car ils n'eurent qu'une durée éphémère. En 1825, surgirent les Trappes de Trocady, dans la Nouvelle-Ecosse ; de Bricquebec, au diocèse de Coutances ; du Mont-des-Olives et d'Oenlenberg, près Mulhouse, en Alsace, pour des religieux et des religieuses allemands qui étaient restés à Darfeld. Des religieux du Gard vinrent peupler la Trappe du Mont-des-Cats, près de Hazebrouck, dans le département du Nord, en 1826.

Ainsi se rétablissait en France et dans les royaumes voisins, avec toutes les vertus de son origine, cet ordre de Cîteaux qu'un lamentable relâchement et une dispersion plus lamentable encore semblaient avoir anéanti pour toujours. Deux hommes avaient suffi à cette œuvre divine, l'abbé de Rancé en régénérant la Trappe, et dom Augustin en sauvant la Trappe régénérée. Le premier, par sa réforme, avait acquis à ses moines le privilége de survivre seuls à la ruine commune ; le second, en les tenant en réserve et en exerçant leurs forces par d'audacieux essais d'un bout du monde à l'autre, les avait gardés à l'Eglise pour reconstituer l'ordre monastique et relever leur propre institut dans le lieu même qui en avait été le berceau. C'était à dom Augustin après Dieu qu'il fallait rapporter toutes les fondations accomplies : celles-là même qu'il n'avait pas faites directement remontaient néanmoins à la

Val-Sainte comme à une racine commune et en reproduisaient l'esprit et l'ardeur. Quelle foi invincible, quelle confiance sans bornes à la Providence, quelle habileté extraordinaire pour créer et soutenir tant de monastères pendant la révolution, l'empire et la restauration!... A la vue de toutes ces œuvres de dom Augustin, on est stupéfait d'étonnement et ravi d'admiration! Il semble qu'après avoir vieilli au milieu des fatigues et des sollicitudes, il avait bien mérité de finir tranquillement sa carrière, entouré de la reconnaissance de ses enfants! La Providence en avait disposé autrement. Elle réservait des épreuves à son serviteur, afin d'augmenter ses mérites et sa gloire. Après sa rentrée à la Trappe en 1816, dom Augustin vit s'élever des réclamations contre sa réforme. Quelques-uns de ses disciples l'accusaient de despotisme en se conservant toute l'autorité dans ses monastères, d'où résultaient des abus; ils lui reprochaient une sévérité outrée et une rigueur insupportable, de s'obstiner par amour-propre dans les nouveautés qui étaient son œuvre; on ajoutait, enfin, que la réforme de la Val-Sainte n'était pas approuvée par le saint-siége et qu'il fallait revenir à celle de l'abbé de Rancé. Des prélats vinrent encore augmenter le trouble et la discorde en voulant assujettir à leur juridiction épiscopale les maisons de la Trappe : de là un conflit qui, suscité par de bonnes intentions, s'aigrit avec le temps, dégénéra en calomnies odieuses contre le père de Lestranges, qu'on présentait comme un turbulent dont les extravagances et l'incapacité menaçaient l'Eglise et l'état. Ces plaintes, répétées, grossies, parvinrent jusqu'au chef suprême de l'Eglise, et le saint pontife Léon XII manda dom Augustin à Rome en 1825.

L'inculpé ne fit que comparaître pour être justifié. Le saint-père ne vit en lui que des taches bien légères, effacées par ses hautes vertus et le bien immense qu'il avait fait. Il lui conserva la direction de tous ses monastères. Dom Augustin fut regardé à Rome comme un prodige non moins remarquable par son habileté dans le maniement des affaires que par sa sainteté. Le saint-père lui fit donner un logement, payer une pension, et aurait voulu le retenir toujours à Rome, afin d'avoir recours à ses conseils dans l'occasion. Ce saint religieux, voyant que la prudente sollicitude du siége apostolique différait longtemps de se prononcer sur le sort et l'avenir de l'ordre de la Trappe, s'ennuyait et se sentait dépérir. Il redoutait souverainement de voir ses disciples se diviser pendant son éloignement; aussi leur écrivait-il fréquemment pour leur recommander l'union et la charité. Il s'occupa encore de préparer une nouvelle Trappe pour le royaume de Naples, et visita le Mont-Cassin, où il tomba dangereusement malade. Il aurait eu une grande joie de mourir aux pieds de saint Benoît et de sainte Scholastique, dont il avait renouvelé les instituts, mais sa dernière heure n'était pas encore sonnée. Après deux ans d'absence, il quitta Rome, rentra en France par la Provence et visita son monastère de la Sainte-Baume. Il y fit une chute où il se donna à la tête un coup qui devait le conduire au tombeau. Néanmoins il se remit en route, vint à Lyon et débarqua au faubourg de Vaise, dans le couvent qu'il y avait fondé. Il voulait continuer son voyage, mais la faiblesse l'en empêcha. Après cinq jours de langueur, il rendit sa belle âme à Dieu, le 16 juillet 1827, à l'âge de soixante-quatorze ans, avec le calme du juste, l'air d'un ange et la confiance d'un élu. Sa dépouille mortelle reçut les plus grands honneurs et resta confiée à la communauté de Vaise.

A la mort du P. Augustin de Lestranges, la France seule comptait six cent douze trappistes. Voilà ce qu'il rendait à l'Eglise pour les vingt-quatre qu'il avait emmenés en Suisse en 1791. Les trappistines formaient un chiffre de trois cent vingt-deux. Quand on se rappelle les tribulations de toutes sortes que l'ordre de la Trappe avait traversées depuis trente-six ans, et qu'on trouve pour la France seulement mille religieux et religieuses, il suffit de constater ce fait pour louer dignement l'instrument de la Providence. Puisque celui qui les avait fondés n'était plus, il fallait pourvoir à leur organisation. Le pape Léon XII nomma dom Antoine, abbé de Melleray, visiteur général de la Trappe en France. Il fut chargé de constater l'état de toutes les maisons, d'aviser à l'unité du gouvernement, à l'uniformité des pratiques entre toutes ces filiations de la même mère. Il fut autorisé à introduire des adoucissements chez les trappistines, qui dans plusieurs communautés excédaient par zèle les règlements de la Val-Sainte. Après avoir visité tous les monastères de l'ordre, dom Antoine, dans son rapport au saint-père, demanda la suppression du tiers-ordre et conseilla de reprendre les règlements de l'abbé de Rancé, pour ramener l'union et l'uniformité entre tous les monastères.

Les religieux de la Grande-Trappe, du Gard, de Melleray, de Bellefontaine, du Mont-des-Olives et d'autres encore, ressentirent le contre-coup de la révolution de juillet; mais leur innocence triompha d'elle-même des calomnies dont ils étaient l'objet sous le rapport de projets contre-révolutionnaires, et ils en furent seulement pour subir des vexations. Il n'en fut pas de même des trappistes de Sainte-Suzanne, la révolution de 1833 les bannit d'Espagne. Sur ces entrefaites, la réédification de la Grande-Trappe, différée par suite de malentendus, s'accomplissait heureusement. Le 30 août de cette année, l'église fut solennellement consacrée par Mgr l'évêque de Séez, au milieu d'une grande affluence des populations voisines admises à visiter le monastère, et l'année suivante, en janvier, l'abbé fut béni par Mgr de Forbin-Janson, évêque de Nancy. Après les tracasseries de 1830, des religieux de Melleray étaient partis pour l'Irlande et avaient fondé le couvent de Mont-Melleray. En 1832, les trappistes du Gard organisèrent celui de Saint-Sixte, près d'Ypres, en Belgique.

Cependant les affaires évoquées à Rome sur la fin de la vie de dom Augustin, mort depuis sept ans, n'étaient pas encore terminées, mais le moment arrêté par la Providence pour organiser définitivement l'ordre des trappistes était arrivé. Au printemps de 1834, l'abbé de Melleray, qui exerçait toujours les fonctions de supérieur général, partit pour Rome avec ses confrères de la Trappe, de Bellefontaine et du Port-du-Salut, afin d'amener la fixation des destinées de leur ordre. Ce qui la retardait, c'était la division occasionnée par les deux observances de la Val-Sainte et de Rancé. Le pape Grégoire XVI accueillit favorablement ces prélats et nomma une commission de trois cardinaux pour régler cette affaire. Les commissaires comprirent que la politique, les distinctions nationales, ne permettaient pas de réunir en un seul corps tous les trappistes du monde catholique. Ils se bornèrent à former une seule congrégation des trappistes français. Le pape, par un décret rendu le 3 octobre 1834, réunit donc ceux-ci en une seule congrégation, sous le nom de *religieux cisterciens de Notre-Dame-de-la-Trappe* (1). Le président général de l'ordre de Cîteaux en fut désigné comme le chef, avec pouvoir de confirmer l'élection des abbés. Un vicaire général fut établi en France avec tous les pouvoirs nécessaires au bon gouvernement de la congrégation. Cette dignité fut attachée à perpétuité au siége abbatial de la *Grande-Trappe*, ainsi appelée parce qu'elle

---

(1) On verra plus loin que cette réunion ne fut pas de longue durée et que ce décret fut révoqué par Pie IX, en 1846, pour des raisons particulières.

est la maison mère de toutes les maisons du même ordre. Tous les ans, le vicaire général fut astreint à tenir le chapitre, auquel seraient convoqués tous les abbés et prieurs conventuels, à visiter en personne, ou par un délégué, tous les monastères de l'ordre. La Grande-Trappe reçut pour visiteurs annuels les abbés de Melleray, Port-du-Salut, Bellefontaine et le Gard, auxquels furent attribuées les prérogatives de *premiers Pères*. La congrégation dut suivre la règle de Saint-Benoît, selon les constitutions de l'abbé de Rancé, et se servir des livres liturgiques de Cîteaux. Le travail des mains fut fixé à six heures au plus en été, et à quatre heures et demie en hiver. Quant aux prières, jeûnes, chant de l'office, chaque monastère eut à se conformer à la règle de Saint-Benoît ou aux règlements de l'abbé de Rancé, selon son usage. Le pouvoir fut laissé aux supérieurs de modifier et d'adoucir les règlements, pour des raisons légitimes. Quoique exempts de la juridiction épiscopale, les trappistes furent placés provisoirement sous le pouvoir des évêques agissant comme délégués du saint-siége. Les trappistines furent déclarées du ressort de la congrégation des trappistes, sous la juridiction de l'Ordinaire et la direction d'un ou deux religieux du monastère le plus voisin, approuvés par l'évêque. Les constitutions qu'elles devaient suivre furent réservées à l'approbation du saint-siége. Tels sont les règlements observés actuellement dans la congrégation de la Trappe (1).

Les monastères qui la composent sont ceux de la Grande-Trappe, de Melleray, Port-du-Salut, Bellefontaine, le Gard, transféré à Septfons en 1845, Aiguebelle, le Mont-des-Olives, Briquebec, le Mont-des-Cats et la Grâce-Dieu. Les couvents

---

(1) Voir, aux Pièces justificatives, n° 11, le décret du pape Grégoire XVI sur l'organisation de la congrégation religieuse de la Trappe.

de trappistines sont Sainte-Catherine de Laval, le Mont-des-Olives, les Gardes, Mondaye, Vaise, et Maubec près Montélimart. En tout dix couvents d'hommes et six de femmes.

Arrivons enfin à l'histoire particulière de la Trappe de la Grâce-Dieu.

CHAPITRE QUATRIÈME.

Expectavimus pacem, et non est bonum ; et tempus curationis, et ecce turbatio.
(Jerem., XIV, 19.)

L'ordre de Cîteaux renaît dans le diocèse de Besançon. — Dom Eugène Huvelin achète l'ancienne abbaye de Bellevaux et y rétablit la réforme de Septfons. — Reliques de saint Pierre de Tarentaise. — Mort de dom Huvelin. — Le cardinal de Rohan obtient pour Bellevaux des trappistes de l'abbaye du Gard. — La révolution de juillet 1830. — Emigration en Suisse des religieux de Bellevaux.

Tandis que les monastères de l'ordre de Cîteaux se relevaient dans diverses provinces de la France, le diocèse de Besançon, si renommé pour la foi et la religion de ses habitants, participa de son côté à l'avantage de posséder des disciples de saint Bernard. Il fut redevable de cette faveur au zèle de dom Eugène Huvelin, ancien religieux de l'abbaye de Septfons. Ce saint prêtre releva les tentes de la Trappe sur les débris de l'antique monastère de Bellevaux, de l'ordre de Cîteaux. C'est là que nous étudierons d'abord l'état de la nouvelle communauté. Nous la suivrons successivement dans ses séjours en Suisse, au Val-Sainte-Marie et enfin à la Grâce-Dieu, où elle est définitivement fixée. Faisons connaître d'abord le personnage à qui elle doit son existence.

Dom Eugène Huvelin naquit à Jonvelle (Haute-Saône), le 23 août 1742. Ses parents, aisés sous le rapport de la fortune, et, ce qui était plus précieux, d'une rare piété, l'élevèrent dans la crainte de Dieu. L'enfant profita si bien des leçons et des exemples qui lui furent donnés, qu'il mena une vie très chrétienne. A l'âge de dix-sept ans, son père le place à Lyon dans une maison de commerce. Le jeune homme se met sous la direction d'un jésuite, qui, trouvant en lui des dispositions pour la vie religieuse, lui conseille de se retirer à l'abbaye de Septfons. Il y fait profession en 1762. Bientôt son exactitude et sa ferveur lui attirent l'estime et la confiance du père abbé. Dom Eugène passe par tous les emplois, qu'il remplit d'une manière exemplaire. Sa profonde humilité lui fait refuser la supériorité du monastère du Val-de-Saint-Lieu, mais il ne peut se soustraire à la charge de procureur général à Septfons.

Après la suppression des ordres religieux, en 1790, dom Eugène se retire dans sa famille, où il continue d'observer sa règle comme dans le cloître. L'orage anti-religieux grossissant et menaçant les prêtres d'une extermination entière, il part pour la Suisse déguisé en moissonneur, mais il est reconnu et arrêté à Saint-Hippolyte sur le Doubs. Conduit dans la prison de Besançon, il a le bonheur d'échapper à la mort et à l'exil. Il n'est pas plus tôt relâché qu'il reprend la route de la Suisse. Arrivé à Soleure, il se fixe au milieu d'un grand nombre d'émigrés français et travaille nuit et jour à soulager leurs infortunes. Les malades surtout excitent toute l'activité de son zèle. Les privations de sa vie pénitente lui permettent de fournir des remèdes aux uns et des secours aux autres. Tout le monde l'admire bientôt, et il n'est connu dans la ville de Soleure que sous le nom de *médecin des prêtres français*. Lorsque le feu de la persécution s'est ralenti, il rentre en France et s'adonne à l'exercice du saint ministère. La paroisse de Vougécourt est le théâtre de son zèle, dont profitent les autres paroisses de Corre, Bousseraucourt et Bourbévelle (Haute-Saône). Les fonctions pastorales ne lui font pas perdre de vue son ancien état, et il est bien résolu à le reprendre au plus tôt.

L'occasion d'exécuter ce projet lui parut arrivée en 1817, et dom Eugène s'en ouvrit à un ancien ami, M. Laillet, curé de Rioz, ex-bénédictin de la congrégation de Cluny. Cet ecclésiastique lui indiqua l'abbaye de Bellevaux, à une lieue de Rioz et à quatre de Besançon, comme pouvant servir à l'exécution de son projet. Cet antique monastère, fondé, comme nous l'avons dit, en 1119 et habité, d'après la tradition, par cinq cents religieux du temps de saint Bernard, qui en parle dans plusieurs de ses lettres, avait été la première fille de Morimond. Mais ce qui surtout avait illustré Bellevaux, c'étaient le séjour et la mort de saint Pierre, archevêque de Tarentaise, et les nombreux miracles de ses reliques qui y attiraient des pèlerins de tous les points du monde chrétien. La république, après en avoir chassé les religieux en 1793, en vendit les bâtiments et la moitié des jardins à un M. Thomas, de Vesoul, et celui-ci les céda au général Pichegru, qui démolit l'église et une aile du cloître. Combien Bellevaux, lorsque dom Eugène en prit possession, n'était-il pas différent de ce qu'il avait été autrefois !

Afin de le rendre à la vie monastique, cet ancien religieux sollicite vivement quelques-uns de ses confrères de Septfons qui vivaient encore. Trois d'entre eux, honorés du sacerdoce, promirent de répondre à son appel, mais ils ne tinrent pas leur promesse. Deux frères convers furent plus dévoués ; c'étaient les frères Hippolyte Minet et Sabas Coquand, qui se réunirent à dom Eugène. Ils achetèrent ensemble, en juillet 1817, des héritiers du général Pichegru, ce qui restait des bâtiments de Bellevaux, avec seize journaux de terrain clos de murs élevés, pour le prix de 22,000 francs. Mais ils ne purent rentrer dans les autres terres adjacentes, vendues à divers particuliers, ni dans les vignes qui couvraient les coteaux très rapprochés du monastère et le dominaient entièrement, ce qui était de la plus grande incommodité pour les religieux soumis aux regards et à la conversation des ouvriers travaillant dans le voisinage. Les deux frères convers s'installèrent aussitôt à Bellevaux et reprirent l'habit de leur ordre. Dom Eugène brûlait du désir de les rejoindre, mais l'autorité ecclésiastique de Besançon le retenait dans sa paroisse, car le diocèse était à cette époque dans une grande pénurie de pasteurs. A force d'instances il obtint pourtant la permission de reprendre son premier état et vint se réunir à ses confrères en avril 1819. Il trouva à Bellevaux trois postulants et les revêtit de l'habit religieux le 16 juillet suivant, jour de la fête de saint Etienne, troisième abbé de Cîteaux. Il rétablit la règle de Septfons, selon la réforme du P. de Beaufort, et obtint du souverain pontife la dispense des austérités qu'y avait ajoutées l'abbé Dorothée Jallontz, ce dernier genre de vie ne pouvant convenir à des tempéraments faibles et aux vieillards.

Le soin le plus empressé de dom Eugène fut de recouvrer pour son monastère les reliques de saint Pierre de Tarentaise. Après la mort de ce saint prélat, arrivée à Bellevaux, ses diocésains de Tarentaise et les religieux de Tamié (Savoie) lui avaient disputé la possession de ses dépouilles mortelles. Le souverain pontife en ordonna le partage; il adjugea le chef et la partie supérieure du saint à l'église métropolitaine de Moutiers, le bras gauche à l'abbaye de Tamié, le bras droit à Cîteaux, et tout le reste du corps au couvent de Bellevaux. Nous ne savons ce qu'est devenue la relique de Cîteaux, celles de Moutiers et de Tamié ont disparu pendant la révolution de 1793. Les reliques de Bellevaux, qui étaient les plus considérables, ont été conservées d'une manière qui tient du prodige. Lorsque la révolution contraignit les cisterciens de Bellevaux à abandonner leur cloître, les habitants de Cirey témoignèrent le désir de recueillir dans leur église les reliques du saint prélat, vénérées depuis tant de siècles à Bellevaux, situé dans la circonscription territoriale de cette paroisse. La translation des restes du saint archevêque s'y fit le 7 juillet 1791, au milieu d'un pieux empressement des populations, qui, malgré l'esprit d'irréligion de cette époque, continuèrent à les visiter à Cirey. Mais bientôt elles devaient être l'objet d'une odieuse profanation. Un administrateur du district de Vesoul vint avec quelques impies arracher de l'église de Cirey ce précieux dépôt et emmena à Vesoul les reliques et la châsse. A la nouvelle de leur arrivée, le peuple se porta en foule pour les voir et témoigna sa confiance au saint pontife par de pieux larcins. Les impies déconcertés n'osèrent les détruire. Pour faire cesser l'élan de la piété des fidèles, ils firent courir le bruit qu'elles avaient été enlevées et enfouies. Mais ils se bornèrent à les reléguer au fond d'une armoire du bureau du district. Elles y restèrent jusqu'à la suppression de cette administration. Alors deux ecclésiastiques les placèrent dans une chapelle de l'église paroissiale de Vesoul, où elles furent l'objet de la vénération la plus empressée du peuple de la ville et des campagnes. Les habitants de Cirey obtinrent la restitution de quelques parcelles des reliques du saint, qui furent placées et scellées dans le tombeau de l'autel de Saint-Pierre, construit avec le marbre du mausolée qui était autrefois derrière le maître-autel de l'abbaye et qui avait été transféré dans leur église.

Aussitôt que les nouveaux religieux de Bellevaux apprirent la nomination de Mgr Cortois de Pressigny à l'archevêché de Besançon, ils lui adressèrent une supplique pour obtenir qu'une partie notable des reliques de saint Pierre déposées à Vesoul leur fût rendue. M. Durand, vicaire capitulaire du diocèse de Besançon, autorisa, le 9 juillet 1819, le P. Huvelin à retirer de l'église de Vesoul, avec le consentement du curé et des membres de la fabrique, les reliques de saint Pierre et de les exposer dans l'église de Bellevaux à la vénération des fidèles. Dès le lendemain il députe à M. Bideaux, curé de Vesoul, le frère Hippolyte Minet pour lui faire part des ordres de M. le vicaire général. M. le curé, de l'avis du conseil de fabrique de son église, remit à ce religieux, le 19 juillet, la cuisse, la jambe et le pied gauche du saint unis ensemble et couverts de la peau sans corruption, mais seulement desséchés par l'effet du temps. Ces reliques furent déposées dans une petite chapelle bâtie à l'entrée du monastère. La fête anniversaire de cette translation fut fixée au 20 juillet, et le pape Léon XII, par son bref du 27 mars 1827, accorda à ceux qui visiteraient ces reliques une indulgence plénière à gagner un jour de chaque mois, que l'Ordinaire diocésain fixa au premier dimanche. Le concours des peuples au pied des restes de saint Pierre de Tarentaise recommença aussitôt. Les religieux, manquant d'église, approprièrent un corridor étroit au rez-de-chaussée de leur monastère, y placèrent un autel et quelques stalles : c'est là qu'ils chantaient l'office divin et célébraient la messe.

Les populations du voisinage avaient vu avec plaisir l'antique abbaye de Bellevaux sortir de ses ruines; aussi s'empressèrent-elles de venir au secours des cénobites, réduits d'abord à la plus grande pauvreté. Les cultivateurs s'offraient à l'envi pour labourer les terres du couvent et mettaient leurs voitures à sa disposition pour le transport des denrées et matériaux nécessaires aux religieux pour la restauration des bâtiments. D'autres fois ils leur apportaient des grains et des légumes. M. le maréchal Moncey, ayant appris dans une circonstance que les religieux de Bellevaux manquaient de tout, leur envoya une voiture de blé et une pièce de vin. Ils n'avaient d'autre moyen de vivre qu'un revenu de 1,600 francs, le produit de leurs travaux et de faibles aumônes. Quelques-uns de ces cénobites travaillaient à divers métiers. Une imprimerie composée de deux presses fonctionnait sous les noms des imprimeurs Montarsolo, de Besançon, et Bobilier, de Vesoul, et produisit de nombreux ouvrages de dévotion et de littérature. Mais tous ces travaux d'industrie rapportaient peu. Lorsque dom Eugène eut amodié la partie de l'ancien clos du monastère et le moulin qui ne lui appartenaient pas, la communauté put vivre plus à l'aise. D'ailleurs ses membres dépensaient si peu, que bientôt ils se mirent à distribuer d'abondantes aumônes! Les pauvres ont longtemps pleuré le départ des religieux de Bellevaux. Le P. Huvelin leur avait dit qu'il partagerait avec eux le morceau de pain que la Providence lui enverrait, et il tint toujours parole!

Cependant les postulants n'affluaient pas à Bellevaux. La vocation à l'état religieux était peu encouragée par ceux-là même qui auraient pu en relever l'excellence et l'utilité. Le grand nombre de jeunes gens qu'on instruisait à la hâte afin de les élever au sacerdoce pour remplir les cures vacantes dans le diocèse de Besançon, fut une autre cause qui contraria l'arrivée des sujets à Bellevaux. Dom Eugène y était le seul prêtre, et, voyant sa fin prochaine, il songea à procurer à sa communauté des religieux prêtres pour la soutenir; à cet effet, il s'adressa à l'abbé de la Trappe du Port-du-Salut. Ce prélat consentit à lui envoyer des religieux prêtres, mais à la condition que Bellevaux embrasserait la réforme de l'abbé de Rancé. Dom Augustin de Lestranges ayant visité Bellevaux avait déjà donné le même conseil au P. Huvelin; mais ce vieillard octogénaire était attaché du fond des entrailles à l'observance de Septfons, qu'il suivait depuis l'âge de vingt ans, et ne put se résoudre à y renoncer. Voyant les tentatives essayées pour la conservation de sa maison inutiles du côté des hommes, il en abandonna le sort pour l'avenir à la Providence. *J'ai fait ce que j'ai pu*, disait-il, *Dieu fera le reste!*

Le Seigneur en effet prit plaisir à récompenser la confiance de son serviteur. Plusieurs sujets lui arrivèrent, et il vit réunis sous sa direction vingt à trente personnes, tant religieux de chœur que frères convers et novices. A sa mort, Bellevaux possédait dix à onze novices, neuf religieux de chœur et un prêtre religieux profès, mais qui n'était pas attaché à la maison.

Dom Eugène était chargé seul de la direction spirituelle et temporelle de sa communauté ; à cette occupation, qui aurait déjà bien suffi pour remplir tous ses instants, il joignait d'autres travaux : il dirigeait les retraites que de nombreux ecclésiastiques du diocèse venaient faire à Bellevaux ; il coopéra très activement à réconcilier avec l'Eglise un assez grand nombre de prêtres constitutionnels qui rétractèrent le serment qu'ils avaient prêté à la constitution dite civile du clergé pendant la révolution ; il recevait les confessions des troupes de pèlerins qui tous les jours venaient visiter les reliques de saint Pierre de Tarentaise, et chaque dimanche il adressait une instruction aux fidèles venus à Bellevaux : « Car, disait-il, il ne faut pas que ces pauvres gens qui quittent leurs paroisses pour venir ici s'en retournent à jeûn ! » Chaque jour il faisait aussi une conférence à ses religieux, leur expliquant quelque point de la règle ou des constitutions dans une exhortation qui durait une heure et qui était toujours très pathétique.

Une charité sans bornes et l'esprit de la pénitence la plus austère caractérisent la vie de dom Eugène Huvelin. En maladie comme en santé, ce saint religieux ajoutait des mortifications particulières à celles de la règle. Vivement frappé des jugements de Dieu, il en avait la plus vive appréhension. On l'entendait souvent pleurer en sanglotant sur ses péchés et se donner la discipline. Cependant au milieu de ses craintes il n'avait point perdu la confiance à la miséricorde divine, et il souhaitait la mort afin d'être réuni à Jésus-Christ. Sans doute pour le récompenser de la crainte dans laquelle il avait vécu, ce qui est pour tout le monde le commencement de la sagesse, il plut à la Providence de lui dérober la connaissance du moment suprême et de ce jugement terrible qui fixe à jamais les destinées de l'homme dans l'éternité. Accablé d'ans et de travaux, dom Eugène succomba de faiblesse le jeudi dans la semaine de la Passion, et après trois jours d'agonie qui n'était qu'un sommeil, il trépassa le samedi avant le dimanche des Rameaux, 29 mars 1828, à la quatre-vingt-sixième année de son âge, et la soixante-sixième de sa profession. Cet événement fut bientôt connu dans les communes voisines. Les populations accoururent au monastère pour considérer une dernière fois les traits du vénérable vieillard qui, pendant neuf ans, avec tous les exemples de la vertu leur avait prodigué tous les secours de l'âme et du corps. C'est de la sorte que le P. Huvelin a vérifié cette parole du Sage : *Que celui qui craint Dieu pendant sa vie se trouvera bien dans les derniers moments, et qu'au jour de sa mort il recevra les bénédictions universelles !*

Quel sujet de désolation pour Bellevaux, à qui la mort avait enlevé son chef et son soutien ! D'autres religieux le suivirent bientôt dans la tombe. Le premier fut le F. *Benoît*, religieux de chœur [1]. Il avait abandonné la congrégation de la Doctrine chrétienne pour embrasser un ordre plus austère ; avant son entrée à Bellevaux, son cours de théologie était terminé. Mais

---

[1] Dans le monde, Jean Roche, né à Anglard (Cantal).

à cause de son humilité on aurait eu bien de la peine à lui faire recevoir la prêtrise. Il poussait si loin la mortification qu'il retranchait une partie de la grossière nourriture qui lui était servie. Il occupait à la lecture ou à prier à l'église tous les intervalles libres entre les exercices de la communauté. Le 29 avril 1829 vit disparaître F. *Paul* (1). Ayant fait ses études, on le destinait aussi au sacerdoce. Un bon caractère, la plus grande douceur et l'amour de la régularité le distinguèrent. F. *Albéric* (2) mourut le 21 avril 1830. Jeune homme d'un beau physique, il conserva dans le cloître un reste de ces manières honnêtes, de cette propreté extérieure dont il avait contracté l'habitude en fréquentant le grand monde à Paris; le chœur perdit en lui un de ses soutiens, car il avait la voix forte et harmonieuse. Un accident lui ravit la vie. Il tomba en bas d'un mur élevé de dix mètres, entraîné par un gros bois qui lui fracassa les membres; ses derniers moments furent édifiants par la résignation et la ferveur de l'amour de Dieu qu'il témoigna. Enfin F. *Sabas* (3), convers, fut enlevé vers 1829, à l'âge de quatre-vingt-quatre ans. Ancien religieux de Septfons, il était rentré à Bellevaux, où il exerça diverses charges, à l'âge de quatre-vingts ans. Sa stature majestueuse, son âge, ses vertus, commandaient la vénération; il était impossible de le voir et de l'approcher sans se sentir pénétré d'un respect profond. Un grand esprit d'oraison et surtout l'amour le plus tendre pour Jésus dans le sacrement de l'autel le caractérisèrent. Il retranchait ordinairement une demi-heure sur son sommeil, le matin, pour faire oraison devant le Saint Sacrement, et lorsque les religieux arrivaient au chœur pour l'office, ils trouvaient F. Sabas et presque tou-

---

(1) Joseph Heimeroth, de Willgotheim (Bas-Rhin).
(2) Alexandre Breuillot, de Ruffey (Doubs).
(3) Coquand, natif de Saint-Etienne en Forest.

jours aussi dom Huvelin prosternés devant le trône de Dieu comme les deux vieillards de l'Apocalypse. Le premier profitait de tous ses moments libres pour les passer aux pieds du Dieu caché dans l'eucharistie, et son tendre amour pour lui s'annonçait assez souvent par les ruisseaux de larmes qui arrosaient les dalles de l'église, ou par des soupirs attendrissants qui se faisaient entendre jusqu'au dehors. Combien Bellevaux renaissant ne fut-il pas éprouvé par la perte de pareils religieux !

Après la mort de dom Huvelin, sa communauté s'affaiblissait à vue d'œil. Le cardinal de Rohan n'eut pas plus tôt pris possession du siége archiépiscopal de Besançon, en 1829, que son attention bienveillante se porta sur elle. Il vit avec douleur que, puisqu'elle n'avait qu'un prêtre étranger à sa règle, elle ne tarderait pas à s'éteindre. Les religieux eux-mêmes ne se faisaient pas illusion sur leur sort prochain. C'est pourquoi ils prièrent Son Eminence de solliciter leur réunion à la Trappe, et d'obtenir quelques religieux de cet ordre pour soutenir leur maison. Mgr de Rohan écrivit au R. P. Germain, abbé du Gard, près Amiens, pour demander la réunion à l'ordre de la Trappe de la communauté de Bellevaux. Les religieux, de leur côté, lui adressèrent une supplique humble et pressante à même fin. L'abbé du Gard l'exauça et fit partir trois religieux de chœur et trois convers pour Besançon. Ils y arrivèrent le 3 juillet 1830. Le cardinal les reçut avec la plus grande joie, les embrassa comme ses enfants chéris, les conduisit à sa cathédrale et se prosterna avec eux aux pieds de la sainte Vierge, la conjurant de prendre les trappistes sous sa protection et de bénir leur entrée dans son diocèse. Quatre jours après, il les installa solennellement à Bellevaux, en présence d'une foule nombreuse accourue du voisinage pour assister à cette cérémonie. Le pieux et bon archevêque prêcha sur l'excellence de la vie solitaire, ce qu'il fit avec tant d'onction qu'il émut tous ses auditeurs.

Ainsi fut consommée dans le diocèse de Besançon la réunion de Septfons et de la Trappe par le ministère du cardinal de Rohan, qui est regardé comme le fondateur des trappistes en Franche-Comté. La communauté de Bellevaux tira donc sa première origine de Septfons, et par son union avec l'abbaye du Gard elle remonta par Darfeld et la Val-Sainte à la Trappe de l'abbé de Rancé, transférée en Suisse par dom Augustin de Lestranges en 1791. Le cardinal noua des relations amicales entre la nouvelle communauté et les autorités municipales et toutes les populations des communes voisines. Il se proposait de faire nommer abbé le P. Stanislas, venu du Gard avec le titre de prieur, mais les circonstances ne lui permirent pas de réaliser ce projet.

La perspective d'une nouvelle ère de prospérité pour Bellevaux ne devait durer que bien peu de temps ! Survint la révolution de juillet 1830, qui détruisit ce monastère. Le dimanche 8 août, pendant la nuit, cinq cents hommes armés de fusils, de haches, de faux, venus du voisinage, arrivent à la porte du monastère, comme les religieux prenaient un peu de repos après avoir chanté matines. Le chef de cette troupe, capitaine de la garde nationale, exhiba au prieur, qui était accouru, un ordre du préfet provisoire de Vesoul à l'effet de visiter le monastère pour savoir s'il ne renfermait pas d'armes cachées. Le prieur lui fit observer qu'il ne pouvait entrer légalement dans la maison; qu'au jour, à six heures du matin, il lui en ouvrirait les portes, puis il les ferma sur lui en se retirant et alla se coucher; les autres religieux ne se doutaient de rien. A cinq heures et demie, comme on sonnait le réveil, la troupe restée dehors commence à vociférer et menace d'enfoncer la porte. Le prieur réunit les religieux dans sa chambre, leur annonce le changement de gouvernement et que des hommes exaltés par de faux bruits sont venus visiter le monastère, mais qu'ils ne craignent rien et se tiennent tranquilles en attendant. Il se rend ensuite à la porte, dit au commandant qu'il ne peut entrer qu'avec le nombre de quarante hommes fixé dans son ordre, et prie le maire, qui était intervenu, d'y tenir la main. Ces fonctionnaires commandent au gros de la troupe de rester dehors, et lorsqu'ils sont entrés avec les hommes désignés, les portes du monastère sont refermées. On demande à voir les religieux, et on dresse un procès-verbal qui constate leurs noms et surtout leur nombre.

Sur ces entrefaites, on entend tout à coup un bruit effroyable : c'étaient les hommes du dehors, dont les uns avaient forcé les portes du monastère et les autres escaladé les murs ; ils se précipitaient dans le monastère. Ces furieux crient, jurent, tempêtent, visitent en tumulte les bâtiments, furètent partout, brisant ce qui leur tombe sous la main, et cherchant avec avidité ce qu'ils pourront emporter plutôt que des armes cachées. Ils bouleversent tout ce qui est dans les chapelles, jusqu'aux autels, se font ouvrir même le tabernacle, d'où heureusement le prieur avait eu soin de retirer les vases sacrés. Ils enfoncent les portes de la cave, où il y avait quelques pièces de vin, et bientôt ils ont bu ou répandu à terre tout ce qu'elles contenaient. Leur rage surexcitée par les fumées du vin, ils montent ensuite avec des hurlements épouvantables vers la salle du chapitre, où sont les religieux, et y entrent en brandissant leurs armes et criant : *Mort aux moines ! aux jésuites !* Le capitaine et le maire arrivent aussitôt au secours des religieux, qui priaient avec ferveur, se préparant au martyre. Ces fonctionnaires déploient la plus grande fermeté et défendent, au nom de la loi, de faire aucun mal à ces hommes inoffensifs, ajoutant, pour calmer ces forcenés, que bientôt ils auront satisfaction et que les moines quitteront le pays. Cette scène affreuse ne dura pas moins de quatre grandes heures, pendant lesquelles tout fut saccagé. Lorsque cette troupe se fut enfin retirée et que le prieur la vit éloignée dans la campagne, il revint consoler la communauté, qui chanta l'office et la grand'-messe comme à l'ordinaire.

Le gouvernement improuva la conduite de ces vandales et témoigna son indignation contre les auteurs de la dévastation de Bellevaux. M. Amédée Thierry, alors préfet de la Haute-Saône, rendit un éclatant témoignage aux vertus de ces solitaires, en déclarant *que les frères de Bellevaux vivent dans un oubli parfait du monde et des affaires; qu'ils ne pensent qu'à prier Dieu, à cultiver la terre et à se rendre utiles au prochain*. Mais les religieux, épouvantés par les bruits les plus sinistres, crurent devoir suivre le conseil qu'on leur donna de se retirer en Suisse pour un temps. Avant de quitter la France, il fallait mettre en sûreté le monastère et ce qu'il renfermait; les religieux tenaient à y rentrer dans des temps meilleurs, à cause des souvenirs qui y étaient attachés, quoique sa position, dominée par des hauteurs, avoisinée par un chemin vicinal et une avenue où la jeunesse du voisinage venait souvent se livrer à de bruyants ébats, fût devenue peu favorable au recueillement des solitaires. Un individu, paraissant porter de l'intérêt à la communauté, achète à réméré le monastère et le petit domaine qui l'entoure, mais il trompe indignement les religieux. A peine est-il devenu propriétaire de Bellevaux, qu'il en vend aux enchères le mobilier, et bientôt après ses créanciers font saisir et vendre ces immeubles par expropriation forcée, devant le tribunal de Vesoul, pour une somme de 33,000 francs.

Les religieux, indignement dépouillés, perdirent tout espoir de rentrer à Bellevaux, et prirent leur parti, calmes et résignés à la volonté de Dieu. Ils convinrent de ne se séparer jamais, quoi qu'il pût leur arriver, se confiant uniquement en Dieu, qui n'abandonne jamais ceux qui lui sont fidèles! Le supérieur ne cessait de les encourager par ses paroles et par ses exemples, et il eut la consolation de voir qu'ils répondaient à sa sollicitude.

CHAPITRE CINQUIÈME.

Cantabiles mihi erant justificationes tuæ, in loco peregrinationis meæ. (Psalm. 118.)

Le gouvernement de Fribourg ne reçoit pas les trappistes de Bellevaux. — Ils se fixent à Géronde, dans le haut Valais. — Leur rentrée en France et leur établissement au Val-Sainte-Marie. — Nouvelles constructions. — Mgr Mathieu au Val-Sainte-Marie. — Les RR. PP. Jérôme, Genès et Benoît, prieurs de ce monastère. — Translation des reliques de saint Pierre de Tarentaise dans une nouvelle châsse. — Vie et mort édifiante de plusieurs trappistes. — Election d'un abbé pour la Grâce-Dieu.

Contraints de quitter leur patrie, qui devient pour eux une terre ennemie, les trappistes de Bellevaux prennent la route de l'exil, la tristesse dans le cœur, mais remplis d'une confiance inébranlable dans le Seigneur. Mgr Yenni, évêque de Fribourg, instruit de leur position, leur avait écrit qu'ils pouvaient se rendre dans son diocèse, que le gouvernement les accueillerait favorablement. Ils dirigent donc leurs pas vers la terre hospitalière qui, quarante ans auparavant, avait déjà reçu leurs frères fuyant les vexations de l'effervescence révolutionnaire. Ils se partagèrent en plusieurs bandes, qui partirent à divers intervalles, n'emportant de Bellevaux que les reliques de saint Pierre de Tarentaise, leur trésor le plus précieux. Les premiers arrivèrent à Fribourg pour la fête de l'Assomption; mais la communauté entière n'y fut réunie que dans le courant d'octobre 1830.

Les Fribourgeois reçurent avec joie les émigrants, et en les voyant paraître, tous les esprits leur assignaient la Val-Sainte pour demeure. Mais ils ne purent y entrer de suite ; il fallait la permission du gouvernement, qui, par crainte de blesser certaines susceptibilités, dut la suspendre. Alors les bons Fribourgeois voulurent loger chez eux quelques-uns de ces religieux ; d'autres occupèrent une ancienne maison des jésuites. Les noms de ces généreux bienfaiteurs ne doivent pas tomber dans l'oubli. Ce sont ceux de M. et de Mme Fégely, de Diesbach de Belleroche, de MM. Reyff, des dames de Proroman, qui ne laissèrent manquer de rien les pauvres exilés. Enfin ils obtiennent la permission de se réunir à Posat, village à trois lieues de Fribourg, mais sans pouvoir porter l'habit de leur ordre. Là, ils attendent avec impatience les démarches actives faites par Mgr Yenni et d'autres personnages marquants qui sollicitaient leur rentrée à la Val-Sainte. Plusieurs communes se joignirent à ces sollicitations particulières. On en attendait la réussite avec d'autant plus de confiance, que les trappistes devaient se charger de l'éducation des sourds-muets ; mais un événement inattendu vint contrarier ces projets.

La révolution française de 1830 avait imprimé une commotion générale à l'Europe, et la Suisse, par son voisinage de la France et ses relations continuelles et immédiates avec elle, se ressentit plus fortement de cette secousse. Le peuple fribourgeois voulait une constitution plus libérale et un gouvernement de son choix, et il l'obtint. Le 26 mai 1831, le nouveau grand conseil s'occupa de la question du domicile à donner aux trappistes de Besançon. Plusieurs orateurs parlèrent successivement pour et contre l'installation de ces religieux à la Val-Sainte. M. l'avoyer de Montenach rappela l'accueil généreux fait par leurs pères, en 1790, aux trappistes de France, le bien qu'ils avaient fait au canton de Fribourg et à la Suisse entière par leurs travaux, par leurs aumônes, et surtout par ce pensionnat célèbre qui avait donné tant d'hommes distingués à la société. Il représenta que le canton manquait de religieux occupés de l'agriculture et des arts industriels, que la politique commandait de les admettre, ne fût-ce que pour donner au peuple l'exemple du travail et de la moralité! Il ajouta que ces religieux tiendraient une école pour l'éducation des sourds-muets, ce qui serait un service inappréciable rendu à la religion et à la société. Ce vieillard vénérable, qui avait vu les premiers trappistes à la Val-Sainte, déduisit toutes ces raisons avec tant de force et d'onction, qu'il ébranla les membres mêmes du grand conseil qui étaient d'une opinion contraire à la sienne. L'autre avoyer, M. le comte de Diesbach, était du même avis que son collègue ; mais néanmoins quand on vota, la majorité du grand conseil, égarée par l'esprit du faux libéralisme alors en faveur, se prononça contre l'admission des trappistes.

Les vrais catholiques apprirent ce refus avec une profonde douleur et la témoignèrent à ceux qui en étaient l'objet d'une manière aussi sincère que généreuse. Le prieur, n'ayant plus d'espoir de rester à Fribourg, écrivit au supérieur du séminaire de Sion en Valais, maintenant évêque, pour s'informer si sa communauté pourrait être reçue dans le canton. Il reçut une réponse favorable et partit aussitôt avec un religieux pour Sion. Le supérieur du séminaire le présente au grand bailli. Ce magistrat, qui en ce moment présidait le grand conseil, le fait entrer dans la salle en lui rendant toutes sortes d'honneurs et accueille sa demande. Plusieurs familles notables du Valais s'empressent d'offrir aux religieux un établissement dans leurs terres, mais ils préfèrent l'ancien couvent des carmes de Géronde, appartenant à l'évêque de Sion, qui les y envoie avec un empressement aussi cordial que bienveillant.

Déjà en 1804 cette maison avait été habitée par une colonie envoyée de la Val-Sainte. Le monastère de Géronde est bâti sur un roc de forme conique qui s'élève non loin de Sierre, dans la vallée, à trois lieues de Sion et six de Brigg. Cette position isolée et solitaire convenait bien aux trappistes; mais Géronde par lui-même, rocher élevé et aride, dont le pied est baigné par les eaux du Rhône, n'offrait aucune des productions indispensables à la vie. Il fallait venir chercher l'eau au pied du rocher, à plus d'une demi-lieue de distance. La situation du jardin au bas de la montagne était également dans un éloignement pénible; nous dirons la même chose de la petite ferme au joignant, pour laquelle il fut convenu que les religieux paieraient une légère redevance.

Le prieur et son compagnon se rendirent à Géronde, approprièrent la maison et l'église, où ils placèrent le Saint Sacrement, achetèrent de la vaisselle de terre et fabriquèrent quelques meubles grossiers : après ces dispositions, la communauté s'y établit le 7 juillet 1831, jour anniversaire de l'installation à Bellevaux par le cardinal de Rohan. Dès le lendemain recommencèrent le chant de la grand'messe et les autres offices. Les trappistes passèrent quatre ans sur le rocher de Géronde, au milieu des privations de la pauvreté et des travaux les plus pénibles supportés avec autant de patience que de résignation. A force de travail dans les endroits recouverts de quelques pouces de terre au dessus de ce rocher, ils y récoltèrent assez de légumes pour leur usage. Ils s'occupèrent aussi du desséchement d'un marais au pied de la montagne, et après deux hivers de travaux, ils vinrent à bout de le rendre à la culture. Les habitants du pays étaient émus de compassion et tout à la fois d'admiration à la vue de leurs fatigues, de leur constance et de l'heureuse réussite de leur entreprise, et ne cessaient de leur donner des marques de leur estime affectueuse. De son côté, le gouvernement leur donnait des témoignages continuels de sa bienveillance. Les chefs de la république et les notables du pays les visitaient souvent, se recommandant à leurs prières : tout cela, après Dieu, était bien capable de les consoler et de les soutenir.

Mgr de Roten, évêque de Sion, et son clergé, portaient aux trappistes un intérêt non moins grand que le peuple si chrétien de ce canton. Le supérieur de la communauté présenta à Sa Grandeur deux religieux pour être ordonnés le samedi 24 septembre 1831. L'un avait terminé ses études théologiques, que l'autre n'avait pas encore achevées, et tous les deux n'étaient pas tonsurés. Mgr de Sion leur conféra la tonsure et les ordres mineurs, mais il ne put leur donner le sous-diaconat le même jour, parce que les canons de l'Eglise le défendent. Il fit coucher les religieux au séminaire, et le lendemain dimanche il leur conféra le sous-diaconat ; il les fit revenir le jeudi suivant 29, jour de la fête de Saint-Michel, pour les ordonner diacres dans sa chapelle. Le dimanche après, fête du saint Rosaire, le prélat, accompagné de plusieurs prêtres, se transporta à Géronde et conféra la prêtrise aux deux religieux, qui de la sorte dans l'espace d'une semaine reçurent tous les ordres. Sa Grandeur dit au prieur : « Si Votre Révérence avait eu le titre d'abbé, elle aurait pu administrer la tonsure et les quatre moindres. » Comme les ordinands lui témoignaient leur répugnance à recevoir tous les ordres sacrés en si peu de temps, l'évêque répondit : « Vous n'êtes pas assez de prêtres dans votre communauté (il n'y en avait que deux) ; et il ajouta : Le concile de Trente donne la liberté à l'évêque de dispenser des interstices lorsque le besoin le demande. » Quant à la dispense d'*extrà tempora*, ce prélat ne l'avait pas, mais les réguliers jouissent du privilége de se faire ordonner quand ils le veulent. Dans cette circonstance, Mgr de Roten vénéra les reliques de saint Pierre de Tarentaise et appliqua son sceau sur la châsse qui les contenait.

Dieu, dont les desseins sont impénétrables, affligea le Valais par des calamités imprévues. Dans le mois d'août 1834, la fonte extraordinaire des glaciers des Alpes causa des inondations qui ravagèrent le pays. Des villages entiers furent plongés sous les eaux ; les plaines couvertes d'une abondante moisson n'offraient plus qu'un lac depuis Brigg jusqu'à Saint-Maurice. La désolation était générale ; les trappistes, du haut de leur rocher, en contemplant tristement ces désastres, conjuraient le Seigneur d'y mettre un terme et d'avoir pitié d'eux et des bons Valaisans. Cette terrible inondation et le limon qu'elle laissa dura un mois. Pendant ce temps les religieux se réunirent aux habitants du pays afin de travailler à fixer le lit d'un torrent, dont les eaux furieuses avaient jusqu'alors brisé les digues qu'on leur avait opposées. Un des religieux, très intelligent, communiqua à cet égard des plans au gouvernement, qui s'empressa de les adopter. L'auteur du projet dirigea lui-même les travaux et obtint un succès complet ; le lit du torrent fut fixé, l'inondation cessa, et on put dégager les maisons remplies de graviers et d'autres débris que les eaux y avaient déposés.

L'embarras des religieux était extrême, car l'inondation venait de leur enlever toutes leurs récoltes. Dieu, qui n'abandonne pas les siens, voulut que le diocèse de Besançon ne les perdît pas de vue. Son Em. le cardinal Gousset, archevêque de Reims, alors grand vicaire de Besançon, et le digne abbé Breuillot, dont la mémoire sera toujours en bénédiction, écrivirent aux trappistes de revenir. Ils intéressent le clergé en faveur de ces religieux : prêtres et fidèles s'estiment heureux de voir un établissement de trappistes dans le diocèse. De toutes parts on fait des démarches afin de trouver un local pour les recevoir. D'un côté, M. Devillers, curé de Combeaufontaine, et M. Verneret, alors curé de Scey-sur-Saône, mort en 1849 curé de Gray, insistent pour qu'on se fixe sur le couvent de Chemilly, où il y avait une assez jolie église, beaucoup de terrain et une clôture, mais malheureusement il était trop rapproché du village; d'un autre côté, M. Cuinet, curé d'Amancey, découvre la ferme du Roucheret, dite l'*Etable de Bethléem*, située sur le territoire de Malans. Elle n'offrait d'autre avantage que celui de la solitude; elle n'avait qu'une petite maison et peu de terrain en culture. Le choix de M. Breuillot s'arrête sur ce lieu, et, au mois de juillet 1834, il écrit au supérieur de Géronde de venir le visiter.

Le R. P. Jérôme occupait alors cette charge, car dom Stanislas avait été appelé en 1832 par dom Germain, abbé du Gard, pour gouverner le prieuré de Saint-Sixte en Belgique. Dom Jérôme arrive donc à Besançon, visite le Roucheret avec M. Breuillot et fait l'acquisition de ce désert, après avoir obtenu de la commune de Malans la cession d'un terrain voisin de la contenance de sept journaux, et qu'elle donnerait une autre direction à un chemin vicinal qui passait devant la maison. Ce domaine comprend trente-cinq hectares, dont trois en forêts, un demi en vignes, et tout le reste en prairies naturelles et artificielles. L'acte d'achat fut passé le 8 septembre, jour anniversaire de la Nativité de la sainte Vierge : à cause de cette coïncidence, on donna au nouvel établissement le nom de *Val-Sainte-Marie*. Le prieur fit ensuite le voyage de Langres, pour voir Mgr Mathieu, récemment nommé à l'archevêché de Besançon, et pour le prier de vouloir bien agréer la rentrée des trappistes dans son nouveau diocèse; le prélat, après avoir accueilli cette demande avec empressement, écrivit aussitôt aux administrateurs du diocèse afin de leur recommander ces religieux.

Les frères de Géronde, exercés depuis quatre ans par tant de peines et de fatigues, apprirent avec joie la nouvelle de l'acquisition du Val-Sainte-Marie, mais elle répandit une tristesse générale dans le Valais. M. de Courten, grand bailli, adressa aux trappistes deux lettres sous les dates des 27 octobre et 3 novembre, pour leur exprimer les regrets du peuple et du gouvernement ; ces hôtes pieux et reconnaissants redoublèrent leurs prières pour le bon peuple valaisan, qui les avait si bien accueillis. En s'éloignant, ils laissèrent à Géronde la dépouille mortelle d'un de leurs frères, Hippolyte Minet (1), le seul qui soit mort pendant la durée de leur exil. Il avait fait profession comme frère convers, à Septfons, en août 1789, peu de jours avant la suppression de l'ordre. Lui, le frère Sabas et quatre ou cinq autres ne se séparèrent pas pendant les mauvais jours, observant la règle avec toute la régularité possible sous l'habit séculier. Ils firent partie ensuite de la Trappe d'Hyères ou de Grosbois, au diocèse de Versailles, sous l'empire. Le frère Hippolyte y exerça les fonctions de cellérier et fut admis au chœur à cause de la pénurie des chantres. Après la restauration de la maison de Bourbon, il vint à Bellevaux avec le frère Sabas. Dom Huvelin le laissa au chœur et partagea avec lui l'administration du temporel jusqu'en 1826, qu'il fut frappé d'une attaque d'apoplexie. Dès lors ce religieux ne fut plus capable de rien ; ses frères le conduisirent en Suisse. Le frère Hippolyte déploya un grand zèle pour les intérêts de la communauté. C'est lui qui la pourvut des livres liturgiques qu'elle possède encore.

Le 6 novembre 1834, les trappistes partirent de Géronde. A leur passage à Sion, le grand bailli de Courten voulut leur donner à dîner et les reconduisit avec M. de Soie, membre du grand conseil, jusqu'à la porte de la ville. Ils arrivèrent le

---

(1) Minet, Jean-Baptiste, était né à Gommeville (Côte-d'Or).

même jour à Martigny, où les vénérables religieux de l'hospice leur prodiguèrent les soins les plus touchants. Les pères de l'abbaye de Saint-Maurice ne leur firent pas un accueil moins généreux. Dans le canton de Vaud, un honnête protestant, M. Roland de Champreux, voulut les loger; ils arrivèrent chez lui, à Romainmoutier, un samedi soir, épuisés par une marche forcée de trois jours. Mais ils trouvèrent dans les soins empressés de Mme Roland, qui était catholique, de quoi réparer leurs forces. Ils passèrent la journée du dimanche à Romainmoutier, chantèrent la messe et les offices dans la chapelle catholique établie dans un quartier de l'ancienne abbaye de bénédictins qui existait autrefois à Romainmoutier. Avec quelle ferveur attendrissante les religieux firent retentir les louanges de Dieu sous ces voûtes muettes depuis trois siècles! Ce souvenir animait leur ardeur. Avec quelle consolation Mme Roland et les quelques catholiques de cet endroit assistèrent à la messe solennelle des trappistes! Ne durent-ils pas aussi se rappeler l'ancienne foi de leurs pères, les hérétiques qui en même temps firent le prêche dans l'église abbatiale transformée en temple de Calvin?

Le lundi matin, les religieux continuèrent leur route vers le Val-Sainte-Marie. M. et Mme Roland, non contents de leur avoir donné l'hospitalité, les chargèrent encore de provisions et fournirent une voiture pour le transport des bagages. A Jougne, aux Hôpitaux, à Sombacour, ils reçurent de MM. les curés et de leurs paroissiens toutes sortes d'honnêtetés. Enfin ils arrivèrent à Amondans, à une demi-lieue du Val-Sainte-Marie. Le vénérable M. Bardot, curé de cette paroisse, les attendait et leur offrit un repas dont ils avaient le plus grand besoin, car après cinq jours de marche ils étaient si harassés de fatigue qu'à peine pouvaient-ils se soutenir. Ils firent leur entrée au Val-Sainte-Marie le 11 novembre, à neuf heures du soir, par un beau clair de lune. Ils y arrivèrent en procession à la suite de la croix, en chantant le *Te Deum*, et furent reçus par la population de Malans, accourue sous la conduite du curé et du maire de cette paroisse, afin d'assister à la cérémonie de leur entrée. Les religieux étaient sans ressources; mais MM. les curés et les maires du canton d'Amancey, dont la population fut sincèrement catholique dans tous les temps, s'empressèrent de voler à leur secours avec une charité qui surpasse toute expression. Ils leur envoyèrent du pain et d'autres provisions en telle quantité qu'ils finirent par refuser de nouveaux dons. Les communes de Malans, d'Amancey, d'Amondans, de Fertans, de Cléron, de Lizine, de Bolandoz, de Myon et autres, se distinguèrent par leur empressement à ne point laisser les trappistes manquer du nécessaire. Les autorités municipales et M. Tourangin, préfet du Doubs, à qui M. le vicaire général Gousset avait fait part de leur rentrée dans le département, les assurèrent de leur protection. Le gouvernement lui-même déclara que les communautés religieuses n'étaient point comprises dans la loi contre les associations, faite uniquement contre les ennemis de la tranquillité publique, et défendit spécialement d'inquiéter les trappistes, qui ne prennent point de part aux affaires du monde ni à la politique. N'ont-ils pas toujours fait voir partout qu'ils ne pensent qu'à remplir leurs devoirs religieux et à cultiver la terre? L'exemple de pareils hommes est le meilleur moyen d'apprendre aux populations la soumission aux lois, l'amour du travail et de la vertu!

Le clergé bisontin vit avec le plus grand plaisir la rentrée des trappistes dans le diocèse et prit le plus grand intérêt à leur position. Mgr Gousset et le vénérable abbé Breuillot l'informèrent de leur gêne, et il n'y eut aucun curé, quelque pauvres que fussent beaucoup d'entre eux, qui ne s'empressât d'envoyer sa petite offrande. Hélas! l'abbé Breuillot, qui était pour ces religieux une seconde providence par son zèle et sa charité, ne devait pas continuer longtemps à les protéger! Dieu l'appela à lui au printemps de 1836, chargé de bonnes œuvres et de mérites. Mais avant de rendre le dernier soupir, il les recommanda à M. Cuenot, supérieur du grand séminaire, et ils ont fait l'expérience que M. Breuillot a continué à vivre pour eux dans la personne de M. Cuenot.

Le Val-Sainte-Marie est situé sur le territoire de la commune de Malans, au canton d'Amancey, à deux myriamètres et demi au sud de Besançon, même distance ouest de Pontarlier, à un myriamètre et demi de chacune des villes de Salins, Quingey et Ornans, formant comme les trois pointes d'un triangle au centre duquel se trouve placé le monastère. On ne rencontre dans cette contrée que des sites pittoresques, que de belles horreurs qu'on ne peut s'empêcher d'admirer : tels sont les abîmes des rivières du Lison et de la Loue, les pointes de rocher qui les dominent, la cascade d'Amondans, et un peu plus loin les pics élevés couronnés par les anciens châteaux de Chatillon et de Montmahoux. Au milieu de cette nature bouleversée, s'ouvre au couchant du village de Malans une vallée où coule un ruisseau formé par sept fontaines, entourée de toutes parts d'un bois commençant à mi-côte, au-dessous duquel sont des cantons de vignes. Le monastère est bâti dans un bassin d'une régularité parfaite, formant une des extrémités de la vallée : un petit torrent, qui porte au recueillement et à la méditation, se précipite auprès du couvent. L'autre extrémité du vallon se termine par des monticules rangés sur une ligne semi-circulaire, couronnés de chênes et de rochers avec des vignes et des déserts au-dessous. Voilà le Val-Sainte-Marie, qui offre un coup d'œil ravissant. La maison de ferme que les trappistes y trouvèrent à leur arrivée était si peu spacieuse, qu'ils furent réduits à approprier tant bien que mal les écuries pour s'y loger ; ils y restèrent plus d'un an. C'est à bon droit qu'on l'appelait *l'étable de Bethléem;* il n'y avait rien d'aussi misérable et qui rappelât mieux la crèche de notre divin Sauveur. Le terrain était en rapport avec l'habitation : des ronces, des épines, voilà à peu près tout ce qu'on y voyait alors. Les religieux pourtant ne perdirent pas courage. Ils avaient tout à créer dans ce désert, qui ne leur appartenait pas encore, puisqu'ils n'avaient pas de quoi le payer. Il fallait pour cela trouver 40,000 francs, et néanmoins ils entreprirent des bâtiments pour une somme pareille ! Dieu les soutint ; ils agrandirent leur maison, ils défrichèrent les terrains, ils bâtirent un moulin et un quartier pour les hôtes. Ce dernier bâtiment, divisé en trois parties, dont l'ensemble a la forme d'un fer à cheval, est séparé du monastère par le jardin. Le premier corps de logement était destiné aux frères donnés et familiers (1); dans celui du centre, où se trouvait l'entrée principale du monastère, étaient la loge du portier et la cuisine pour les hôtes : enfin l'autre aile renfermait diverses salles de réception et une chapelle où les prêtres du dehors célébraient la sainte messe. Les étages supérieurs étaient occupés par des chambres et des cellules. Ce quartier avait été si bien disposé qu'il n'avait point de jour sur le jardin et les lieux réguliers, ni de communication avec eux. Ajoutons encore qu'ils commencèrent la construction d'une église et d'un nouveau monastère, qu'ils établirent plusieurs voies de communication dans leur séjour presque inaccessible, et entre autres un chemin vicinal terminé en 1841, d'une

---

(1) Les *frères donnés* sont ceux qui s'engagent à suivre les exercices de la communauté, mais sans faire de vœux. Ce sont des espèces de pensionnaires qui, volontairement, vivent en religieux.

Les *frères familiers* sont des hommes qui leur servent gratuitement de domestiques. Il n'existe point de ces frères à la Grâce-Dieu.

construction remarquable, pour lequel ils contribuèrent de leurs travaux, de leur argent, et en donnant aux communes du voisinage de bons exemples et d'utiles conseils. Tous ces travaux entrepris furent achevés pour la plupart dans le laps de six ans, et la communauté ne comptait pourtant, de 1835 à 1840, que trente-quatre religieux, parmi lesquels cinq prêtres !

Son Em. le Cardinal Mathieu, si distingué par sa haute capacité et bien plus encore par ses vertus épiscopales, faisant, en juin 1837, sa visite pastorale dans le canton d'Amancey, s'arrêta un jour chez les trappistes. Cet habile administrateur, qui a déployé un zèle tout particulier pour ressusciter la vie religieuse dans son diocèse, admira la beauté du site où est placé leur monastère et encouragea d'une manière toute particulière les travaux qu'ils avaient entrepris. Il aime et il protége ces religieux. A l'exemple des évêques du siècle de saint Bernard, Mgr Mathieu entretient un commerce de lettres avec le chapitre général, pour le tenir au courant de la régularité de la Trappe qui est dans son diocèse et des services qu'elle rend, non-seulement par le bon exemple que ne cessent de donner ses habitants, mais encore par les secours de la religion qu'ils sont quelquefois appelés à porter à ses diocésains. L'exercice du saint ministère n'entre point dans la règle des trappistes; cependant, maintes fois, pour correspondre au désir de Monseigneur, du clergé et des fidèles, ils administrent les paroisses vacantes et reçoivent, à l'approche des grandes solennités et pendant le temps des pâques, les confessions d'un grand nombre de fidèles. Pendant son court séjour au Val-Sainte-Marie, Monseigneur conféra les ordres à un religieux et se convainquit par lui-même de l'insuffisance et tout à la fois du peu de décence de l'église provisoire du monastère. Un grenier de la maison de ferme avait été approprié à cet effet, mais il était trop peu spacieux pour recevoir la communauté et quelques étrangers. Les religieux, passant la plus grande partie du jour et de la nuit dans ce réduit, qui ne recevait que fort peu d'air et de jour par de petites ouvertures, avaient cruellement à souffrir du froid en hiver et de la chaleur en été. Monseigneur de Besançon, qui y célébra la messe le 28 juin, déclara en sortant de ce lieu qu'il n'aurait pu résister davantage à la chaleur qu'y réfléchissaient les dalles de la couverture échauffées par les rayons du soleil.

Une église et un nouveau monastère étaient donc indispensables à la Trappe du Val-Sainte-Marie. Aussi l'abbé de Septfons, dom Stanislas, y faisant la visite régulière le 10 mai 1838, détermina ses anciens frères à commencer l'édification de ces bâtiments. Après avoir gouverné pendant trois ans la communauté de Saint-Sixte, en Belgique, où il avait été appelé depuis Géronde, dom Stanislas fut élu, en 1835, comme successeur de dom Germain, abbé du Gard, mort le 23 février de cette année. Dix ans plus tard (1845), il amena dans l'ancienne abbaye de Septfons sa communauté, qui ne pouvait plus rester au Gard à cause des routes et des établissements industriels construits dans le voisinage. Dom Stanislas bénit la première pierre de l'église et du monastère projetés au Val-Sainte-Marie. On se mit au travail avec ardeur, et bientôt les murs s'élevèrent hors de terre. Mais les trappistes manquaient de ressources, et la Providence, qui leur avait ménagé un de leurs frères, d'une rare aptitude à leur procurer des secours, le leur enleva quinze jours après le commencement de ces nouveaux bâtiments. Nous voulons parler du vénérable frère Antoine (1). Il porta d'abord les armes pendant le premier empire de France, puis exerça l'état de fondeur de métaux avec une rare

---

(1) Joseph Déchange était le nom de ce religieux, né dans les Pays-Bas.

habileté. Touché de la grâce, il résolut de renoncer au monde pour se retirer dans la solitude ; mais pour exécuter ce projet, il eut à surmonter toutes sortes d'obstacles. Dans le monastère, il édifia ses frères par son obéissance, son grand amour pour la prière et ses grandes austérités. Au dehors et au milieu des occupations les plus dissipantes, il faisait le charme de tous ceux qui l'approchaient, par son recueillement habituel, son union avec Dieu et sa modestie angélique. Il tomba malade à Châteauroux, d'où il fut transporté à la Trappe du Port-du-Salut. Il y mourut en odeur de sainteté le 11 juin 1838. Ce saint frère peut être proposé pour modèle aux religieux chargés par leurs supérieurs de remplir des missions dans le monde pour les besoins du monastère. Si, comme lui, ils sont fidèles aux devoirs de leur état, à la prière, à la vigilance sur eux-mêmes, ils édifieront tous ceux qui les verront, Dieu bénira leurs entreprises et ils rentreront dans la solitude avec autant de joie qu'ils avaient eu de peine à en sortir. La mort du frère Antoine fut une grande perte pour la communauté du Val-Sainte-Marie. Elle se soumit à la volonté de Dieu, qui la fit passer par cette épreuve, en continuant les travaux de l'église dans l'espoir que le Seigneur l'aiderait à achever une construction qui avait été entreprise pour sa gloire. Les ouvriers travaillèrent pendant l'été de 1838 ; mais quand arriva la Toussaint, époque du règlement des comptes, l'embarras fut grand, car l'argent manquait. La Providence néanmoins vint au secours des religieux.

Le R. P. Jérôme, fondateur du Val-Sainte-Marie, était habituellement malade et ne pouvait plus s'acquitter de ses fonctions de prieur. Il se rendit, en 1839, au chapitre général et demanda un nouveau supérieur pour sa communauté. Dom Genès fut envoyé comme supérieur adjoint au Val-Sainte-Marie. Ce religieux, appelé dans le monde Jean-Guillaume Estavane, né à

Carcassonne (Aude), après sa promotion au sacerdoce, fut d'abord directeur au séminaire de cette ville, passa ensuite à une cure de canton et mérita par ses vertus d'être porté sur la liste des candidats à l'épiscopat pendant le premier empire ; mais il quitta tout, place et espérance, pour se retirer à la Trappe de Melleray. Forcé d'en sortir à la révolution de juillet 1830, il chercha d'abord à s'établir avec quelques-uns de ses frères dans son pays, puis revint au Port-du-Salut, où il fut prieur, et rentra à Melleray dès que les portes en furent rouvertes. C'est de là qu'il arriva au Val-Sainte-Marie sur la fin de 1839. Pieux, régulier et d'une grande mortification, quoique d'une faible santé, il fut l'homme envoyé pour acquitter les dettes du monastère. C'est vers ce but qu'il tourna tous ses efforts, surtout après que la démission de dom Jérôme l'eut investi de la charge de prieur titulaire en 1840. Il fit cesser toute entreprise de bâtiments et ne voulut pas même qu'on continuât l'église, persuadé que le monastère seul, même avec les aumônes du clergé et des fidèles, ne pouvait y suffire. Son administration fut remarquable par le grand ordre qu'il mit dans le temporel. A l'aide d'une économie extraordinaire, il paya non-seulement, dès 1841, toutes les dettes de sa maison, mais encore il lui procura, en 1843, assez de revenus pour achever l'église et le monastère commencés.

Au milieu de ces succès, qui semblaient lui promettre un avenir heureux pour sa communauté, dom Genès avait la douleur d'en voir l'existence menacée par les personnes mêmes qui lui en avaient confié le gouvernement. Le révérend père abbé de la Grande-Trappe était devenu le visiteur de notre abbaye, par suite de la renonciation du révérend père abbé du Gard au titre de père immédiat du Val-Sainte-Marie. Ces fonctions de visiteur lui donnaient le droit d'y faire les visites régulières selon l'usage de l'ordre. Considérant les dettes qui grevaient le monastère, le défaut de bâtiments propres à établir une régularité parfaite, le petit nombre des religieux, et très probablement prévenu par des rapports désavantageux, quoique tous les religieux fussent dans les meilleurs sentiments, il avait conçu le dessein de supprimer le Val-Sainte-Marie et d'en transférer les membres dans les diverses maisons de la congrégation. Cette mesure, contre laquelle dom Genès protesta toujours, ne fut point adoptée de son vivant. Néanmoins les contradictions qu'il éprouva à ce sujet, jointes à d'autres raisons que l'on s'abstient de mentionner, le déterminèrent à déposer le lourd fardeau de la supériorité; il songeait à quitter le monastère quand la mort le prévint, le 20 avril 1844. Avant de rendre le dernier soupir, il nomma dom Benoît sous-prieur, en le chargeant provisoirement de la supériorité jusqu'à ce qu'il fût confirmé dans cette charge ou qu'il fût permis de procéder à l'élection d'un abbé.

Le R. P. abbé de la Grande-Trappe renouvela au chapitre général, où se trouvaient réunis les abbés des deux observances, la proposition de suppression relative au Val-Sainte-Marie. Tous y consentirent, à l'exception du supérieur de ce dernier monastère, qui réclama. Mais on n'en tint pas compte, et il fut décidé qu'on passerait outre. On devait venir chercher les religieux sans qu'ils en fussent prévenus, les faire monter en voiture immédiatement et les disséminer dans divers monastères de l'ordre.

Cette affaire paraissait consommée, lorsque la communauté eut vent de la décision du chapitre général et en informa promptement Mgr Mathieu, Archevêque de Besançon. Ce prélat, à qui la communauté est si redevable en toutes manières, fut encore en cette circonstance son libérateur. Il appela à Rome de cette sentence. Cet appel fut favorablement accueilli, et après un mûr examen des raisons qui furent alléguées pour la conservation des trappistes au Val-Sainte-Marie, le souverain pontife Pie IX rendit, en 1846, un jugement qui annulait celui du chapitre général, prononçait la séparation des deux observances et formait deux congrégations distinctes, qui eurent chacune leur vicaire général et leurs constitutions propres. Dès ce moment, la Grâce-Dieu ne reconnaît plus de père immédiat; mais elle reçoit la visite du vicaire général de la congrégation connue sous le nom de Réforme de l'abbé de Rancé, dont elle fait partie.

Une des causes qui provoquèrent la séparation des deux observances fut la différence qui existait dans la manière d'observer les jeûnes, les heures de l'office, du travail et des repas. Le décret permettant de suivre ou la règle de saint Benoît à la lettre ou les constitutions de l'abbé de Rancé, les maisons qui prirent ce dernier parti se virent taxées de relâchement par les autres, qui prétendaient suivre la règle de saint Benoît. Ce reproche, qu'on leur faisait principalement en ce qui concerne la durée du travail, nous semble reposer sur un malentendu. Pour éclaircir cette affaire, il faudrait une discussion détaillée, qui, quoique pleine d'intérêt pour nombre de lecteurs, nous semble avoir quelque inconvénient si on la traitait ici. Nous croyons donc plus opportun de la renvoyer à la fin du volume. Nous espérons faire voir, dans cette petite dissertation, que l'on s'est trompé en accusant la réforme de M. de Rancé d'avoir diminué considérablement le temps destiné au travail par saint Benoît, et que l'autre observance est tombée dans l'excès contraire en voulant y revenir. Que l'on ne croie pas que notre intention en tout ceci soit de jeter entre les deux observances un nouveau brandon de discorde. Loin de nous cette pensée! Nous reconnaissons avec bonheur que, malgré cette différence d'opinions entre les deux observances, la bonne harmonie qui régnait entre elles n'a pas cessé d'exister, comme on aurait pu le craindre. Tout au contraire, elles entretiennent toujours un saint commerce de prières, et principalement lorsque quelqu'un de leurs membres vient à décéder, car alors elles ne manquent pas de s'envoyer réciproquement des billets de mort. Puisse donc la courte dissertation que nous donnerons à la fin de cet ouvrage, dissiper certains préjugés et servir à resserrer de plus en plus les liens qui nous unissent à nos frères !

Pendant le gouvernement de dom Genès, on célébra dans son monastère une cérémonie aussi pieuse qu'édifiante. Un des frères avait confectionné une châsse nouvelle d'un travail exquis pour recevoir les reliques de saint Pierre de Tarentaise. Les religieux choisirent pour en faire la translation solennelle le dimanche 21 mars 1841, jour de la fête de saint Benoît, leur patriarche. Avec les restes du saint archevêque, ils placèrent dans cette châsse une portion de son manteau, sa mitre et le ciboire en cuivre doré qui lui avait servi. Elle fut d'abord exposée à la vénération des fidèles dans une vaste salle convertie en chapelle en dehors de la clôture. L'affluence des populations voisines fut immense. Conduites en procession par leurs curés respectifs, six paroisses des environs rivalisèrent de zèle et de piété. La gendarmerie et les autres personnes préposées au maintien de l'ordre n'eurent qu'à contenir la pieuse ardeur avec laquelle la foule se pressait autour des saintes reliques. Le maire de Malans, à la tête du conseil municipal, adressa au père Genès, venu à la rencontre de la procession, un petit discours qui exprimait ses sentiments religieux et ceux de ses administrés. Le prieur, non content de le remercier au nom de sa communauté, fit à l'instant même le don à M. l'abbé Coste, curé de cette paroisse, d'une parcelle notable du corps du saint archevêque saint Pierre de Tarentaise. Cet ecclésiastique, après en avoir obtenu la permission de Mgr l'Archevêque de Besançon, l'a exposée à la vénération publique dans l'église de Malans. Le père prieur adressa ensuite à la foule une chaleureuse exhortation, et la procession parcourut le voisinage du monastère avec la châsse portée par quatre religieux ; elle fut déposée dans la chapelle provisoire du monastère. M. Cuinet, curé d'Amancey, donna le salut solennel, après quoi les fidèles s'en retournèrent dans leurs paroisses respectives en chantant le *Te Deum*. La contrée conserve encore le souvenir de ce beau jour.

Le nécrologe des religieux morts au Val-Sainte-Marie est un sujet plein d'édification. En l'ouvrant, on y respire comme dans une flore le parfum des vertus les plus suaves. D'un côté, ce sont deux jeunes gens, modèles de fidélité à la grâce de leur vocation ; s'ils vécurent peu de temps, ils fournirent la course d'une longue vie et ils ont reçu la récompense d'une vertu consommée. Le premier qui s'offre dans l'ordre des temps est le frère Jean [1]. Après avoir fait ses études chez les jésuites de Fribourg, sa ville natale, il accourt chez les trappistes à Géronde, à l'âge de seize ans. Les instances de son père ne lui permettent pas d'y demeurer, mais cet obstacle n'est pas sitôt levé, qu'il vient les retrouver au Val-Sainte-Marie en 1837. Il mourut un soir après le *Salve, Regina*, qu'il avait chanté avec une ferveur extrême, le 30 décembre 1840; il n'était âgé que de vingt-quatre ans. Le second est le frère Eugène [2]. Cet enfant, consacré à Dieu dès sa naissance par de pieux parents, apporta son innocence à la Trappe. Après en avoir entendu parler à son père, il conçut le projet d'y embrasser la vie religieuse. On s'y opposait à cause de son âge trop jeune. Ayant communié le jour de l'Assomption en 1841,

---

[1] Jean-Marie Jæger, de Fribourg en Suisse.
[2] Just-Eugène Sigonney, d'Aiglepierre près Salins.

il attribue à l'inspiration de la sainte Vierge le désir ardent qu'il conçoit de se faire trappiste. Le lendemain, de grand matin, il abandonne sans rien dire le domicile paternel et arrive le même jour au Val-Sainte-Marie, exténué de fatigue. Le 30 du même mois, il prend l'habit de novice, tombe malade deux jours après, et rend son âme pure et innocente à Dieu, le 14 septembre, dans l'octave de la Nativité de Marie, qui l'avait envoyé à la Trappe le lendemain de son Assomption. Sa belle voix avait engagé les supérieurs à le destiner au chœur, dont faisait aussi partie le F. Jean. D'un autre côté, paraît dom Maurice [1], cellérier, sous-prieur, père maître des novices, qui partagea pendant longtemps les fonctions de prieur avec dom Jérôme. Le P. Maurice avait fait avec succès ses études de théologie au séminaire de Besançon. Appelé à une vie plus parfaite que celle qu'on peut mener au milieu du monde, il entre au couvent de Bellevaux en juin 1830, et suit, quoique simple novice, les trappistes dans leur exil en Suisse. Là, ses vertus multipliées le font élever au sacerdoce; il fut un des deux religieux ordonnés prêtres dans l'espace de huit jours par Mgr l'évêque de Sion [2]. On ne tarirait pas si on rapportait tous les traits de sa profonde humilité. Elle éclata d'une manière admirable dans le refus de la place de supérieur. On ne saurait comprendre la vigilance, le recueillement habituel, l'union intime avec Dieu qu'il pratiqua dans les fonctions naturellement dissipantes de l'économat, qu'il ne remplit longtemps que par obéissance aux ordres de ses supérieurs. Sa sainteté était tellement appréciée par ses frères, surtout par les novices, qu'il dirigeait avec autant de charité et de douceur que de lumières et de zèle, qu'après sa mort plusieurs

---

[1] Dans le monde Pierre-Antoine Dubret, né d'une famille honnête et aisée pour la fortune, à Plancher-Bas, canton de Champagney (Haute-Saône).

[2] L'autre de ces religieux, encore vivant, est le R. P. Théophile Menestrel.

d'entre eux demandèrent de ses reliques au supérieur. Religieux exact, jamais ses occupations ne l'empêchaient d'assister aux exercices de la communauté; prudent, discret dans les relations obligées avec ses frères, il poussait l'observation du silence jusqu'au scrupule; infatigable au travail, assidu et zélé au confessionnal, un ange à l'autel, sa figure y exhalait les traits de l'amour divin; pénitent et mortifié jusqu'à refuser tous les adoucissements permis même en cas de maladie, il demanda à finir ses jours comme autrefois saint Alexis, dans un réduit obscur du monastère. Il alla recevoir la récompense céleste, qu'il avait si bien méritée, le 21 janvier de l'an 1842. Le F. Claude (1), convers, suivit cette gloire du Val-Sainte-Marie dans la tombe le 3 février de la même année. Appelé sous les drapeaux de l'aigle impériale, comme presque tous les jeunes hommes de son temps, il fit la campagne désastreuse de Moscou, et demeura prisonnier en Sibérie jusqu'en 1814. Rentré en France, et partageant le goût de beaucoup d'anciens militaires qui se sont faits trappistes, il vint à Bellevaux aussitôt que dom Huvelin l'eut racheté en 1817. Il y fut le premier postulant et le compagnon des FF. Sabas et Hippolyte Minet. Pendant le reste de sa vie il conserva quelque chose de la franchise et de la rude fierté de l'état militaire. Agriculteur éclairé, il suivait les principes de cet art dans l'application; doué d'une adresse peu commune, il possédait aussi divers arts d'industrie. Un autre frère convers, du nom de Robert (2), mourut après une longue maladie, qu'il supporta avec une patience et une résignation admirables.

Le chapitre général de la Trappe qui se tint à Septfons en 1847, décida que la communauté du Val-Sainte-Marie, qui

(1) Fleury, Claude-Guillaume, né à Gommeville (Côte-d'Or).
(2) Balthazar Deschamps, né près de Turin en Piémont.

venait d'être érigée en abbaye par Sa Sainteté Pie IX, procéderait sans délai à l'élection d'un abbé. Dom Stanislas, vicaire général de l'ordre en France, lui fit part d'abord de ce décret du chapitre. Il arriva ensuite au Val-Sainte-Marie pour présider à cette élection, qui se fit le 25 juillet, avec tout l'accord et les faveurs célestes nécessaires en pareille circonstance. Le prieur provisoire, dom Benoît, reçut la majorité des voix de la communauté pour la dignité abbatiale. Son Eminence le Cardinal Mathieu lui donna la bénédiction abbatiale le 24 août 1848, et le lendemain 25 dom Stanislas l'installa sur le siége du Val-Sainte-Marie : *Ad multos et felices annos vivat !*

Finissons ce chapitre par une seconde étude des vertus de quelques-uns des religieux du Val-Sainte-Marie. Commençons par F. Théodore (1). Fils unique, venu à la Trappe à l'âge de seize ans, malgré ses parents, ce jeune homme, d'un caractère aimable, devint un religieux fervent et laborieux. Il avait une belle voix et une grande aptitude pour les langues. On le destinait au sacerdoce; mais sa mort, arrivée le 7 juillet 1845, empêcha son élévation à la prêtrise. Le démon, ce lion rugissant qui tourne sans cesse autour des âmes pendant la vie afin de les séduire et de les perdre, redouble encore ses efforts à cette fin à l'instant qu'elles vont quitter leur corps. A cette heure suprême, les hommes les plus saints ne sont pas exempts des plus terribles assauts. F. Théodore fut assailli de violentes tentations de désespoir, mais il en triompha par l'invocation des saints noms de Jésus et de Marie, à qui il avait toujours été très dévot. L'année 1846 vit disparaître deux autres religieux de chœur du nom d'Ignace. Le premier, venu de l'abbaye du Gard, mourut le 7 mars (2), après avoir passé

---

(1) Pierre Boiteux, né à Pagney (Jura).
(2) Son nom était François Taillan, né à Bordeaux.

une longue vie en religion, édifiant ses frères par l'obéissance et la fidélité à la règle. Le second (1), prêtre profès de la Grande-Trappe, avait exercé pendant quelque temps le saint ministère dans le monde. Dieu le rappela dans la solitude. Il rentra au Val-Sainte-Marie le 15 juillet 1846, et il fut frappé d'apoplexie le 30 septembre suivant, après s'être montré un modèle de régularité. Le F. Pierre (2), qui par amour d'une vie plus austère avait quitté la congrégation de la Doctrine chrétienne pour la Trappe, donna de grands exemples de résignation et de patience à sa mort, arrivée le 20 février 1849. Deux frères convers, qui portaient, l'un le nom de Pierre, et l'autre celui de Pierre-Joseph, moururent aussi, le premier en juin 1846, et le second le 16 mars 1848. Celui-là (3) vint à Bellevaux en 1819 avec dom Huvelin. Né dans l'aisance, il faisait ses études pour entrer dans l'ordre des capucins lorsque la révolution de 1789 arriva. Pendant les orages irréligieux il se conserva bon catholique. Contraint d'être soldat en 1812, il fut bloqué à Huningue l'année suivante, et essuya toutes les misères de cette position. Rentré dans ses foyers, il resta seul et offrit sa maison aux pauvres, qui y affluaient. Après les avoir nourris du pain matériel, il rassasiait leurs âmes de la parole de Dieu. Il avait appris ou retenu une assez grande quantité de sermons dont il leur récitait des passages. Lorsqu'il fut entré à la Trappe, les supérieurs le faisaient parler quelquefois dans les conférences, et il s'acquittait de cette tâche avec onction. Tous les frères l'aimaient à cause de sa charité. Quant au F. Pierre-Joseph (4), il était venu du Gard à Bellevaux en 1830. Enfin dom

---

(1) Barthélemi Crusol, né à Castelnaudon (Aude).
(2) Fortunat Bluon, né à Châteauvieux, paroisse de Vuillafans (Doubs).
(3) Pierre Brigandet, né à Chancey (Haute-Saône).
(4) Né à Palluel (Pas-de-Calais).

Raphaël (1) mourut le 15 juillet 1849. Il était arrivé au Val-Sainte-Marie le même jour que la communauté y entra à son retour de Suisse; il sortait de chez les frères de Saint-Jean-de-Dieu de Lyon. Il mérita d'être élevé au sacerdoce en 1838, et exerça la charge de cellérier. Ce religieux avait une rare aptitude pour l'agriculture, connaissait passablement la médecine et la pharmacie. Mais il s'adonna à des austérités mal entendues qui le firent tomber dans un état de langueur long et pénible, qui n'altéra jamais son admirable patience. Le premier venu au Val-Sainte-Marie, il fut aussi le dernier religieux qui y fut enterré.

(1) Jean-François Brougeat, né à Rosey (Jura).

CHAPITRE SIXIÈME.

Quantas ostendisti mihi tribulationes multas et malas; et conversus vivificasti me, et de abyssis terræ iterùm reduxisti me! (*Psalm.* 70.)

Achat de l'ancienne abbaye de la Grâce-Dieu pour les trappistes. — Ils la réparent et agrandissent l'église. — La communauté en prend possession en 1849. — Le frère Guillaume dit le Polonais. — Régularité de la Trappe de la Grâce-Dieu et manière exemplaire d'y célébrer l'office divin. — Vertus des religieux qui y sont morts. — Desseins de Dieu sur cette maison.

Depuis longtemps la bienveillance toute spéciale de Son Eminence le Cardinal Mathieu pour les trappistes désirait leur procurer un monastère plus convenable et une église où ils pussent chanter l'office et célébrer les saints mystères avec plus de décence. La Providence lui fournit l'occasion de réaliser ses désirs. L'antique abbaye de la Grâce-Dieu allait se vendre judiciairement. Monseigneur prend des renseignements sur cette propriété, la fait visiter par des hommes de confiance, et tous tombent d'accord avec les trappistes eux-mêmes qu'elle convient à merveille à un institut religieux. La Grâce-Dieu est mise en adjudication le 14 novembre 1844 devant le tribunal de Baume, qui la tranche définitivement en faveur de MM. Michel et Gand, prêtres, religieux au Val-Sainte-Marie, moyennant la somme de 118,500 francs. Avec l'ancien monastère et ses dépendances, cent soixante hectares de forêts et trente-six de prés et terres labourables furent compris dans cette vente. Survinrent des oppositions qu'il fallut lever, tellement que les religieux ne purent entrer en jouissance d'une partie seulement des bâtiments qu'au mois de mars 1845. C'est ainsi que l'abbaye de la Grâce-Dieu est retournée à des religieux de l'ordre de Cîteaux, cinquante-trois ans après sa vente comme bien national et sept cent cinq ans depuis sa fondation primitive.

Il est aisé de s'imaginer que ses bâtiments, dont la destination avait été changée et qui étaient passés à plusieurs propriétaires, devaient se trouver dans un état bien différent de celui où les anciens religieux les avaient laissés. La plus grande partie de cette maison avait été convertie en logements d'ouvriers, et se trouvait dans un tel état de dégradation que la vue en était on ne peut plus pénible. Les plafonds tombés, les murs sans enduit, les planchers consumés de pourriture, les fenêtres sans vitres, les ouvertures sans portes, les corridors encombrés d'ordures, la pluie tombant par torrents dans les appartements : tel est l'état de ruine où se trouvait l'abbaye quand les religieux en prirent possession. La façade antérieure, qui était le quartier des maîtres, était un peu mieux conservée.

Outre ces dégradations, le monastère avait subi bien des modifications et des changements. Ce qui restait des lieux réguliers avait été converti en ateliers. L'église, où se trouvait le haut-fourneau, avait été démolie en partie et présentait des constructions informes et sans goût entassées les unes sur les autres, selon le besoin ou le caprice des propriétaires. Les parties même conservées avaient tellement souffert qu'à peine y pouvait-on reconnaître un reste d'édifice religieux. A cette vue, le chrétien, remontant en esprit le cours des âges, pouvait s'écrier : « Le souffle de la colère de Dieu a passé par là !... » Mais bientôt aussi une pensée consolante s'élevait dans son âme, et il pouvait encore se dire : « Dieu n'a pas châtié pour détruire, mais pour rappeler à lui, et il a encore sur cet édifice, qui porte son nom, des desseins de grâce et de miséricorde !... »

A peine les religieux du Val-Sainte-Marie en sont-ils devenus propriétaires que l'église attire toute leur sollicitude. Une petite colonie de la communauté est envoyée à la Grâce-Dieu pour préparer la maison. On travaille pendant plusieurs mois à démolir le haut-fourneau et toutes les constructions adjacentes. Les décombres enlevés, la partie neuve de l'église est tracée et les fondations en sont jetées en juillet 1845. On commence ensuite à édifier avec activité, et les murailles achevées dans l'automne permettent de couvrir l'église en novembre de la même année. On espérait pouvoir la finir l'année suivante, mais le manque de ressources en fit ajourner indéfiniment les travaux. On continua d'autres ouvrages importants qui avaient été commencés en même temps que l'église, et qui furent terminés en 1846. C'est alors qu'on répara les moulins, qu'on construisit les bâtiments contigus à l'église, qui renferment l'infirmerie et d'autres pièces. En 1847 on éleva la scierie, le réfectoire et l'aile adjacente sur une ancienne porte du monastère. La crainte qu'inspira la nouvelle république, en 1848, fit suspendre les travaux. Mais l'effervescence populaire se calmant et le gouvernement présentant plus de garantie et de stabilité, on reprit les constructions en 1849. Cette année vit s'élever la porte d'entrée et les bâtiments au joignant, l'église fut achevée, ainsi que la plus grande partie de la maison mise en état de recevoir les religieux du Val-Sainte-Marie.

Ces constructions furent dirigées par un des cénobites, qui nous a fourni de précieux documents pour la partie topographique de notre travail. Nous nous réjouissions de le lui soumettre, mais sa mort ne nous laisse que la triste consolation de lui consacrer une notice biographique. Nous voulons parler de dom Arsène, décédé prieur de la Grâce-Dieu, le 10 mars dernier. Le père Arsène (Baudin, Jean-Baptiste) naquit à Branvilliers, arrondissement de Bar-le-Duc (Meuse), le 29 juillet 1814. Doué d'une imagination vive et d'un jugement solide, il fit ses humanités et son cours de théologie au séminaire de Verdun d'une manière brillante ; mais la responsabilité attachée au ministère pastoral lui fit abandonner la carrière ecclésiastique. La crainte profonde qu'il avait des jugements de Dieu s'accrut encore dans son âme par la lecture des saints Pères et surtout du Traité de saint Fulgence sur la prédestination, et détermina enfin, après bien des hésitations, sa vocation à l'état religieux. Il se rendit au Val-Sainte-Marie en juin 1842, y fit profession le 8 décembre 1844, et reçut les ordres sacrés en 1845. En cette même année, il fut envoyé avec quelques frères, de la direction desquels il fut chargé, pour exécuter la restauration de l'abbaye de la Grâce-Dieu. Antiquaire, architecte, mécanicien, dessinateur, très expert dans l'art des bâtiments et dans tout ce qui s'y rapporte, les réparations et constructions de la Grâce-Dieu attestent sa haute capacité et son bon goût. L'abbé de Septfons, dom Stanislas, visiteur de ce monastère, ne put s'empêcher d'y applaudir ; mais il lui fit une réprimande sévère et lui imposa la pénitence de ne pas célébrer la sainte messe pendant trois jours, pour quelques filets de dorure qu'il avait laissé appliquer à l'autel, contrairement aux constitutions de l'ordre qui n'en permettent que sur le tabernacle. Cela s'était fait à Besançon sans nulle participation du père Arsène, qui ne s'excusa point et fit la pénitence, qu'il trouva bien sévère. Telle était sa profonde humilité, qu'il ne voulut jamais se rendre dans une ville où il était mandé pour donner son avis sur le plan d'une église du style ogival qu'on voulait y construire, tant il craignait de recevoir des louanges ! Quoiqu'il fût habituellement investi de quelque emploi supérieur, il demandait toutes les permissions comme le dernier des novices. Lors de l'élection du premier abbé de la nouvelle Grâce-Dieu, il refusa obstinément cette dignité, pour laquelle on avait pensé à lui. Si la fermeté de son caractère le rendait parfois un peu brusque en s'adressant à quelque religieux, il allait bientôt après implorer son pardon en se prosternant à ses pieds. Au milieu de ses occupations si variées et si nombreuses, il était toujours uni à Dieu, ne perdait pas un instant, et donnait encore chaque jour pendant trois heures des leçons de théologie aux jeunes religieux. Que dirons-nous de la ferveur de sa piété et de sa dévotion? Il restait à genoux pendant les longs offices de la communauté, ne parlait à personne avant de célébrer la sainte messe, pour éviter les causes de distractions, ne montait à l'autel, où il paraissait dans un recueillement et un respect angéliques, qu'après une longue préparation, récitait chaque jour le chapelet, etc., etc. Sous un physique d'un aspect austère et quelque peu rebutant, il cachait une grande douceur qu'ont appréciée ses frères et tous ceux qui ont pu entretenir des relations avec lui. Toujours il excusait les fautes du prochain, et sa morale n'était nullement sévère. Il aimait un peu la controverse sur la théologie ou des matières religieuses; mais il montrait autant de patience et de joie dans la défaite que de modestie et d'humilité dans le triomphe. Avec tant de qualités et de vertus, il n'est pas étonnant que dom Arsène ait laissé un grand vide à la Grâce-Dieu et emporté des regrets universels. Il perdit la santé en dirigeant les travaux de la Grâce-Dieu, et contracta une maladie de poitrine qui aboutit à la perte d'un poumon. Attaché à son lit de mort depuis le mois d'octobre dernier, il n'a voulu quitter ni jour ni nuit son habit religieux et encore moins sa couche de pénitent! Jamais la moindre plainte ne sortit de sa bouche ni contre les médecins, ni contre les frères qui prenaient soin de lui. C'est ainsi qu'après une agonie de sept mois supportée avec la résignation la plus parfaite et la patience la plus admirable, sa belle âme s'est arrachée à un corps en ruines pour aller se reposer dans le sein de Dieu.

Le restaurateur de la Grâce-Dieu s'occupa d'abord de l'église, traça la ligne du prolongement de la grande nef et le plan d'une sacristie à l'extrémité orientale du collatéral à droite. Ce prolongement de la nef s'élève sur l'emplacement du transept et du sanctuaire de l'antique église, mais non pas sur le même plan, qu'on n'a pas jugé à propos de suivre. La construction nouvelle ne rappelle aucune époque fixe du style ogival ou d'architecture gothique. Les fenêtres sont du XIIIe siècle, mais les chapiteaux, culs-de-lampe, consoles, niches, autels, sont des XIIIe, XVe et XVIe siècles, et un peu aussi, il faut le dire, du XIXe siècle. Cependant l'église, tout en rappelant tant d'époques et en offrant des styles si divers, n'est point disparate et présente un ensemble qui plaît aux visiteurs, quoique les gens de l'art y voient des défauts [1]. Mais quelle est la vieille église gothique qui n'ait aussi ses anomalies, au dire des connaisseurs? Les voûtes de la nouvelle nef, semblables aux anciennes, forment également trois travées à nervures croisées séparées par des arcs-doubleaux reposant sur des colonnes sculptées. Le sanctuaire est séparé du chœur des religieux par un faisceau de trois colonnes à demi engagées dans le mur et supportant un arc. Le chevet est à cinq pans dans lesquels se trouvent trois niches et deux fenêtres ; de chaque angle partent

---

[1] D'autres y ont vu du luxe, d'autres ont murmuré et ont trouvé à redire que les religieux disposaient de trop grandes richesses. Ils ont dit, comme le disciple transfuge : « A quoi bon cette perte ? » Or, on doit savoir que l'église a été reconstruite à l'aide d'une donation assez considérable, dont nous regrettons de ne pouvoir nommer l'auteur. Deux cloches sont un don de M. le chanoine Goguillot et de Mlles ses sœurs. Le père d'un des religieux a donné

des nervures qui aboutissent à un pendentif ou clé de voûte. Le chœur des religieux est éclairé par trois fenêtres du côté du midi, en tout sept fenêtres pour cette partie, à savoir quatre dans le presbytère et trois dans le chœur; ce qui, joint aux trois grandes fenêtres de l'extrémité de la grande nef ouvertes dans le mur du portail, et à celles pratiquées dans les collatéraux, forme un total de quinze fenêtres pour toute l'église. Sa longueur est de 38 mètres dans œuvre, sa largeur y compris les collatéraux est de 18 mètres, dont 9 seulement pour la grande nef à l'intérieur. Cette église, si ardemment désirée, fut enfin bénite solennellement le jour de la fête de Saint-Michel archange, le 29 septembre 1849, par le révérend père abbé dom Benoît, en présence de toute la communauté arrivée les jours précédents du Val-Sainte-Marie. Avec quelle joie les frères ne se trouvèrent-ils pas réunis, quoique depuis leur séjour séparé dans les deux maisons ils eussent continué à n'avoir qu'un cœur et qu'une âme!

Mais en même temps les trappistes de la Grâce-Dieu ont conservé leur propriété du Val-Sainte-Marie. Elle est gardée par un fermier à gages, qui y soigne une vingtaine de pièces de bétail, dont quinze vaches. Le lait de celles-ci est versé à la fromagerie de Malans, et donne un revenu annuel de 2,000 francs. Le fermier ne cultive des céréales qu'autant qu'il en faut pour

1,000 francs pour construire l'autel privilégié, en s'y réservant des messes après son décès; cette somme a suffi pour faire deux chapelles au lieu d'une.

Le vénérable M. Cuenot, mort supérieur du séminaire de Besançon, a donné sa chapelle en vermeil à l'église de la Grâce-Dieu.

En 1857, Sa Majesté l'impératrice a procuré à la Grâce-Dieu un dais pour la Fête-Dieu, etc., etc.

Un certain nombre de dames pieuses se sont réunies pour broder de leurs propres mains un tapis estimé 3,000 francs, etc.

On voit que les religieux n'ont ni pu ni dû changer la destination de ces dons, ni priver les âmes charitables du mérite d'orner le temple de Dieu.

sa subsistance et celle de sa famille; tout le domaine à peu près est tenu en nature de pré. Ce mode d'exploitation fournit aux religieux la facilité d'avoir toujours de bonnes vaches laitières pour la Grâce-Dieu; en outre, ils y font venir les fruits et la vendange que l'on récolte au Val-Sainte-Marie, éloigné seulement de deux myriamètres et demi de leur abbaye.

Après leur arrivée à la Grâce-Dieu, les religieux ont achevé les constructions commencées dans leur monastère et y en ont ajouté de nouvelles. En 1853 ils édifièrent au nord de leur maison un magnifique moulin neuf à trois étages, monté d'après les nouveaux procédés; cette usine, remarquable par sa distribution et les mécanismes qui la font fonctionner, mérite d'être visitée. La restauration du monastère a coûté au moins autant que le prix d'acquisition, mais la charité publique est venue au secours des bons religieux pour les aider à payer la somme énorme de 240 à 250,000 francs. Un des frères a tellement contribué à subvenir aux besoins de sa maison, et d'ailleurs sa vie présente tant d'intérêt par elle-même, que nous lui devons une place ici. Nous ferons donc connaître le frère Guillaume, dit le *Polonais*.

Bonaventure Pociey, parent du célèbre Poniatowski, dernier roi de Pologne, naquit à Nevel, province de Vitepsk. Comme noble, il entra au service militaire avec le grade de colonel et jouit de la faveur d'Alexandre Ier, autocrate de toutes les Russies. Possesseur d'une brillante fortune, il oublia Dieu pendant de longues années. Le Seigneur le rappela à lui en le frappant par la perte de son épouse, de son enfant et de ses richesses. Le soulèvement des Polonais en 1830, auquel du reste il ne prit point de part, lui ménagea des coups terribles. Il fut proscrit avec toute sa parenté, condamné à la déportation en Sibérie et vit ses biens confisqués. Tant de revers, par lesquels la Providence renversait ses projets mondains, et les cris de sa conscience qu'une éducation chrétienne ne lui permettait point d'étouffer, le firent rentrer en lui-même. Pour éviter la déportation, il émigra et se rendit en Angleterre, d'où, revenant en France, il demanda l'hospitalité à l'abbaye du Gard. A la vue des trappistes qui l'habitaient, la grâce remporta sur son cœur une dernière victoire. Il reçut l'habit du noviciat, poursuivit courageusement cette épreuve et fit profession. Après avoir fait ses vœux, cet homme d'une rare énergie, croyant devoir aller plaider la cause de ses compatriotes devant l'empereur Nicolas, se mit en route pour la Russie. Mais, sur son chemin, des Polonais exilés qu'il rencontra le dissuadèrent de sa démarche en lui représentant qu'elle n'aboutirait à rien, et que pour lui il serait saisi et transporté en Sibérie. Alors, au lieu de retourner au Gard, il vint, avec la permission de l'abbé, se fixer au milieu des trappistes de Bellevaux, qui venaient d'établir leur résidence à Géronde, dans le Valais.

Le frère Guillaume avait une âme ardente ; il embrassa la pénitence de tout son cœur et dans toute son étendue. Si on l'avait laissé faire, il aurait renouvelé les austérités à peine croyables des premiers solitaires. Revenu en France avec la communauté en 1834, le supérieur du Val-Sainte-Marie le choisit pour faire connaître aux âmes charitables les besoins de ses religieux. Le frère Guillaume est très âgé ; mais il connaît le monde, qu'il a méprisé et auquel il a renoncé, et il possède, du reste, toutes les qualités pour réussir dans ses collectes. Quand on lui annonce la mission qui va lui être confiée, il fait tous ses efforts pour la décliner et verse des larmes abondantes. Qu'on ne pense pas qu'il appréhende les fatigues, les humiliations et les rebuts ; il ne craint que les dangers en reparaissant dans le monde. Enfin l'obéissance le fait céder. Il était l'homme qu'il fallait à la Grâce-Dieu pour faire face à toutes ses dépenses. Les divers royaumes de l'Europe, les villes et les campagnes, voient tour à tour le Polonais; il connaît toutes les langues, sa voix se fait entendre partout. Hier il était aux pieds de Pie IX, à Gaëte; aujourd'hui on le voit dans le palais du comte de Chambord ou de quelque prince d'Allemagne; dans quelques jours on le rencontrera à Bruxelles, et bientôt aux Tuileries. Dans tous les lieux il est bien accueilli, surtout des généraux et des officiers français, dont quelques-uns ont été ses frères d'armes pendant les guerres de Napoléon Ier. Si parfois on le trouve ennuyeux, importun, on ne laisse pas de l'aimer et on finit par l'assister, parce qu'il édifie et que ses revers, qu'il raconte, lui concilient les sympathies de tous (1). Au milieu de ses courses, le frère Guillaume pratique l'obéissance la plus parfaite envers son supérieur, avec qui il correspond fréquemment. Demande-t-il à rentrer et lui écrit-on de continuer ses voyages, il part sur-le-champ! Si on le rappelle, il arrive aussitôt. Depuis longtemps il désirait ne plus sortir du monastère, afin de se préparer à la mort. En effet, au commencement de 1856 il fut atteint de la jaunisse, à laquelle succéda bientôt l'hydropisie, et il se prépara prochainement à la mort par une confession générale, par des prières plus assidues et des communions plus fréquentes. Il voyait avec joie approcher le terme de son pèlerinage; il s'applaudissait du bonheur d'avoir embrassé la vie religieuse et de mourir entre les bras de ses frères, aux pieds de son supérieur, après avoir été exposé tant de fois à être privé de cette consolation au milieu

(1) Les religieux de l'abbaye de la Grâce-Dieu éprouvent le besoin d'exprimer ici la profonde reconnaissance qu'ils ont vouée à leurs bienfaiteurs. Ils se plaisent à redire hautement que c'est à leur bienveillante assistance qu'ils doivent la restauration de leur monastère. Aussi se font-ils un devoir de prier tous les jours le Seigneur pour toutes les personnes qui leur sont venues et leur viennent encore en aide par leurs charitables offrandes, et d'en conserver précieusement la mémoire.

de ses courses continuelles. Lorsqu'il eut été placé sur la cendre et sur la paille pour attendre Jésus-Christ dans la posture d'un pénitent, il exhorta ses frères à penser souvent à la mort comme un moyen sûr d'éviter le péché et de s'affermir dans leur vocation. Il rendit son âme à Dieu avec une grande confiance dans les mérites du Sauveur et dans la protection de Marie, à qui il avait toujours été fort dévot, le 18 avril 1856, à l'âge de quatre-vingt-deux ans.

Grâce aux soins paternels et dévoués du révérend P. abbé et des autres supérieurs, la communauté de la Grâce-Dieu est de la régularité la plus édifiante. Elle célèbre surtout l'office divin avec une gravité majestueuse et une exactitude très remarquable. Les Pères qui, depuis 1835, n'ont pas discontinué d'y faire la visite annuelle, ont tous laissé dans leurs cartes des louanges sur ce sujet. Le chœur soutient constamment le même ton depuis le commencement de l'office jusqu'à la fin; on est si exact que les trois heures doivent toujours sonner à l'horloge quand les chantres sont arrivés à ces mots du *Te Deum: Te gloriosus apostolorum chorus;* enfin le chant du *Salve, Regina,* émeut tendrement et ravit les assistants. Un assez grand nombre de pieux fidèles viennent s'édifier ou faire quelques jours de retraite dans ce monastère, surtout pendant la saison de l'été. Sa Sainteté Pie IX vient encore (1857) d'ouvrir le trésor spirituel de l'Eglise en faveur des chrétiens qui visiteront l'église de la Grâce-Dieu ou celle d'un autre monastère de la Trappe et y prieront à l'intention du souverain pontife, s'ils ont d'ailleurs satisfait à la confession et à la communion. Il leur accorde indulgence plénière et rémission de tous leurs péchés aux fêtes 1° de l'Immaculée Conception de la sainte Vierge et autres fêtes de Marie; 2° à toutes celles des apôtres; 3° de saint Jean-Baptiste, 4° de saint Joseph, 5° de saint Placide et compagnons, 6° de la conversion de saint Paul, 7° de saint

Maur, 8° de saint Benoît, de saint Robert ; 9° de saint Etienne, abbé ; 10° de saint Malachie, 11° de saint Edmond, 12° de sainte Marie-Madeleine, 13° de sainte Scholastique, 14° de sainte Julianne, 15° de sainte Leutgarde, 16° de sainte Hedwige, 17° le deuxième dimanche après la Pentecôte, 18° le 13 novembre ; enfin deux autres jours au choix de Mgr l'Archevêque de Besançon. Le monastère de la Grâce-Dieu est encore visité par la plupart des étrangers qui, isolément ou en réunion, viennent voir la caverne dite la Glacière de Chaux ou de la Grâce-Dieu ; elle est une des plus remarquables et des plus curieuses de toutes celles qui existent. La communauté de la Grâce-Dieu, si bien réglée, ne cesse de voir le nombre de ses religieux s'accroître. Au 1er janvier 1855 il s'élevait déjà à cinquante-quatre, et il est actuellement de quatre-vingts, parmi lesquels douze prêtres et deux autres qui seront ordonnés incessamment. Ainsi, l'abbaye semble avoir recouvré sa splendeur première, car il n'est pas à croire qu'elle ait jamais possédé beaucoup plus de religieux qu'aujourd'hui.

Terminons par de courtes notices sur les frères qu'elle a perdus depuis sa restauration.

Le frère Etienne (1) est le seul religieux de chœur enterré à la Grâce-Dieu. Avant d'entrer dans le cloître, il vivait déjà en vrai cénobite dans le monde, restant seul avec son père. L'un et l'autre étaient des modèles de ferveur dans la pratique de la vie chrétienne, et l'édification de leurs compatriotes, qui leur portaient une respectueuse estime. La prière, le travail, pratiqués tour à tour dans le silence absolu comme au cloître, partageaient leur temps. Ainsi, il ne fut pas difficile de former le frère Etienne à la vie monastique et on rencontra rarement un religieux plus parfait. Ce qu'on admirait le plus en lui,

---

(1) Pierre Perrot, né à Sampans (Jura).

CHAPITRE SIXIÈME. 249

c'était une candeur admirable jointe à l'humilité, à l'obéissance et à un vif amour pour ses frères. Il avait une belle voix, mais le chant le fatigua et abrégea sa vie, car il n'avait que trente-six ans lorsqu'il mourut. Le frère François-Xavier (1) fut un des religieux qui demandèrent à venir à la Grâce-Dieu pour travailler à sa restauration, où il mourut en 1848. Il avait été pendant longtemps soldat en Hollande, où il gagna plusieurs croix d'honneur. Les colonies hollandaises dans les Indes furent le théâtre de sa bravoure. Il fut non moins bon trappiste qu'excellent militaire. La communauté perdit les services précieux qu'il lui rendait pour la médecine, qu'il connaissait et pratiquait avec succès, et pour la tenue de la comptabilité. Frère Macaire (2), qui mourut vers le même temps, avait des habitudes tout opposées à celles d'un homme qui a vécu au milieu du monde ; il aimait passionnément la solitude et le silence. Le frère Robert (3), que son manque de santé laissa au rang des convers, était une âme mystique abîmée dans la contemplation, sublime dans l'oraison et dans ses transports d'amour pour Dieu. En le voyant plongé dans le ravissement au pied des autels, on se sentait attendri. Ce pieux jeune homme, originaire de Paris, était associé à toutes les sociétés de bonnes œuvres en usage parmi la jeunesse chrétienne de la capitale. Son père, employé au ministère et jouissant d'une fortune considérable, vit à regret son fils le quitter pour se retirer à la Trappe. Avant de prendre ce parti, il avait sollicité un emploi lucratif, qu'il ne put obtenir. Pendant son noviciat, arrive une lettre qui lui offre l'emploi tant désiré. Le révérend père abbé hésite s'il la lui communiquera ; car, d'un côté, le voyant courir à pas de géant dans la perfection, il pré-

---

(1) Jean Altemeyer, né à Foulquemont (Moselle).
(2) François Rosier, né à Géa (Puy-de-Dôme).
(3) Jacques-Jean-Baptiste Défoly, né à Paris.

voit que cette lettre jettera le trouble dans cette âme alors si calme et si heureuse, et d'un autre côté, réfléchissant qu'il n'y a pas d'inconvénient à éprouver la vocation de ce novice, d'autant mieux qu'on peut soupçonner que le dépit peut l'avoir occasionnée, il se décide à la lui donner. Après l'avoir lue, le novice est en proie à une vive angoisse. Mais cette tempête ne dure qu'un jour qu'il passe en prières. Le lendemain il répond pour remercier et dire qu'il renonce à la place, ayant pris le Seigneur pour son héritage. Entré à la Grâce-Dieu en 1850, il mourut de la poitrine le 6 août de la même année, jour de la Transfiguration de Notre Seigneur, fête des âmes contemplatives. Mgr Mabile, évêque de Saint-Claude, se trouvant alors au monastère, voulut voir ce jeune homme, lui donner sa bénédiction, et fut très édifié de la paix intérieure avec laquelle cette belle âme allait à Dieu. L'année 1854 vit disparaître quatre autres religieux. Ce fut d'abord le frère Saturnin (1), qui était un homme simple, sans prétention et justifiant par ses vertus la confiance des supérieurs; il souffrit pendant toute sa vie d'une infirmité secrète, et eut de si violents assauts du démon à repousser à son dernier moment, que ceux qui l'assistaient les remarquèrent. On perdit après lui frère Ferdinand (2), religieux très zélé pour sa perfection, chéri de ses frères, mais d'une santé si faible qu'il s'attendait bien à ne pas vivre longtemps. Il avait une rare aptitude pour les ouvrages manuels. Il était tourneur sur bois, tonnelier, peintre, doreur, etc., etc. La communauté lui est redevable de la dorure et de la peinture qu'on voit dans l'église et des inscriptions qu'on lit sur les murs des cloîtres. Le frère Eugène (3) le suivit dans la tombe le 1er mai. Il avait été soldat; mais dans

---

(1) Jean-Baptiste Pons, né à Tournebouche, canton de Limoux (Aude).
(2) Ferdinand Aubert, né à Colonne, près Poligny (Jura).
(3) Eugène Simonin, né à Vellerot-lez-Belvoir (Doubs).

cet état si dangereux, il s'était préservé de la corruption ; et l'état de tailleur d'habits qu'il avait exercé dans l'atelier de son régiment le fit placer d'abord à la salle de couture du monastère. Son adresse et sa vivacité le firent préposer au soin du moulin. Se trouvant au troisième étage de cet établissement, il laissa prendre ses habits à une pile tournante qui le renversa à terre horizontalement en le faisant tourner ; il eut la tête fracassée contre les murs et les trémies. Le père abbé put encore lui donner l'absolution ; d'ailleurs il avait communié la veille de sa mort. Ce jeune homme, qui paraît avoir eu un pressentiment de sa fin tragique, était un modèle de piété et de modestie. Le 6 septembre vit mourir aussi le frère Stanislas [1]. Il était venu à la Trappe après avoir fait sa théologie ; mais sa santé débile et sa mauvaise vue empêchèrent qu'il ne fût admis au chœur. Il se sanctifia dans la distribution quotidienne des aumônes faites chaque jour aux pauvres à la porte du monastère ; il honorait chacun des membres souffrants de Jésus-Christ comme Jésus-Christ lui-même. Enfin le frère Claude II [2] pratiqua de telles austérités qu'il abrégea ses jours et fut inscrit parmi les morts du monastère le 14 février 1856. Il avait été militaire, et ne reçut le sacrement de confirmation qu'après son entrée en religion.

L'abbaye de la Grâce-Dieu, élevée pour les enfants de saint Benoît et de saint Bernard, est enfin rendue maintenant à sa première destination ; les voûtes de sa basilique retentissent de nouveau des chants divins du roi-prophète, et les cisterciens du XIXe siècle y répètent ces cantiques que leurs pères firent entendre avec amour pendant plus de sept cents ans ! Plaise à Dieu qu'aujourd'hui comme alors la même ferveur trans-

---

(1) François Monpoil, né à Vouchignon (Côte-d'Or).
(2) Claude-Emmanuel Vaucherot, né à Ladoye (Jura).

porte leurs âmes et le même amour embrase leurs cœurs ! Le doigt de Dieu est sur cette abbaye et il la protége si visiblement qu'on ne peut le méconnaître ! Elle a pour pères les deux grands réformateurs de l'ordre de Cîteaux au xviie siècle, l'abbé de Rancé et Eustache de Beaufort. Nous ne connaissons pas d'autre monastère cistercien qui puisse revendiquer une pareille filiation. Puissent les religieux de la Grâce-Dieu continuer à entretenir parmi eux l'esprit de ces deux grands hommes, qui furent si unis de sentiments et d'affection ; fasse le Ciel qu'on dise toujours des disciples ce qu'on répète encore aujourd'hui des maîtres : *Ils n'avaient qu'un cœur et qu'une âme !*..... Nous terminons en faisant remarquer deux autres faits non moins admirables. De même que Bellevaux enfanta au xiie siècle cette abbaye par la médiation de la Charité, pareillement elle lui a encore redonné la vie au xixe siècle par l'intermédiaire du Val-Sainte-Marie. Ce n'est pas tout : la Grâce-Dieu a recueilli les reliques de saint Pierre de Tarentaise, ce trésor précieux auquel l'ancien Bellevaux a dû pendant tant de siècles sa gloire et sa prospérité. Elles sont l'égide de cette communauté, qu'elles ont sauvegardée dans les périls de son exil en Suisse ; aussi n'ont-elles cessé d'être l'objet de la vénération reconnaissante et de la plus vive confiance des religieux depuis leur retour en France ! Ils attribuent leur salut à la protection de saint Pierre de Tarentaise, ils l'invoquent comme leur patron et ils lui rapportent l'honneur de leur restauration. Puissent ces restes vénérables assurer la durée de leur œuvre et en perpétuer les fruits jusque dans les générations les plus reculées !

LISTE DES ABBÉS DE LA GRACE-DIEU.

Boni dispensatores... gratiæ Dei.
(*I Petri*, IV, 10.)

I. Pierre Ier Gauthier, fondateur de la Grâce-Dieu	1139.
II. Wuarnier ou Werner.	1147.
III. Robert Ier.	1156.
IV. Guy	1182.
V. Constantin	1195.
VI. Humbert Ier.	1196.
VII. Martin.	1210.
VIII. Lambert.	1237.
IX. Jean Ier ou J....	1248.
X. Humbert II, prélat puissant et considéré	1249-1263.
XI. Jean II, le bienheureux.	1263-1271.
XII. Hugues Ier	1271-1274.
XIII. Pierre II ou Pierron, Perron, P....	1275-1295.
XIV. Henri Ier de Liesle, noble	1295-1299.
XV. Renaud Ier dit de Salins.	1299-1309.
XVI. Guillaume Ier	1309.
XVII. Guillaume II d'Abbans (douteux)	1366.
XVIII. Renaud II de Bouhans.	1367-1382.
XIX. Renault III de Gonsans	1383-1410.
XX. Pàris.	1411-1416.
XXI. Jean III de Rye, noble	1417-1428.
XXII. Jacques de Neuvelle	1428-1435.
XXIII. Etienne Ier de Chatenoy.	1436-1462.
XXIV. Hugues II, noble (messire de Bremondans).	1463-1492.
XXV. Nicolas Boudot de Bremondans.	1493-1499.
XXVI. Pierre III Marquis.	1499-1512.

XXVII. Jean IV de Maisières, noble.	1513-1546.
XXVIII. Robert II Cavailley de Laurillon, noble.	1547-1575.
XXIX. Etienne II Pierrard	1575-1604.
XXX. Jean V Penevoillet.	1605-1654.
XXXI. Claude Ier Vyot.	1655-1672.
XXXII. Claude II François de Jouffroy, noble	1675-1710.
XXXIII. Louis Perdu, restaurateur de l'abbaye.	1710-1719.
XXXIV. Henri II Aimez, de Poligny	1720-1737.
XXXV. Ponce Jeunet, de Pontarlier	1737-1745.
XXXVI. Brice-Nicolas Mamiel.	1746-1766.
XXXVII. Gabriel-André Deleschaux	1766-1788.
XXXVIII. Frédéric-Léonard Rochet	1788-1790.
XXXIX. Dom Benoît (Michel), abbé actuel	1847.

PIÈCES JUSTIFICATIVES.

PIÈCES JUSTIFICATIVES.

N° 1.

Lettres de l'abbé Deleschaux au P. Dunand, gardien des Capucins de Dijon, qui lui avait demandé des renseignements pour l'histoire de la Grâce-Dieu.

PREMIÈRE LETTRE.

A la Grâce-Dieu, ce 13 juin 1768.

Monsieur, vous désirez quelques traits historiques et distingués qui vous mettent en état d'assigner à l'abbaye de la Grâce-Dieu un rang parmi celles dont vous faites mention dans votre histoire.... Voici ce que j'ai pu recueillir de ma maison. Un incendie qui la détruisit en 1367, a fait disparaître tous les monuments qui auraient mérité votre attention. Rebâtie à la hâte après cet accident, elle a eu besoin d'une nouvelle restauration, et on en est redevable au zèle de dom Perdu, qui en était abbé. C'est lui qui l'a rebâtie en 1711.

Peu de papiers et quelques titres échappèrent à la violence du feu. *On a conservé une charte qui nous apprend que cette abbaye fut fondée en 1139*, par l'abbaye de la Charité, qui y envoya une colonie de cinq religieux sous la conduite d'un Pierre Gauthier; il en fut le premier abbé. Elle fut dotée de quelques fonds par un sire de Montfaucon, un Jean de Cicon et un seigneur de Vercel. Les autres biens qu'elle possède, et qui sont peu considérables, ont été acquis par l'économie des religieux. Le prince de Montbéliard y exerce un droit de gardienneté qui est devenu aussi inutile qu'onéreux... La maison par elle-même n'a rien de remarquable.

L'affreuse catastrophe qui arriva le 28 avril 1757 mérite, je crois, une place dans votre histoire ; et sans doute vous ne serez pas fâché d'en lire le précis. Vers les trois heures après midi, treize scélérats déterminés entrèrent à l'abbaye de la Grâce-Dieu par la porte de la basse-cour. Ils placèrent des sentinelles armées comme eux à toutes les portes, pour empêcher la sortie d'aucune personne ou l'entrée d'aucun étranger. Dom Mamiel, alors abbé, vit tuer à ses pieds son domestique, et dans le temps qu'il étendait le bras pour lui donner l'absolution, il reçut lui-même plusieurs coups de sabre. Ils entrèrent dans son appartement, forcèrent toutes les armoires et les coffres dont il ne pouvait leur présenter la clé, prirent avec le peu d'argent qu'ils y trouvèrent, sa croix, sa montre, son anneau pastoral, s'emparèrent de son linge, de celui de table et de toute l'argenterie qui était dans la maison ; tous les chevaux furent emmenés. Ils avaient été attirés par l'espoir d'une prise plus considérable ; trompés dans leur attente, ils en devinrent plus furieux. Ils se saisirent de l'abbé, des religieux, les conduisirent liés deux à deux et les traînèrent avec la plus grande violence au haut d'une montagne ; ni les discours de l'abbé, respectable à tous égards, ni la faiblesse d'un vieillard âgé de quatre-vingts ans, qui était en vénération dans le canton, ni les suites de leur attentat, ne purent calmer ou adoucir un moment ces furieux. Arrivés sur le haut de la montagne, ils les firent tous mettre à genoux, les tinrent longtemps sous leurs armes entre la vie et la mort, et ils étaient prêts à les égorger, lorsque (Dumont) l'un d'eux se servit de son crédit et de l'ascendant qu'il avait sur leur esprit pour les engager à renvoyer ces victimes infortunées, qui avaient déjà souffert plus que la mort par l'appréhension de celle dont ils étaient menacés. Les voleurs disparurent. Ils ont été pris dans la suite et livrés au supplice qu'ils méritaient. Les spectateurs de cette scène effrayante vinrent détacher les religieux et les ramenèrent à la maison, où le vieillard fit tout de suite sonner les vêpres aussi tranquillement que s'il n'avait couru aucun risque.

Je n'ai pu retrouver une chronologie suivie des abbés de la Grâce-Dieu. Je vous envoie les noms de ceux que j'ai pu découvrir dans l'ordre des temps :

Pierre Gauthier, 1139 ; dom Martin, 1220 ; dom Guy, 1229 ; dom Jean, abbé, 1263 ; dom Renaud de Bouhans, 1367 ; dom Renault de Gonsans, 1383 ; dom Jacques de Neuvelle, 1433 ; dom Nicolas de Bremondans, 1499 ; dom Pierre Marquis, 1508 ; dom Jean de Maisières, 1528 ; dom Robert de Laurillon, 1569 ; dom Etienne

Pierrard, 1586, lequel fut ensuite abbé de Saint-Vincent de Besançon; dom Jean Penevoillet fut nommé abbé de la Grâce-Dieu après la translation de dom Pierrard à celle de Saint-Vincent, 1605; dom Claude Vyot, religieux de Cherlieu, lequel se démit de son abbaye en 1572, en faveur de M. Claude-François Jouffroy de Novillars, prêtre et chanoine à Poligny, qui prit l'habit de l'ordre, obtint son brevet du souverain, et fut élu par les religieux de la communauté, le 12 juin 1675 (ces actes existent) 1655; dom Louis Perdu succéda à dom de Jouffroy, et après avoir joui environ neuf ans de son abbaye, le roi y nomma celui qui suit. C'est dom Perdu qui rebâtit la maison telle qu'elle existe aujourd'hui, 1710; dom Henri Aimez, natif de Poligny, eut l'agrément d'avoir un coadjuteur dans la personne de dom Ponce Jeunet, prieur pour lors de Clairvaux et ensuite d'Acey, 1719; dom Ponce Jeunet, natif de Pontarlier, succéda à dom Aimez et fut élu vicaire général de la province par le chapitre général (de 1738), 1737; dom Brice-Nicolas Mamiel a succédé à dom Jeunet et a été nommé abbé par le roi, le 27 mars 1746; il était prieur de Bolbonne en Languedoc, natif de Metz; il est mort le 13 juin 1766; dom Gabriel-André Deleschaux, natif de Lons-le-Saunier, abbé actuel, a été nommé par brevet du roi, le 17 août de la même année; il a pris possession le 23 novembre suivant, après avoir obtenu des lettres du parlement de Besançon le 18 dudit mois. Il a été béni le 26 avril 1767 par dom Pierre Thirrion, abbé actuel de Morimond, et a été nommé vicaire général par le chapitre de l'ordre, en 1768.

Je suis, etc. Signé DELESCHAUX, abbé actuel de la Grâce-Dieu.

DEUXIÈME LETTRE.

Du même au même.

A la Grâce-Dieu, ce 3 août 1768.

Mon très révérend père, il est vrai, comme vous le mandez par votre lettre, qu'il y a des lacunes dans la liste chronologique des abbés de la Grâce-Dieu que j'ai eu l'honneur de vous faire passer; mais l'incendie arrivé dans cette maison ne m'a pas permis de la faire exacte. Ainsi, mon très révérend père, avec l'aide du *Gallia christiana* et des autres auteurs, vous viendrez peut-être à bout de retrouver ceux qui manquent. J'ai retrouvé en dernier lieu un dom Hugues de Bremondans qui vivait en 1426, Etienne de Chatenoy en 1462, Robert Cavailley en 1561. Je vous prie de vouloir bien les remettre par ordre de date....

Dom Bamier, bénédictin, se trompe pour le successeur de dom Perdu. C'est dom Aimez qui lui a succédé, et dom Jeunet a été le coadjuteur de dom Aimez. Nous avons encore un ancien qui a vu tout cela ; d'ailleurs plusieurs autres personnes, qui ne sont pas de l'âge de notre ancien, l'ont vu également.

Il est vrai qu'Henri, comte de Montbéliard, a donné à cette maison dix livres de rente, comme vous me le marquez ; mais je n'en trouve rien chez nous.

Il y a encore effectivement plusieurs tombes dans notre église, mais il est impossible d'en rien déchiffrer, les lettres étant presque toutes effacées..... Les armoiries de ma maison sont d'azur au soleil resplendissant d'or en chef éclairant des rochers escarpés d'argent.

Je suis, etc.

N° 2.

In nomine sanctæ et individuæ Trinitatis, Patris, Filii, et Spiritûs Sancti.

Humbertus, Dei gratiâ Bisuntinæ sedis archiepiscopus, Wuarnerio, abbati de Misericordiâ Dei, et fratribus ejusdem loci, in sanctitatis proposito irrefragabiliter permanete! Quoniam mortalium hominum labilis est memoria, pacta atque allegationes factorum litteris annotari legum mandavit auctoritas ; quatenùs mortali conditione testibus deficientibus quòd quondam factum fuerit accepto approbetur, ideò, quæ sanctitatis amore et religionis studio, locis Deo dicatis donantur, dignum est et episcopalis munimine privilegii protegantur. Quapropter tibi et Ecclesiæ cui, Deo gubernante, præsides, et fratribus inibi Deo servientibus, ipsum videlicet locum de Misericordiâ Dei, et locum de *Quincunt* et locum de *Ansoent* et quæcumque justè vobis data vel danda sunt assignamus, atque ut in perpetûm absque calumpniarum inquietudine securè possideatis, sigilli nostri impressione firmamus, notumque facimus omnibus fratribus tam præsentibus quàm futuris, quòd dominus *Theobaldus de Rubeo Monte* et dominus *Richardus de Montefalcone*, laude et assensu uxorum suarum atque filiorum suorum et amicorum suorum, dederunt allodium suum de *Falundeas* antiquitùs nominatum, nullo sibi usu retento, jàm dictâ ecclesiâ liberè possidendum. Testes sunt Theobaldus, de Loco Crescenti; Albericus, de Bethaniâ; Petrus, de Charitate; Stephanus, abbas de Luxois; Firminus, abbas de Bello Campo; Hyrodus, abbas de Bellagiâ; Ricardus, tunc prior de Sancto Paulo; Hugo, tunc prior de Marast; Theodericus, comes de Monte Belli Cordis; Henricus de Faucegney; Simon de Rupe; Petrus de Bello Monte; Stephanus de Rubeo Monte; Vivianus de Montefalconis; Henricus de Monte Justini; Bernardus, Wuillermus de Cubrio, et alii multi.

Si qua igitur ecclesiastica sæcularisve persona hanc nostræ sciens constitutionis paginam, contrà eam temerè venire tentaverit, secundò tertiòve commonita, si non satisfactione congruâ emendaverit, potestatis honorisque sui dignitate careat, reamque se divino judicio existere de perpetratâ iniquitate cognoscat, et à sacratissimo corpore et sanguine Dei et Domini redemptoris nostri Jesu Christi aliena fiat, atque in extremo examine districtæ ultioni subjaceat. Cunctis autem eidem Ecclesiæ pacem servantibus, sit pax Domini nostri Jesu Christi, quatenùs et hi bonæ actionis fructum percipiant, et apud districtum judicem præmia æternæ pacis inveniant. Data Bisuntii, quinto nonas maii, per manum Petri, cancellarii, atque cantoris Stephani, anno ab Incarnatione Domini millesimo centesimo quadragesimo septimo.

N° 3.

In nomine sanctæ et individuæ Trinitatis.

Fridericus, divinâ favente clementiâ, Romanorum imperator invictissimus.

Desiderium quod à Religionis propositum et quietem noscitur pertinere, animo nos decet libenti concedere et petentium votis imperiale impertire suffragium, undè dilecti nobis in Christo fratres Ponci Bellevallis, Petre Charitatis, Roberte Rupis Floridæ abbates, vestris justis petitionibus benignè annuentes, ipsa loca Bellevallis et Charitatis et Rupis Floridæ, quæ, felicis memoriæ Regnaldus, comes Burgundiæ, pater Beatricis uxoris meæ, imperatricis Romanorum semper augustæ, dilexit plurimùm et necessariis possessionibus ampliavit, vobis vestrisque successoribus sedem Cisterciensis ordinis in locis eisdem constituendis liberè et quietè habendam et possidendam cum omnibus appenditiis suis, jure imperiali perpetuò confirmamus, et in nostram nostrorumque successorum tuitionem suscipientes, præsentis scripti paginâ communimus, adjicientes et statuimus, ut quascumque possessiones, quæcumque bona eadem in præsentiarum possident, aut in futurum donatione imperatorum, concessione pontificum, largitione regum vel principum, oblatione fidelium, seu aliis rationabilibus modis, præstante Domino, poterunt adipisci, firma vobis vestrisque successoribus et illibata permaneant, in quibus hæc propriis subduximus exprimenda vocabulis. Ipsum scilicet locum Bellevallis et tam piscarias quàm curias et ad ipsum pertinentes, curiam videlicet de Cyrei, de Masnili, de Valeriaco, de Champulso, de Braillant, de Tirveis, de Baaleriaco, terram de Masnilo, de Argyrei, cum omnibus appenditiis earum. Similiter locum Charitatis, etc. Similiter *locum Rupis Floridæ* et curias ad ipsum pertinentes, *curiam videlicet de Rantossart et de Calmis et Aisai cum omnibus ad ipsum pertinentibus.*

Porrò de laboribus quos propriis manibus aut sumptibus colitis seu de nutrimentis vestris, à vobis decimas exigi canonum apostolicamque auctoritatem sequentes, imperiali majestate interdicimus.

Decernimus ergò ut nulli omninò hominum fas sit super hâc nostrâ constitutione temerè vos perturbare, bona vestrorum monasteriorum vel possessiones auferre, retinere, minuere aut temerariis vexationibus fatigare, sed omnia integra conserventur vestris et pauperum Christi usibus, omnibus modis profutura.

Si quis igitur in posterum huic nostræ constitutioni temerè contrà ire temptaverit, si non reatum infrà XL dies congruâ satisfactione correxerit, banno nostro se immandatum noverit et quinquaginta libras puri auri, medietatem in fiscum regium, et alteram partem prædictæ ecclesiæ dampnum intulerit, se cognoscat redditurum. Datum solempniter Erbipoli, anno ab Incarnatione Domini M° C° L° VI°, indictione IIII\ua, epactâ XXVI. (*Suivent les signatures, parmi lesquelles on lit celle d'Humbert, archevêque de Besançon.*)

N° 4.

In nomine sanctæ et individuæ Trinitatis.

Henricus sextus, divinâ favento clementiâ, Romanorum imperator semper augustus et rex Siciliæ. (*Le texte de ce diplôme est le même que celui de Frédéric Barberousse; il est donc inutile de le répéter. Observons seulement qu'il est adressé à Humbert, abbé de la Grâce-Dieu nommé le premier, à Norbert, abbé de Bellevaux, et Martin, de la Charité, et donnons le détail des biens de ces monastères spécifiés dans cette pièce.*) Locum Gratiæ Dei et curias ad ipsum pertinentes, curiam videlicet de Rantassart, et de Charmis, et de Monte et Ayssai, et de Morchans, cum omnibus pertinentiis eorum, terram et prata de Buxeriis, terram de Rebbovilers. Similiter locum Bellevallis cum omnibus appenditiis suis, vineis, silvis, pratis, aquis, piscationibus, campis, pascuis, necnon et curiis sive grangiis ad ipsum pertinentibus, grangias videlicet de Cyrei, de Bullenteis, de Manisli, de Valeriaco, de Champors, de Braillans, d'Argyrei, de Teveis, de Baaleriis, terram de Manistum, terram et nemora de Masnilo, nemus de Ruspiniaco, eleemosynas quas habetis apud Chamburnay, terram de Cazalibus et prata vestra de Tyse, terram quam habetis in territorio de Venise, domos et alias eleemosynas quas habetis in civitate Bisuntinâ, duas monteas salis et vineas et domum quam habetis apud Ledonium, insuper quidquid habetis apud Calidum-Fontem, apud Altezon, apud Folans, apud Vilar-le-Pater, apud Senaide, apud Balmetam, apud Senans. Similiter locum Caritatis, piscarias et vineas et sylvas, prata et pascua et curias de Planche, de Trevis . . . . . de Fornes . . . . . de Fonte Roberti, de Maizeriis et Montany, cum omnibus appenditiis earum, terram quam habetis in potestate de Vezet, in territorio de Frontiniaco, de Novâ-Villâ, de Borgonos, de Echenoz et de . . . . . ; muriam quam habetis apud Ledonem et apud Salins et quidquid in eisdem locis possidetis.

Acta sunt hæc anno Dominicæ Incarnationis M° C° iiiixx° xvi°, indictione xiiii[a], regnante domino Henrico sexto, Romanorum imperatore gloriosissimo et rege Siciliæ, anno regni ejus romani xxv°, imperii vero quinto et Siciliæ secundo. Datum apud Salzam per manum imperialis prothonotarii, xvii° kalend. junii. (*Suivent les signatures de 14 évêques et seigneurs allemands.*)

N° 5.

Noz Humbert abbé de la Grace-Dieu et toz l'y covent de ceile maison faisont savoir à toz cés qui verront ces lettres, que nous avons eschangées à Amey de Montbéliard seigneur de Montfaucon, vi mex de terre et 9 demi en chan, seddit avoir chacun mex ix journax de terre sans pré, et la terre avant dit siétues la voix de Bremondans jusqu'aux Pommiers, par ces pommiers par jusqu'à la fontaine d'Aufroy et dès la fontaine d'Aufroy jusqu'à pays de Noirvalx et à ces boines ce eurent dit sur li terre en l'eschange envers Ossans . . . .
. . . .
. . . .
et après avoir exhigie au devant dit seigneur de Montfaucon v journax de terre en Béamont et dousse charrés de foin en Plainemont et à Ossans lx journax de terre, et xv charrés de foin en Combotte-Pierre et ès Illes, encore et iii charrés en Poyr et ii en Mançans, et i homme à Amondans et iiii sols de cens, et à Saint-Jehan iiii mainies d'omes que noz tenien franchement et bon us en la vil, et xl journax de terre que li home estoient et les prés que il tenoient, et à Adam v hommes et c journax de terre elsauloyer. Et totes ces choses avantdites, li avons donné et outroyé en échange lui à ses hoirs. Et le devant dit Amey nos a donné en échainge perméablement por totes ces choses avant dites, quantque il avait en Aysel, en justices, en homes, en gites et en totes autres choses sanz rien retenir, et toz i que sui home avoit et poioient réclamer en tot le territoire d'Aysel.

Et si, nos doit garder envers totes gens en bonne foy sans néant panre et sanz nul exaction, et sanz nul réclamation ne lui ne exeméant, la grange d'Aysel et la vil et totes les appendices. Et nos abbé et li covent avant dit, la grange ne la vil ne poons mettre en autre garde, et totes les choses que lui avons donné en eschainge nos avons retenu notre us et notre paiturage plénièrement pour notre maison et pour nos granges.

Et porce que ce soit ferme chose et establie nos avons mis notre seel en ces lettres, et Willames notre peres abbés de la Charité per nostre prière et per nostre requeste y a mis le suen seel avec le notré. Et nos li covent, porce que nos ne avons seel avons usé dou seel au devant abbé de la Charité. Ce fut fait en l'an de l'Incarnation de Notre Seigneur 1249, au mois de may.

(*Cartulaire de Montfaucon*, folio 17.)

N° 6.

Nous Humbert, par la grâce de Dieu abbé de la Grâce-Dieu, faisons savoir à toz cés qui ces lettres verront et orront, que Pierre de Roulans chevaliers *nostre rendu hôte enrôlé chevaliers*, Guy de Roulans chevaliers establi en nostre présence ont recogneu per devant nos, que ils ont vehû tot leur aige, xxx ans et plus, que li home monseigneur Gerard de la Tour de Besançon et les soienes choses d'environ Roulans et en la châtellerie, alevent en la corvée en la chevaulchie au seigneur de Roulans et l'y devait la vaite et la justice. En témoignage de vérité et de recogneue, avons mit notre séel en ces lettres furent faites en l'an 1257 ans, au mois de novembre, elle dient-il per lou sairement.

(*Cartulaire de Montfaucon*, folio 43.)

Nous Humbert, par la grâce de Dieu abbé de la Grâce-Dieu, faisons savoir à tous ceux qui ces lettres verront et orront, que Pierre chevalier de Roulans *nostre rendu* et establi en notre présence, a dit et recogneu per devant nos, que li hoirs monseigneur Gerard de la Tour de Besançon se clama à monseigneur Viont, seigneur de Roulans, d'un home monseigneur Perron de Roulans, de dette que l'i devoit, tant que bataille en fut fermée d'une part et d'autre, et en furent en champ, en tant que li hoirs monseigneur Gerard fut convaincu de cette chose et en ot li sire de Roulans le droit et la amende, et se dit-il par sairement. Et li devant Pierre de Roulans et Othes de Loie chevaliers et Othes de Vaites chevaliers, et Guy de Roulans chevaliers, dient per lou sairement que la coste d'Aigremont devers Roulans est de Roulans jusqu'au chastó et y ont cil de Roulans lou ousance, ni hont de racine de droit cil d'Aigremont et la coste d'Aigremont devers Lacé jusqu'au chatel et la coste devers Pillante est de Pillante jusqu'au chatel, et cil de Roulans et ce delince ont tous devis entre tous et ce dient lui ci devant dits chevaliers per le sairement et dit li devant dit Pierre chevaliers de Roulans qu'il est guerre au seigneur de Roulans d'ou devis de Roulans et d'Aigremont, à la fin reveulent cil de Roulans et cil de Pillante, cil de Lacé per droit et tous raisons, et en lous droit pertout, jusqu'au châtel d'Aigremont. En témoignage de ce recogneu nous avons mis notre seel en ces lettres, qui feirent faites l'an 1257.

(*Cartulaire de Montfaucon*, folio 39.)

N° 7.

In nomine Domini. Amen. Anno 1304, mensis decembris, ego Joannes de Montebeligardensi dominus Montisfalconis, sanus mente et corpore, per Dei gratiam de supremis cogitans, animæ meæ saluti volens providere, testamentum meum seu ultimam meam voluntatem per nuncupationem condo et ordino in hunc modum. Imprimis animam meam recommendo altissimo Creatori. *Item*, Valterium de Montefalconis militem fratrem meum hæredem in omnibus bonis meis, si me decedere contingit sine hærede de meo proprio corpore legitimè procreato. *Item*, sepulturam meam eligo in ecclesiâ Bisuntinâ Sancti Stephani, juxtà tumulos parentum meorum, et volo et præcipio quòd ubicumque me decedere contigerit, corpus meum juxtà tumulos parentum meorum sepeliendum deferatur. *Item*, do et lego ecclesiæ Bisuntinæ 100 solidos annui reditûs quos assigno in puteo Salinensi percipiendos et habendos singulis annis pro anniversario meo in dictâ ecclesiâ faciendo. *Item*, in dictâ ecclesiâ, videlicet in capellâ vel in loco sepulturæ meæ, instituo et ordino quamdam capellaniam pro quodam capellano, qui pro remedio animæ meæ et antecessorum meorum missam celebrare tenebitur, cui capellaniæ do et lego in perpetuum 15 libras annui reditûs percipiendas in puteo Salinensi. *Item*, volo et ordino quòd collatio prædictæ capellaniæ pertineat ad hæredem meum qui fuerit dominus Montisfalconis et quòd dicta capellania non conferatur nisi personæ idoneæ in sacerdotio jam promotæ, quæ illam decenter deserviat, et si dominus Montisfalconis dictam capellaniam infrà duos menses vacationis non conferat, collatio ejusdem ad abbatem Sancti Pauli Bisuntini devolvetur. *Item*, hospitalibus Bisuntinis cuilibet 60 solidos. *Item*, leprosis de Vesiâ unum bichetum frumenti ad mensuram communem Bisuntinam super molendinum de Saône. *Item*, leprosis de Arcu similiter unum bichetum frumenti in molendino de la Cannée. *Item*, ecclesiæ Sancti Vincentii Bisuntini duo bicheta frumenti annui reditûs, percipienda in decimis de Bouclans. *Item*, fratribus minoribus bisuntinis 40 solidos. *Item*, dominabus de Battento quito et remitto omne jus quod habebam in vineâ earum sitâ in territorio meo de Vassernis, pro anniversario meo faciendo et libero ab omni genere servitutis mihi competenti in dictâ vineâ. *Item*, fabricæ ecclesiæ Sanctæ Magdalenæ Bisuntinæ civitatis 40 solidos, Sancti Petri, Sancti Mauritii, Sancti Joannis de parochiâ, cuilibet 10 solidos. *Item*, do et lego ecclesiæ parochiali de Chalèse unum bichetum frumenti annui reditûs à curato hujus loci percipiendum, pro anniversario meo faciendo. *Item*, ecclesiæ de Bouclans ob eamdem causam unum bichetum percipiendum in molendino stanni de Bouclans. *Item*, ecclesiæ parochiali de Passavant unum bichetum frumenti ad mensuram de Vercellis, in molendino d'Orsans, pro anniversario meo. *Item*, ecclesiæ parochiali de Vercellis unum bichetum in molendino de Prato, ob eamdem causam. *Item*, ecclesiæ parochiali de Roulans unum bichetum percipiendum in censibus de Roulans, ob eamdem causam. *Item*, DO ET LEGO ABBATI ET CONVENTUI GRATIÆ DEI MOLENDINUM DE ORSANS CUM EJUSDEM REDITIBUS PRO ANNIVERSARIO, EXCEPTO TAMEN BICHETO LEGATO ECCLESIÆ DE PASSAVANT. *Item*, do et lego prioratui de Vuillorbe 20 solidos. *Item*, do ecclesiæ de Soye 40 solidos, semel tantùm. *Item*, hospitali Villæ Dei duos mansos et homines quos habeo in Villâ Dei, cum appenditiis percipiendis à fratribus cum bicheto frumenti ad mensuram de Vercellis in molendino de Crosey, singulis annis. *Item*, do et lego prioratui de Mortuâ Aquâ quidquid habeo in Pleymont, Sommette, Grandfontaine antè Yssous in reditibus et aliis rebus, retentâ mihi gardiâ et justitiâ dictorum locorum, quod cedat ad restitutionem damnorum et injuriarum, si quas ego et pater meus intulimus dicto prioratui, ad liberationem animarum nostrarum. *Item*, volo et præcipio quòd restituatur dicto prioratui usquè ad 60 libras usualis monetæ pro decimis quas nomine dicti prioratui solvit prior vel ad earum solutionem se obligavit, videlicet pro decimis in subsidium Terræ sanctæ tempore Gregorii papæ X concessis, quo tempore pater meus dictum prioratum tenebat. *Item*, cùm dominus Joannes de Vercellis miles, pater quondàm Vuillermi Richardi in homagium patris mei intraverit et ab ipso in feodum ceperit omnia bona sua mobilia et immobilia et super hoc fuerit littera confecta, ego in recompensationem servitiorum mihi à dictis Villelmo et Joanne fratribus impensorum, remitto et quito eisdem fratribus feudum omnium mobiliorum suorum ad faciendum de ipsis omnimodam voluntatem, mihi et meis retinens feudum immobiliorum suorum pro quibus mihi et meis fidelitatem in perpetuum facere teneantur, et volo quòd littera nova fiat super feudo immobili, prout aliis facta est, in quâ mobilia excipiantur. *Item*, Guidoni de Lusans do 100 libras, et præcipio quòd quidquid juris intentum et probatum fuerit illum habere in decimis de Roulans, quas comes Montisbelligardensis quondàm avunculus meus tenebat tempore mortis suæ, eidem restituatur. *Item*, cuilibet barcionum meorum qui sunt et erunt in meo servitio 100 solidos. *Item*, do et lego domino Joanni de Vercellis militi meo 10 libras. *Item*, Henrico de Vercellis 10 libras, *Item*, dicto Effermel 100 solidos. *Item*, dicto Fac 100 solidos. *Item*, dicto Roulans 100 solidos. *Item*, magistro Joanni 60 solidos. *Item*, magistro Besanno 100 solidos. *Item*, do et lego Agneti, filiæ meæ, 10 libratas terræ annui reditûs quas eidem assigno super meis reditibus villæ de Osse; eidem adhuc 20 libras, præcipiens eam et hæredes suos tenere prædictam terram in feudum ab hæredibus meis in perpetuum. *Item*, cuilibet falconerio meo tempore decessûs mei do et lego equum suum et falconem quem solitus erat portare. *Item*, volo quòd nobilibus de Breymondans reddantur 20 libræ quas habui ab ipsis. *Item*, volo quòd reddantur Girardo de Audens filio Forcet 10 libras, quas ab ipso injustè extorsi. *Item*, volo quòd filiis Vernerii piscatoris reddantur 10 libræ extortæ ab eis. *Item*, dicto Bucery de Pierlette 20 solidos. *Item*, do et lego ecclesiis et pauperibus diœcesis bisuntinæ 100 libras dividendas ut placebit hæredibus meis in restitutionem damnorum, si quæ in finagiis ipsorum intuli. *Item*, do et lego domino Renaudo presbytero meo 10 libras. *Item*, volo quòd quitatio de feodo mobilium facta Richardo et Joanni fratribus filliis dicti Joannis militis de Vercellis cedat in recompensationem servitiorum et restitutionem damnorum, si ego et pater meus ipsis vel patri intulimus. *Item*, volo et præcipio quòd illud jus sufficienter probatum hæredum domini Renaud de Beurre quondàm militis, habere in villà de Saônne et ejusdem villæ finagio, territorio et nemoribus, eisdem sine contradictione restituatur. *Item*, do et lego uxori Petri de Vercellis et ejus hæredibus 10 libras pro servitio à dicto Petro mihi facto. *Item*, cùm pater meus dedisset in dotem Agneti sorori meæ Roulans castrum cum appenditiis, volo quòd dictum castrum cum ejus appenditiis universis liberis quondàm Joannetæ neptis meæ et hæredibus dictæ Joannetæ reddatur. *Item*, volo et ordino quòd si aliquid dedi vel concessi dictæ Joannetæ nepti meæ et super hoc litteræ confectæ invenirentur, quòd dictæ concessiones sorori meæ nullum inferant præjudicium et gravamen, quòd dictà concessione sit contenta de eis quæ huic in dotem pecunià numeratà pro omni jure competenti in bonis meis, hoc salvo quòd si aliquid ei dare voluero, quòd sibi nullum præjudicium valeat generari. *Item*, volo quòd pro portione mihi contingente, debita matris meæ persolvantur. *Item*, volo quòd reddantur abbati Sancti Pauli Bisuntini 40 libræ extortæ ab homine suo Borne, de Nasey. *Item*, hospitali de Villà Dei volo quòd reddantur 20 libræ pro blado à gentibus meis in dicto hospitali capto. *Item*, N. de Bellovisu do et lego 100 solidos; Hugoni de Bretonvillers, Lamberto de Nasey et Ponceto de Randevillers, cuilibet 60 solidos. *Item*, Broigniart et Voichard de Mortuà Aquà volo quòd reddantur omnia à me extorta. *Item*, Othoni de Aïssey do 100 solidos extortos pro me ab Guidone Gaillard. *Item*, ABBATI GRATIÆ DEI 40 LIBRAS AB EO EXTORTAS. *Item*, volo quòd hominibus de banno recharo reddantur 20 libræ cullenses et hominibus de banno de Giramont similiter 30 libræ cullenses, pro damnis quæ eisdem intuli, quas 50 libras cullenses assigno in reditibus banni de Giramont. *Item*, do et lego ecclesiæ Romoriensi 4 libratas terræ cum 10 solidatis cullensibus percipiendas quotannis in reditibus pedagii Novi Castri pro anniversario meo in eâdem ecclesiâ. *Item*, volo quòd curato de Chevigney reddatur decima de terris meis ejusce loci, ut mos est ab antiquo. *Item*, volo et præcipio quòd omnes mei homines taillabiles, sint per duos annos sequentes decessum meum liberi et absoluti de tailliis, exactionibus quibuscumque, et burgenses mei similiter per 6 annos, in compensationem damnorum illis meî occasione illatorum. *Item*, volo et mando quòd cuilibet curato de Varasco à quibus injustè habui avenam tempore quo rex Allemanicus obsedit civitatem Bisuntinam, prout inventum fuerit, fiat satisfactio plenaria. *Item*, volo quòd hæredibus domini Theobaldi de Vy et hominibus suis restituantur damna quæ eis intuli, si quæ sunt et probentur, et illis dicti Theobaldi hæreditas sua restituatur, si quam occupavi. *Item*, do et lego leprosis des Hages de Vennes in perpetuum, bichetum unum frumenti percipiendum quotannis in molendinis meis de Vennes. *Item*, volo et ordino quòd omnia debita mea primò et principaliter persolvantur et alii clamores mei et supràdicta legata. Et his completis, si aliquid de bonis meis mobilibus residuum fuerit, volo et mando pauperibus erogari per executores meos infràdictos. *Item*, volo et jubeo quòd decima vinearum mearum de Amagney persolvatur, prout justum fuerit, illis qui habent jus in eisdem. Executores facio R. archiepiscopum Bisuntinum, cui do et lego 100 libras; officialem curiæ Bisuntinæ, dominum N. Bisuntinum et Belisgardi qui pro tempore fuerint, in quorum manus trado omnia bona mea, ut satisfaciant ultimæ voluntatis meæ dispositionibus. Quòd si omnes non possint eas exequi, ab uno vel duobus ex eis exequantur.

(*La copie de cette pièce très intéressante, écrite de la main de dom Mamiel, abbé de la Grâce-Dieu, est déposée dans l'étude de M. Fusenot, notaire à Baume, qui a bien voulu nous la communiquer. Ce testament fut scellé à l'officialité de Besançon le 3 des ides de mars 1305, à la requête de son auteur. Il décéda dans le cours de l'été de cette année; car le lundi après la Nativité de la sainte Vierge, l'official publia les dispositions de dernière volonté de Jean de Montfaucon.*)

N° 8.

Mémoire de dom Mamiel.

L'abbaye régulière de la Grâce-Dieu, ordre de Cîteaux, diocèse de Besançon, à la nomination du roi, possédée par un religieux du même ordre qui en a été pourvu en 1746, a essuyé au mois de février 1757 une inondation qui lui a causé pour plus de 15,000 f. de pertes.

Le 28 avril de la même année, une troupe de treize voleurs, ayant à leur tête le frère de Louis Mandrin, s'étant introduite dans ledit monastère à la faveur des ruines de son enceinte, détruite par l'inondation, a pillé, volé, enlevé toute l'argenterie de ladite abbaye, avec les chevaux, mulets et effets transportables, ce qui lui a occasionné une nouvelle perte, parallèle pour le moins à celle de l'inondation.

L'abbé a été fort maltraité, ayant reçu plusieurs coups de sabre, et aussi les trois religieux conduits avec lui, liés et garrottés par ces scélérats, sur une éminence à demi-quart d'heure de la maison pour être fusillés. Le principal domestique de l'abbé a été tué raide; le tailleur de ladite abbaye enterré le lendemain avec lui, et plusieurs domestiques blessés, comme le tout a été constaté par les relations et procès-verbaux en dressés lors de ces funestes événements, annoncés à la cour par M. le premier président et intendant de Franche-Comté, et dont les doubles ont été remis dans le temps au secrétaire de la feuille des bénéfices par Mgr l'archevêque de Besançon, qui en a attesté la vérité.

Les revenus de ladite abbaye, tant pour l'abbé que pour les cinq religieux qui composent sa communauté, ne se portent annuellement, ainsi que l'a affirmé mondit seigneur, qu'à 5 ou 6,000 livres de rente au plus, sur lesquelles néanmoins cet infortuné abbé a été chargé par feu Mgr de Mirepoix, dans son brevet du 28 mars 1746, de payer annuellement 1,400 livres à messieurs les chanoine et doyen des églises de Gray et d'Arbois, à savoir, à M. Domet de Mont, doyen du chapitre d'Arbois, 800 livres, et à M. de Chargey d'Auvanche, prévôt de Gray, 600 livres. La pension dont l'abbaye de la Grâce-Dieu a été fournie finira avec l'année prochaine 1762, n'ayant été accordée que pour 15 ans en indemnité de celles ci-dessus assignées dès 1716 sur l'abbaye de la Grâce-Dieu. Ces malheurs et les pertes qui les ont suivis mettent cette maison dans le besoin, et elle pourrait être soulagée en lui accordant une pension de 14 à 1,500 livres pour autant de temps que dureront celles auxquelles elle est tenue. Son état d'indigence la met dans la nécessité de recourir et d'implorer les grâces de la cour pour l'en relever.

L'abbé actuel de cette abbaye, qui avait six frères au service du roi, dont trois morts dans le génie, l'artillerie et royal-Bavière, ne peut espérer aucun secours de sa famille, parce que les trois autres, dont l'un, commandant la citadelle de Metz, l'autre capitaine en pied dans le régiment de royal-marine, et le troisième ingénieur et grand-voyer d'Arcadie, fait récemment pour la troisième fois prisonnier par les Anglais à Québec, ont besoin du peu de fortune qui leur reste pour se soutenir au service du roi.

Note ajoutée par une autre main. Le revenu de l'abbaye peut se porter annuellement à 5 ou 6,000 livres tout au plus et à tout estimer ce qui peut se consommer dans la maison, sur quoi l'abbaye est annuellement chargée de payer 1,400 livres de pension, 1,500 livres d'intérêt pour les sommes empruntées pour la reconstruction des anciens bâtiments culbutés par l'inondation de 1757, et pour se défendre par la clôture de leur monastère d'une seconde incursion de brigands ; et les religieux ont à se relever des pertes qu'ils avaient faites et souffertes par l'enlèvement de tous leurs effets. Ils sont aussi chargés de 500 livres de don gratuit et du vingtième. La communauté de ladite abbaye est composée de sept religieux, en y comprenant l'abbé, et de neuf domestiques indispensablement nécessaires dans leur position isolée.

N° 9.

Complainte sur le supplice de Dumont.

1.

Brave jeunesse,
Venez pour un moment
Voir ma tristesse.
Je vais cruellement
Bientôt perdre la vie :
Plaignez mon triste sort
Et déplorez ma mort.

2.

Dès mon jeune âge
Je m'abandonne
Au brigandage,
Au larcin et au meurtre ;
De plusieurs grands voleurs
J'assemble une bande,
Dont j'ai le déshonneur
D'être le conducteur.

3.

Avec une bande
Plus méchante que Mandrin,
Sa contre-bande,
Je vole comme un lutin ;
Impunément je vole,
Je saccage ;
Les coffres sont fouillés,
Les louis d'or pillés.

4.

A mon approche
Tout tremble, tout frissonne,
Tout craint, tout fuit ;
A droite, comme à gauche,
Nous répandons l'effroi ;
Nous portons l'alarme,
Dans les bourgs et les hameaux,
Comme dans les châteaux.

5.

Sur les frontières
De la Suisse
Et de la Comté,
Dans les bourgs et villages,
On remarque partout
Les effets de ma rage ;
Je fais par ma fureur
Un théâtre d'horreur.

6.

A l'abbaye
De la Grâce-Dieu
Notre furie
Porte le trouble
En ce lieu.
Ces vénérables Pères,
Nous avons maltraités et blessés.
Quelle horreur !

7

Je vole et je pille
La vaisselle d'argent,
Comme un soudrille
Cruel et méchant ;
Au Père prieur
J'ai pris quinze cents livres,
Et sans faire quartier,
Cinq cents au dépensier.

8.

Sur mon visage
Est peinte la fureur,
La noire rage
Et la terreur.
Jurant et blasphémant,
Je dis à ces bons Pères :
Dites-moi donc d'abord
Où est votre trésor.

9.
A leur réponse,
Voici qui fait frémir !
Je leur annonce
Qu'il faut mourir !
Le bon Père prieur
Me demande par grâce
De mourir dans ces bois,
Lui seul cette fois.

10.
Alors j'emmène
Ces bons religieux,
O rage extrême !
O récit affreux !
Dans le milieu du bois
Au bon prieur, avec fureur,
J'enlève sa croix
Et sa bague d'honneur.

11.
A coups de pistolet,
A deux valets
J'ôte la vie ;
Un autre blessé
De la même abbaye
Se sauve promptement,
Blessé légèrement.

12.
Hélas ! j'ai honte
Quand mes attentats
Je raconte !
J'en ai bien mis
A mort,
Cinq ou six
Au tombeau.

13.
De mes noirs forfaits
Dieu se lasse enfin ;
L'excès de mes désordres
De pousser plus avant
Le Très-Haut
Ne me permet pas.
Vous voyez maintenant
Mon emprisonnement.

14.
Dans un village,
Des gens forts et nerveux
Dans leur langage
Se sont dit entre eux :
Arrêtons ce coquin,
Il n'a pas bonne mine,
Son visage fait peur,
C'est quelque grand voleur.

15.
L'on m'environne,
On se saisit d'abord
De ma personne.
Quel triste sort !
Etroitement lié,
On me conduit à Baume,
De Baume à Besançon,
Dans l'affreuse prison.

16.
Aussitôt la justice
Instruit mon procès.
Pour ma malice,
Crimes et excès,
Je fus condamné
A l'amende honorable
Et d'être rompu vif.
Quel tourment excessif !

17.
Le long des rues
Marchant à pas comptés,
Portant la vue
De tous les côtés,
J'ai mis dans mon chemin
Plus de trois grandes heures.
J'allais fort lentement
Pour subir mon tourment.

18.
Sur la place
Des Casernes enfin arrivé,
La populace
Encore j'ai regardé :
Et deux exécuteurs
M'ont fait monter l'échelle.
Etant sur l'échafaud,
J'avais rudement chaud.

19.

Je me prépare
A recevoir la mort,
Déjà s'élève la barre
Et retombe bien fort,
Et à coups redoublés
Casse mes pauvres membres.
J'ai combattu longtemps
Un si cruel tourment!

20.

Vivez, jeunesse,
Dans la crainte de Dieu
Et la sagesse :
Point de milieu,
Tôt ou tard, Dieu punit,
Dans ce monde ou dans l'autre.
Pécheurs, amendez-vous,
Et désarmez son courroux.

N° 10.

Journée du Trappiste.

EN ÉTÉ,

ou depuis Pâques au 14 septembre.

1° 2 heures, lever; à minuit les jours de grande fête, et à 1 heure le dimanche.

2° 4 heures, l'*Angelus* et l'étude des psaumes.

3° 5 heures, Prime et ensuite le chapitre des coulpes extérieures contre la règle.

4° 6 heures 1/2, le travail des mains.

5° 9 heures, Tierce, grand'messe, Sexte.

6° 10 heures 1/2, le dîner.

7° Midi, l'*Angelus* et la méridienne.

8° 1 heure, None, le travail des mains.

9° 3 heures 3/4, méditation, ensuite Vêpres.

10° 5 heures, le souper.

11° 6 heures 1/2, lecture spirituelle, Complies, le *Salve, Regina*.

12° 8 heures, le coucher.

EN HIVER,

ou depuis le 14 septembre à Pâques.

Tout se pratique comme en été, à l'exception de ce qui suit :

1° 7 heures 3/4, Tierce, la messe, Sexte, le travail.

2° 11 heures 1/2, None, l'*Angelus*, le dîner.

3° 1 heure 3/4, le travail.

4° 5 heures, la collation de 3 onces de pain sec avec un 1/2 verre de boisson aux jeûnes d'ordre et de 2 onces pendant le carême et aux jeûnes d'Eglise. En ceux-ci on ne dîne qu'à midi et demi.

Lorsqu'on se lève à minuit ou à une heure pour l'office, les religieux reposent après Matines jusqu'à l'office de Prime.

N° 11.

Décret du Souverain Pontife qui érige les maisons de la Trappe en Congrégation.

Le premier jour d'octobre de l'année 1834, les éminentissimes et révérendissimes cardinaux de la sainte Eglise romaine, Charles Odescalchi, préfet et rapporteur; Charles-Marie Pedicini et Thomas Weld, membres de la sacrée congrégation des évêques et des réguliers, et spécialement chargés par notre saint-père le pape Grégoire XVI de donner aux monastères de la Trappe, en France, une forme de gouvernement plus propre à faire fleurir les vertus; sur le rapport des évêques dans les diocèses desquels sont situés ces monastères, et du P. Antoine, abbé de Melleray, et nommé visiteur par la même sacrée congrégation, ont jugé à propos d'arrêter et de régler ce qui suit :

1° Tous les monastères des trappistes en France formeront une seule congrégation, sous le nom de Congrégation des religieux cisterciens de Notre-Dame de la Trappe.

2° Le président général de l'ordre de Cîteaux en sera le chef et confirmera l'élection des abbés.

3° Il y aura en France un vicaire général revêtu de tous les pouvoirs nécessaires pour le bon gouvernement de la congrégation.

4° Cette charge sera attachée à perpétuité à l'abbaye de l'ancien monastère de Notre-Dame de la Trappe (1), d'où sont sortis tous les trappistes; en sorte que les abbés de ce monastère, canoniquement élus, auront en même temps l'autorité et la charge de vicaire général.

5° Tous les ans le vicaire général tiendra le chapitre, auquel il convoquera les autres abbés et les prieurs conventuels (2). De plus,

---

(1) Appelée maintenant la Grande-Trappe, au diocèse de Séez, pour la distinguer des autres Trappes.

(2) Par prieurs conventuels, il faut entendre les titulaires; car il n'y a plus en France de commendes.

il visitera par lui-même ou par un autre abbé tous les monastères(1), et celui de Notre-Dame de la Trappe sera visité par les quatre abbés de Melleray, du Port-du-Salut, de Bellefontaine et du Gard (2).

6° Toute la congrégation suivra la règle de saint Benoît et les constitutions de l'abbé de Rancé, sauf quelques dispositions contenues dans ce présent décret.

7° On se conformera au décret de la sacrée congrégation des rites, en date du 20 avril 1822, touchant le rituel, le missel, le bréviaire et le martyrologe dont on doit faire usage.

8° Le travail manuel ordinaire n'excédera pas six heures en été et quatre heures et demie le reste de l'année. Quant aux jeûnes, aux prières et au chant de l'office, on suivra ou la règle de saint Benoît, ou les constitutions de l'abbé de Rancé, selon l'usage reçu dans chaque monastère.

9° Les supérieurs pourront modifier et adoucir les dispositions de l'art. 8 en faveur des religieux qu'ils croiront mériter quelque indulgence à cause de leur âge, de leur mauvaise santé ou pour d'autres raisons légitimes.

10° Quoique les monastères des trappistes soient exempts de la juridiction des évêques, cependant, pour des raisons particulières et jusqu'à nouvel ordre, ils seront soumis à la juridiction des mêmes évêques, qui agiront comme délégués du siége apostolique.

11° Les religieuses de la Trappe en France appartiendront à cette congrégation; mais elles ne seront point exemptes de la juridiction de l'Ordinaire. Cependant la direction spirituelle de chaque monastère sera confiée à un ou deux religieux du monastère le plus voisin. Les évêques choisiront et approuveront les religieux qu'ils jugeront propres à cet emploi, et ils pourront donner pour confesseurs extraordinaires même des prêtres séculiers.

12° Les constitutions que les religieuses devront observer à l'avenir seront soumises au jugement du saint-siége.

---

(1) Actuellement existants et qui n'ont pas de père immédiat, conformément aux constitutions de l'ordre de Cîteaux.

(2) Les abbés de ces quatre monastères sont les premiers pères de la congrégation et représentent les abbés de la Ferté, de Pontigny, de Clairvaux et de Morimond.

Notre saint père le pape Grégoire XVI, à l'audience obtenue par Mᵍʳ le secrétaire de la sacrée congrégation des évêques et des réguliers, le 3 octobre 1834, a ratifié en tout le présent décret, l'a confirmé et a ordonné qu'il serait mis à exécution.

Le cardinal Charles ODESCALCHI, *préfet.*

JEAN, archevêque d'Ephèse, *secrétaire.*

FIN.

APPENDICE.

De l'ordre et de la durée des exercices prescrits par la règle de saint Benoît, et en particulier du travail des mains.

L'on a vu dans le cours de l'histoire précédente qu'une des causes de la séparation que fit le saint-siége entre les trappistes était la manière différente d'entendre la règle de saint Benoît, particulièrement à l'égard du temps consacré au travail par ce saint législateur. En la signalant, nous avons promis de donner au lecteur quelques détails sur ce point; tel est l'objet de cet appendice.

Notre dessein n'est pas de donner une dissertation complète sur ce sujet; il faudrait un volume. Plusieurs savants auteurs l'ont traité d'une manière assez étendue en commentant la règle de saint Benoît, et quelques-uns nous semblent l'avoir fait assez bien. Une étude profonde de la règle de saint Benoît, une parfaite connaissance des coutumes anciennes sur lesquelles elle est basée, enfin, leur exacte application aux passages qui pouvaient offrir quelque difficulté, les ont amenés à reconnaître que cette règle ne prescrivait jamais que quatre heures de travail, selon le calcul des anciens. Nous verrons plus bas ce que pouvaient valoir, selon les différentes saisons de l'année, ces quatre heures des anciens converties en heures modernes. Que penser alors des sept, huit heures et même davantage que de nombreux écrivains assignent au travail bénédictin? La plupart d'entre eux s'étant bornés à en fixer le chiffre, nous ne rechercherons pas le motif qui a pu les y porter, car il est à croire que, n'en ayant aucun en particulier, ils se sont bornés à copier leurs devanciers sans se mettre en peine de concilier la durée qu'ils donnaient au travail des mains avec le reste des exercices réguliers auxquels saint Benoît astreint les observateurs de sa règle. Parmi les écrivains plus explicites qui ont cherché à rendre compte de leur sentiment et à l'appuyer sur la règle du même saint Benoît, il en est deux principaux que nous ne pouvons nous dispenser de mentionner ici. Ce sont M. de Rancé, le célèbre réformateur de la Trappe, et dom Claude de Vert (1), trésorier de Cluny et contemporain du précédent. Il est facile de reconnaître, en lisant les ouvrages de ces deux auteurs sur la règle de saint Benoît, que leur opinion sur la durée du travail des mains repose sur le même fondement, c'est-à-dire sur une interprétation outrée des termes dont saint Benoît s'est servi pour fixer la durée du travail, comme nous aurons occasion de le remarquer dans la suite.

Il serait à désirer qu'ils se fussent mieux conformés à ces paroles si justes de dom de Vert, qui se trouvent dans l'avertissement qui précède sa traduction de la règle de saint Benoît (2) : *Pour ce qui est de la difficulté de la traduction, on peut dire en général de la règle de saint Benoît, après saint Grégoire et l'empereur Louis le Débonnaire, qu'elle est assez claire et assez intelligible par elle-même, c'est-à-dire pourvu qu'on la lise sans prévention et qu'on veuille bien ne la point expliquer par les usages modernes ; car c'est un sophisme qui engage dans d'étranges illusions que de dire : Nous sommes dans telles et telles pratiques ; donc elles sont dans la règle, et saint Benoît l'a entendu ainsi.*

Plus loin, il ajoute : *Que tout ce qui peut faire de la difficulté dans l'intelligence de la règle de saint Benoît, après s'être défait de toute*

---

(1) Personne n'ignore la triste célébrité que s'est acquise D. de Vert dans la révolution anti-liturgiste qui avait lieu en France de son temps. Ceux de nos lecteurs qui désireraient connaître plus à fond cet auteur, peuvent consulter : 1° Collet, *Traité des saints mystères*, tom. II, pag. 127 et suivantes ; 2° le P. Lebrun, *Explication de la messe*, tome Ier, préface, p. XIV, etc..., et enfin le célèbre D. Guéranger, *Institutions liturgiques*, t. II, chap. XVIII.

(2) Il serait peut-être bon d'avertir ici que, de l'aveu de D. de Vert lui-même, l'abbé de Rancé est le principal auteur de cette version, à laquelle D. de Vert joignit les notes qu'elle contient. Elle fut rééditée en 1824 par les religieux de la Grande-Trappe.

préoccupation, ne consiste proprement qu'en de certaines choses de pratique, qui ne sont plus dans l'usage d'aujourd'hui, comme les heures antiques; par exemple, celles de l'office divin, celles des repas, les jeûnes jusqu'à la neuvième heure, jusqu'au soir, etc... En sorte que pour réussir dans cette interprétation de la règle, il faut nécessairement connaître les mœurs et la discipline, aussi bien que le langage et les expressions du sixième siècle, et les expliquer selon la notion de ce temps-là. Et c'est à quoi on a extrêmement pris garde dans cette version.

Assurément ces principes sont sages, et nous n'aurions sans doute rien à reprocher à M. de Vert s'il les eût fidèlement suivis. Mais quelque assurance qu'il nous en donne à la fin du passage que nous venons de citer, nous ne laissons pas, après un sérieux examen, de penser le contraire. Nous croyons même que la crainte de se laisser emporter par l'autorité des constitutions et des déclaratoires modernes, et enfin par le préjugé des commentaires ordinaires, auxquels il assimile, du moins sous ce rapport, les us de Cîteaux (1), les lui a fait perdre de vue en plus d'une rencontre. Enfin, il nous semble impossible de douter qu'il n'ait pris quelquefois les usages modernes pour les anciens (nous verrons plus bas que cette erreur fut partagée par M. de Rancé), et qu'il n'ait plus eu à cœur de rejeter les opinions des commentateurs que de se conformer aux coutumes anciennes. Si le reproche qu'il leur fait de s'en être écartés peut être fondé à l'égard de quelques-uns d'entre eux, il est certain que plusieurs ont su l'éviter, qu'ils ont traité avec assez de justesse la question des heures antiques et résolu heureusement la plupart des difficultés qui se rencontrent au sujet des divers exercices que prescrit la règle de saint Benoît. Les Hildemare, les dom Calmet, les Mabillon, les Martène (2), se sont généralement placés, à notre avis, au véritable point de vue, et nous

---

(1) Quoi qu'en dise D. de Vert, et malgré son mépris affecté pour les us de Cîteaux, nous ne laisserons pas de penser que ces constitutions sont, comme le prétendent de savants auteurs, une explication littérale et vraie de la règle de saint Benoît et qu'elles offrent un grand secours pour la solution des difficultés qu'elle renferme.

(2) Hildemare, Français de nation, qui vivait du temps de Louis le Débonnaire, composa, dans un monastère d'Italie où il fut appelé pour en ré-

sommes fiers de pouvoir nous ranger au sentiment de ces célèbres écrivains, dont les commentaires et autres travaux sur la règle de saint Benoît passent, aux yeux de judicieux critiques, pour des chefs-d'œuvre.

Les historiens ecclésiastiques et autres auteurs qui ont porté à sept heures et plus le travail prescrit par saint Benoît, ne seraient pas tombés dans cette exagération s'ils se fussent rendus compte de tous les exercices qui, selon la règle, doivent partager la journée du religieux bénédictin et du temps qu'ils exigent. C'est un travail que personne, à l'exception des commentateurs dont nous avons parlé, ne nous semble avoir fait; nous ne sachions même pas qu'aucun de ces derniers ait cherché à résumer dans un ensemble facile à saisir tout ce qui regarde ce point si important, et à donner en un ou plusieurs tableaux synoptiques la suite des exercices prescrits par saint Benoît, avec le temps de leur durée aux différentes époques de l'année. Nous nous sommes proposé de remplir cette lacune, et, tout en rappelant les principes qui peuvent servir à éclaircir ce sujet, d'en faire l'application pour les quatre principales époques de l'année, savoir, aux deux solstices et aux deux équinoxes. Le lecteur pourra ainsi juger à quoi se réduisent les sept ou huit heures de travail qu'assignent la plupart des auteurs, et ce qu'il faut penser des interprétations de ceux qui, plus explicites, ont bien voulu essayer de rendre compte du système qu'ils avaient embrassé.

OBSERVATIONS PRÉLIMINAIRES.

1° Pour bien comprendre la distribution des exercices d'après saint Benoît, c'est une nécessité indispensable d'être instruit de la manière dont les anciens comptaient les heures. Quelques lecteurs le savent déjà, nous ne laisserons cependant pas de le redire en faveur de ceux qui l'ignoreraient encore.

Les anciens divisaient le jour naturel, c'est-à-dire de 24 heures et tel que nous l'entendons aujourd'hui, en deux parties bien distinctes, le jour proprement dit, et la nuit. Le premier commençait

tablir la discipline monastique, un commentaire sur la règle de saint Benoît, que D. Calmet et D. Martène assurent être le meilleur de ceux qui ont paru.

au lever du soleil et se terminait à son coucher ; la seconde au contraire renfermait tout l'espace compris entre le coucher du soleil et son lever ; de sorte que le jour se trouvait tantôt égal à la nuit, tantôt plus grand et tantôt moindre, selon les différentes époques de l'année. Malgré cette diversité de durée qui existait entre le jour et la nuit, les anciens ne laissaient pas de partager en tout temps l'un et l'autre en douze parties égales qui portaient le nom d'heures. Ainsi le jour avait douze heures égales entre elles et la nuit de même. D'après cette manière de diviser le jour et la nuit, les heures du jour, quoique égales entre elles, ne l'étaient néanmoins avec celles de la nuit qu'au moment précis des équinoxes, et dans tous les autres temps de l'année elles étaient ou plus grandes ou plus courtes, selon la longueur ou la brièveté du jour ou de la nuit. C'est ce qui leur fit donner le nom d'inégales. Pour rendre encore plus intelligible ce que nous venons de dire, nous allons citer ici un passage du savant cardinal Bellarmin. Nous le rapporterons en entier malgré sa longueur, parce qu'à notre avis il résume parfaitement tout ce qu'il importe de savoir, non-seulement sur les heures des anciens, mais encore sur le rapport essentiel qui existe entre quelques-unes de ces heures et les heures canoniales.

« Quant au nom que portent ces heures, dit Gazeus, parlant particulièrement des heures de tierce, de sexte et de none (1), il faut remarquer ici avec Bellarmin trois choses dont la connaissance est nécessaire. » (Bellarmin., lib. *de bon. Oper. in particul.*, cap. II.)

« En premier lieu (2), les heures canoniales ont pris leur déno-
» mination des heures en usage chez les anciens, heures qu'on

---

(1) *Commentarium Alardi Gazei in Joannem Cassianum. Patrologiæ cursus completus*, tom. I, oper. Cassiani, col. 78, éd. Migne.

(2) Primùm nomina horarum canonicarum propriè ad eas horas accommodata esse quæ apud veteres erant in usu, quæque inæquales et antiquæ dici solent, quarum initium ducebatur ab ortu solis ; ita ut prima hora diceretur quæ erat prima ab ortu solis; secunda, quæ erat secunda ab eodem solis exortu, et sic deinceps. Dicuntur autem inæquales, quoniam cùm per totum annum in duodecim horas diem artificialem veteres distribuerunt, et in totidem noctem, necessariò fiebat ut in æstate longiores essènt horæ diurnæ nocturnis, et contrà in hyeme nocturnæ diurnis. Secuǹdùm, officium

» nomme d'ordinaire anciennes et inégales et qui commençaient
» au lever du soleil ; de sorte que l'on appelait *première heure* celle
» qui était la première à partir du lever du soleil, *seconde* celle
» qui se trouvait la seconde depuis ce même lever, et ainsi des
» autres. Elles sont nommées inégales parce que, comme les an-
» ciens distribuaient pendant toute l'année le jour artificiel en
» douze heures, et en faisaient de même pour la nuit, les heures
» du jour devenaient nécessairement en été plus longues que celles
» de la nuit, tandis qu'en hiver le contraire avait lieu. Seconde-
» ment la récitation de ces trois heures, savoir tierce, sexte et
» none (1), pour être régulière et canonique, doit se faire dans le
» cours de ces mêmes heures ; mais, comme nous n'avons pas con-
» servé les heures inégales, on doit s'en acquitter dans les temps
» qui, selon notre manière de compter les heures, répondent exac-

trium horarum, scilicet Tertiæ, Sextæ, Nonæ, illis ipsis horis regulariter et canonicè celebrandum esse. Quoniam autem horæ illæ inæquales jam non sunt ampliùs in usu, propriereà tempora illa accipienda sunt quæ horis illis in nostrâ supputatione respondent. Quod nullo negotio fiet, si quis advertat in quas horas solis ortus et occasus et meridies incidant. Nam hora sexta inæqualis, quæ est hora orationis sexta, semper incidit in meridiem. Hora tertia inæqualis semper in illud tempus quod est medium inter solis ortum et meridiem. Hora nona inæqualis in illud tempus quod est medium inter meridiem et solis occasum, hoc est in horam tertiam pomeridianam. Dicitur ergò hora tertia, sive officium Tertiæ, quia horâ tertiâ ab ortu solis ; et officium Sextæ, quia horâ sextâ ; officium Nonæ, quia horâ nonâ celebrari debet. Tertium documentum, tempus canonicum et legitimum persolvendi officia harum horarum non esse posteaquam ipsæ horæ finitæ sunt et exactæ, sed posteaquam labi cœperunt et adhuc labuntur, hoc est non esse in termino seu fine, sed in toto spatio et lapsu sive decursu earumdem. Quod ex eo probatur, quia constat officium Laudum, Matutinarum non esse celebrandum horâ noctis duodecimâ completâ, orto jam sole, sed horâ duodecimâ et postremâ currente, ac per hoc in aurorâ, ut infrà docebimus. Pari ergo ratione officium Primæ celebrandum est non horâ primâ exactâ, sed labente, id est, paulò post ortum solis : et ex consequenti idem dicendum de officiis Tertiæ, Sextæ, Nonæ, videlicet celebranda esse horis illis labentibus, necdum completis. Hæc ferè Bellarminus. Vide comment. in Cassianum loco supra citato.

(1) Quoique Prime ne soit pas jointe ici à ces heures, elle suit cependant la même règle, comme on le verra plus loin.

» tement à ces heures inégales. Ce que chacun connaîtra sans dif-
» ficulté s'il observe à quel moment le soleil se lève, ou se couche,
» ou est au milieu de sa course. En effet, la sixième heure inégale,
» à laquelle correspond l'heure de l'office appelé Sexte, se termine
» toujours au milieu du jour. La troisième heure inégale ter-
» mine toujours au point milieu entre le lever du soleil et son
» midi. La neuvième heure inégale finit toujours au moment qui
» sépare en deux parties égales l'espace de temps qui s'écoule de-
» puis le milieu du jour jusqu'au coucher du soleil, il n'est autre
» chose que la troisième heure depuis le milieu du jour.

» En conséquence l'heure ou l'office de tierce a reçu ce nom
» parce qu'on doit le célébrer à la troisième heure du jour à par-
» tir du lever du soleil, et ceux de sexte et de none ont reçu des
» noms analogues parce qu'ils devaient avoir lieu, le premier à la
» sixième heure et le second à la neuvième heure du jour. Troisiè-
» mement, le temps canonique et légitime pour la célébration de
» chacun des offices correspondant à ces heures ne doit pas se
» prendre lorsque ces heures sont accomplies et entièrement pas-
» sées, mais bien lorsqu'elles ont commencé à s'écouler et qu'elles
» s'écoulent encore, c'est-à-dire non pas à la fin et à l'extrémité,
» mais pendant l'espace tout entier, l'écoulement et le cours de ces
» mêmes heures. On trouve la preuve de cette assertion dans l'of-
» fice de laudes, qui ne doit pas avoir lieu après la douzième heure
» complète de la nuit, c'est-à-dire le soleil étant déjà levé, mais du-
» rant le cours de la douzième et dernière heure, et par conséquent
» à l'aurore, comme nous le montrerons plus bas (1). Par la même
» raison, l'office de prime ne doit pas se célébrer lorsque la première
» heure est passée, mais pendant qu'elle s'écoule, c'est-à-dire peu
» après le lever du soleil, et par une suite toute naturelle, on en doit
» dire de même des offices de tierce, de sexte et de none, à savoir
» qu'on doit y satisfaire dans le cours des heures auxquelles ils ré-
» pondent et lorsqu'elles ne sont pas encore accomplies. » Voilà
ce que dit Bellarmin presque textuellement.

(1) Cette preuve ne faisant rien à notre sujet, nous nous dispenserons de la rapporter, nous contentant de renvoyer à l'endroit cité plus haut du commentaire de Cassien par Gazeus. D'ailleurs, saint Benoît est formel sur ce point.

Nous ne commenterons pas ici ce passage. La sagacité de nos lecteurs suppléera abondamment, nous en sommes sûrs, à notre défaut, et ne manquera pas d'en faire l'application dans les fréquentes occasions qui se présenteront dans la suite.

2° Quand on lit pour la première fois la règle de saint Benoît, elle paraît passablement obscure, mais une étude plus approfondie amène bientôt un lecteur judicieux à se convaincre qu'il suffit de quelques rapprochements pour faire disparaître presque complétement cette apparente obscurité. Il reconnaît avec satisfaction qu'il n'est presque pas un exercice que saint Benoît n'ait indiqué d'une manière suffisante pour qu'il puisse, en se servant des passages plus explicites consacrés par saint Benoît à fixer la place et la durée d'autres exercices, parvenir à en trouver le temps précis, aussi bien que leur suite et leur enchaînement avec ceux qui les précèdent ou qui les suivent. Il se trouve bientôt conduit à constater comme un fait indubitable l'existence d'un ensemble parfait dans les exercices, et d'une liaison telle qu'il ne se rencontre entre eux aucun vide, et que le saint législateur, par une conduite aussi sage que discrète, a su prévenir d'un côté l'oisiveté si dangereuse aux moines en remplissant leur journée par une suite non interrompue d'occupations, et de l'autre obvier à l'ennui et à la monotonie, écueils aussi à craindre, par la variété des exercices.

3° On peut remarquer en lisant la règle de saint Benoît, qu'il a divisé l'année en deux saisons principales, dont la première, qui commence aux calendes d'octobre et se termine à Pâques, est appelée l'hiver, et la seconde, qui va de Pâques aux calendes d'octobre, prend le nom d'été. Quoique la distribution des exercices se fasse d'une manière différente dans l'une et dans l'autre époque, il est étonnant de voir avec quelle sobriété de paroles saint Benoît a fixé dans sa règle les divers exercices. On peut s'assurer que, non content de les prescrire d'une manière tout à fait concise et succincte, il ne parle presque jamais deux fois d'un exercice qui devait se faire à la même heure dans les différentes saisons de l'année, v. g. : les vêpres sont fixées par saint Benoît, pour le carême, au commencement de la onzième heure des anciens ; or, comme cette heure ne devait pas changer de destination dans tout le cours de l'année, il n'en est plus fait mention. L'heure ou l'office de sexte, fixée en été au commencement de la sixième heure des anciens, devant avoir lieu en hiver et en carême à la même heure, saint Benoît garde là-dessus un profond silence. Ces exemples suffisent sans doute pour faire comprendre la portée de notre observation, dont la vérité se fait d'autant plus sentir que, pour peu que l'on s'en écarte, l'ordre qui existe entre les exercices se trouve renversé, et qu'il devient impossible de ne pas se heurter contre quelque autre point de la règle. Les plus savants commentateurs l'ont bien compris, et ce n'est qu'en s'y conformant scrupuleusement qu'ils ont pu donner une explication satisfaisante et véritable des difficultés qu'offre la règle sous ce rapport. Ajoutons que les auteurs qui l'ont méconnu ou perdu de vue se sont étrangement fourvoyés et se sont vus obligés de recourir à des interprétations violentes des passages qui les embarrassaient. On a encore ici une preuve de l'exactitude avec laquelle saint Benoît s'est conformé à l'usage de l'Eglise pour la célébration des offices, et qu'il a distribué ses exercices réguliers de telle sorte qu'en tout temps, à part toutefois de rares exceptions soigneusement indiquées, leur interversion suivant la diversité des saisons ne lui nuit en rien, et que les offices ont toujours lieu aux heures canoniques.

4° Il importe beaucoup de ne pas confondre, comme quelques auteurs l'ont fait, les heures qui sont achevées avec celles qui ne le sont pas ; car saint Benoît les a lui-même distinguées d'une manière qui ne laisse rien à désirer. Ainsi, il ajoute toujours aux premières les mots *completam*, *integram* ou d'autres équivalents, ce qu'il ne fait nullement pour les secondes, indiquant par là qu'il faut entendre celles-ci de leur commencement ou au moins du temps pendant lequel elles s'écoulent, tandis que les exercices auxquelles celles-là s'appliquent doivent se continuer jusqu'à ce qu'elles soient entièrement terminées.

Entrons maintenant dans le détail des exercices. Nous commencerons d'abord par en faire l'exposé d'après le système des heures anciennes, puis nous examinerons le rapport qui existe entre le système des heures modernes et celui des anciens, et nous le développerons dans une série de tableaux renfermant la même distribution des exercices selon le système actuel.

1.

Distribution des exercices d'après la règle de saint Benoît et selon le système des heures anciennes et inégales.

Cette distribution se fera en deux tableaux distincts. Les exercices d'hiver feront l'objet du premier, et ceux d'été du second.

PREMIER TABLEAU.
Exercices d'hiver.

Lever. A la huitième heure inégale de la nuit. Saint Benoît le marque expressément au chapitre VIII de sa règle (1).

Vigiles. Elles suivent immédiatement le lever, et lorsqu'elles sont terminées, l'intervalle qui reste jusqu'à laudes est employé par les frères ou à la lecture, ou à l'étude des psaumes, ou à la prière (2).

Laudes. Cet office se dit en tout temps au point du jour (3).

Prime. Cet office se célèbre au lever du soleil, et dans les jours les plus courts un peu auparavant.

Lecture. Les frères vaquent à la lecture depuis la fin de prime jusqu'à la fin de la seconde heure inégale, ce qui fait presque deux heures des anciens (4).

Tierce. On chante tierce au commencement de la troisième heure inégale, de suite après la lecture (5).

Travail. Il a lieu à deux reprises. Le premier travail va depuis tierce jusqu'à la célébration de none (6). Il est interrompu par sexte. On quitte le travail vers la sixième heure afin de commencer cet office avec cette même heure.

---

(1) A calendis novembris usque ad Pascha, juxtà considerationem rationis, octavâ horâ noctis surgendum est ut modicè ampliùs de mediâ nocte pausetur (cap. 8).

(2) Quod verò restat post vigilias à fratribus, qui psalterii vel lectionum aliquid indigent, meditationi inserviatur (cap. 8).

(3) Matutini.... incipiente luce agendi sunt (cap. 8).

(4) A calendis octobris usque ad caput Quadragesimæ, usque ad horam secundam plenam lectioni vacent (cap. 48).

(5) Horâ secundâ (finitâ), agatur Tertia (cap. 48).

(6) Hora secundâ, agatur Tertia ; et usque ad Nonam omnes in opus laborent quod eis injungitur (cap. 48).

Travail. Le second travail comprend tout le temps qui s'écoule depuis la fin de sexte jusqu'au commencement de la neuvième heure.

None. Au commencement de la neuvième heure.

Réfection. Elle suit immédiatement none, depuis les ides de septembre jusqu'au carême (1).

Après le dîner il y avait un intervalle consacré à la lecture, etc. (2).

Vêpres. Les vêpres se disaient au commencement de la onzième heure. Saint Benoît voulant que tous les exercices jusqu'à complies exclusivement se fissent à la clarté du jour, il devenait nécessaire d'avancer l'heure de vêpres. Le savant Suarez, dans son *Traité des Heures canoniques*, remarque avec raison que du temps de saint Benoît l'heure de vêpres se trouvait avancée, comme la règle l'insinue fort bien elle-même. « En carême, dit saint Benoît (3), et
» jusqu'à Pâques les frères ne mangeront que sur le soir; mais il
» faut régler cette heure du soir, c'est-à-dire, remarque ici dom de
» Vert, l'heure du repas et par conséquent celle de vêpres qui le
» doivent immédiatement précéder, de telle sorte que les frères
» n'aient pas besoin pour manger d'autre clarté que celle du jour.
» On doit suivre le même ordre dans tous les temps, afin que dans
» les jours de jeûne comme dans ceux qui n'en sont pas, tout se
» fasse à la clarté du jour. »

Intervalle. Il y avait un court espace de temps depuis la fin de vêpres jusqu'à la lecture d'avant complies, en hiver, qui était le temps des jeûnes (4).

Lecture. Aux jours de jeûne, dit saint Benoît, peu de temps après vêpres, les frères iront sans différer à la lecture, comme nous l'a-

---

(1) Ab idibus septembris usque ad caput Quadragesimæ, ad Nonam semper reficiant fratres (cap. 41).

(2) Post refectionem autem vacent lectionibus suis aut psalmis (c. 48).

(3) In Quadragesimâ verò usque ad vesperam reficiant. Ipsa tamen vespera sic agatur ut lumine lucernæ non indigeant reficientes ; sed luce adhuc diei omnia consummentur. Sed et omne tempore, sive cœnæ, sive refectionis, hora sic temperetur, ut cum luce fiant omnia (c. 41).

(4) Si autem jejunii dies fuerint, dictâ vesperâ, parvo intervallo, mox accedant ad lectionem, ut diximus, et lectis quatuor vel quinque foliis vel quantum hora permittit.... (c. 42).

vons dit, et on lira quatre ou cinq feuillets ou autant que l'heure le pourra permettre. Il est bon de remarquer ici que cette lecture se faisant toujours à la clarté du jour, il arrivait quelquefois qu'on ne pouvait en lire que très peu ; c'est ce qui a fait dire à saint Benoît : « autant que l'heure le pourra permettre. » Les cisterciens ont fidèlement conservé cet usage de saint Benoît, comme on peut s'en assurer par ce passage : « S'il est besoin de lumière pour la lecture des conférences, que le sacriste s'accuse pour cette faute au prochain chapitre (1). »

Complies. Lorsque la lecture sera finie, tous les frères, qui ont dû quitter leurs occupations particulières pour y assister, se rendront à l'oratoire pour y chanter complies (2). Cet office devait être terminé de manière qu'il y eût environ sept heures de sommeil jusqu'au commencement de la huitième heure, qui, comme nous l'avons vu, était l'heure du lever. Ainsi, ces sept heures formaient un peu plus de la moitié de la nuit (3) et répondent, selon la plupart des auteurs, au temps que saint Benoît accorde à ses religieux pour prendre leur repos.

DEUXIÈME TABLEAU.

Exercices d'été.

Il ne faut pas perdre de vue dans ce tableau, comme dans le précédent, que nous ne fixons les exercices que d'après le système des heures anciennes et inégales, dont nous expliquerons plus loin la valeur selon le système des heures modernes.

Lever. Il a lieu, comme en hiver, au commencement de la huitième heure de la nuit. Il est facile de remarquer la sagesse de saint Benoît; en effet, fidèle à ce qu'il a dit ailleurs, qu'il faut accorder aux frères un peu plus de la moitié de la nuit, c'est-à-dire environ sept heures de repos, tout en laissant le lever des frères à la huitième heure, qui commence beaucoup plus tôt en été qu'en

---

(1) Sacrista si ad collationem lumen fuerit, in sequenti capitulo satisfaciat. (Monasticon cisterc., 1ª pars usuum, etc., cap. CXIV, De sacristà.)

(2) Omnibus in unum concurrentibus per hanc moram lectionis. Si quis forte in assignato sibi commisso fuerit occupatus occurrat. Omnes ergò in unum positi, compleant (c. 42).

(3) Ut modicè ampliùs de mediâ nocte pausetur (c. 8).

hiver, il supplée à ce déficit, qui s'accroît encore par la prolongation du jour et le retard du coucher, au moyen d'une méridienne qui augmente à mesure que les nuits deviennent plus courtes, et par sa réunion au repos de la nuit donne aux frères autant de sommeil qu'en hiver. Nous le verrons plus loin en parlant des heures modernes.

Vigiles. Elles se disent comme en hiver à la suite du lever. Mais, comme le temps qui s'écoule depuis la huitième heure jusqu'au point du jour, où l'on doit dire les laudes, devient fort court en été, saint Benoît retranche la lecture et l'étude des psaumes, qui remplissaient l'intervalle qui séparait les vigiles de laudes en hiver, où les heures étaient fort longues, et ne laisse aux frères que le temps nécessaire pour satisfaire aux plus pressants besoins.

Laudes. Cet office se chante peu de temps avant les vigiles. « Depuis Pâques jusqu'aux calendes de novembre, on réglera de telle sorte l'office de la nuit, qu'après quelques moments pendant lesquels les frères pourront sortir pour les nécessités indispensables, on commence l'office du matin (1), qui doit se dire au point du jour (2). »

Prime. A la première heure inégale du jour, c'est-à-dire au lever du soleil, on chante prime, comme l'indique assez l'hymne de cet office : *Jam lucis orto sidere.*

Travail. Les frères s'occupaient au travail depuis la fin de prime jusque vers le commencement de la quatrième heure, c'est-à-dire un peu avant la fin de la troisième heure, de manière qu'il y ait à peu près le temps suffisant pour tierce, qui doit se chanter pendant la troisième heure. « Depuis la fête de Pâques jusqu'aux calendes d'octobre, en sortant de prime, ils iront au travail et y demeureront jusqu'à peu près la quatrième heure (3). » Voilà ce que dit saint Benoît. Ce passage si clair a été cependant l'objet des explications les plus diverses. Les uns ont entendu ces mots : *manè*

---

(1) Laudes.

(2) A Paschâ autem usque ad calendas novembris sic temporetur hora Vigiliarum agenda, ut parvissimo intervallo, quo fratres ad necessaria naturæ exeant, custodito, mox Matutini, qui incipiente luce agendi sunt, subsequantur (cap. 8).

(3) A Paschâ usque ad calendas octobris manè exeuntes, à primâ usque ad horam penè quartam laborent quod necessarium fuerit (cap. 48).

exeuntes à primâ, du point du jour, moment auquel ils font commencer le travail jusque vers la fin de la troisième heure. M. de Rancé et M. de Vert, le premier dans son Explication de la règle, et le second dans les notes qui accompagnent la traduction dont nous avons parlé, partagent le sentiment des précédents pour le commencement du travail, qu'ils placent au lever du soleil; d'un autre côté, fidèles au système qu'ils avaient embrassé, ils ont interprété ces mots : *penè quartam* et *quasi sextam,* que nous trouverons plus bas, la quatrième et la sixième heure étant sur le point de finir, tandis que les mots *penè* et *quasi* ajoutés à ces heures veulent dire qu'elles sont près de commencer. Une interprétation aussi forcée, une déplorable confusion des heures achevées avec celles qui ne le sont pas, et que saint Benoît distingue si soigneusement, tout cela est difficile à concevoir dans des auteurs tels que ceux que nous venons de nommer, et qui ont fait une étude si particulière de la règle de saint Benoît. On comprend plus facilement que les historiens ecclésiastiques et autres écrivains qui ne se sont pas occupés d'une manière si spéciale de la règle de saint Benoît, soient tombés dans cette erreur, et on les excuse en quelque façon.

Tierce. Le travail, se terminant vers la fin de la troisième heure inégale, était suivi immédiatement de tierce.

Lecture. Les frères s'occupaient à la lecture depuis le commencement de la quatrième heure jusque vers la fin de la cinquième, c'est-à-dire un peu avant le commencement de la sixième heure (1).

Sexte. Cet office se récitait vers la fin de la cinquième heure.

Dîner. Les frères, en sortant de sexte, se rendaient aux jours de deux repas au réfectoire pour prendre la première réfection, qui devait se terminer avec la sixième heure inégale, comme le veut saint Benoît (2).

Méridienne. De suite après le dîner, les frères vont se reposer sur leurs couches (3) jusqu'au milieu de la huitième heure, mo-

---

(1) Ab horâ autem quartâ usque ad horam quasi sextam lectioni vacent (cap. 48).

(2) Post sextam, surgentes à mensâ (c. 48).

(3) Pausent in lectis suis (c. 48).

ment où l'on disait none. Ainsi la méridienne se prenait pendant la septième heure tout entière et la moitié de la huitième.

None. Au lieu de faire célébrer none à l'heure ordinaire, c'est-à-dire à la neuvième heure du jour, saint Benoît ordonne d'avancer cet office, qui se dit alors pendant la seconde moitié de la huitième heure (1).

Travail du soir. Il commençait avec la neuvième heure et se continuait jusqu'à l'heure de vêpres, qui, comme nous l'avons vu, fut avancée par saint Benoît et fixée au commencement de la onzième heure, à cause des autres exercices qui devaient se faire de telle sorte que tout eût lieu à la clarté du jour et que l'heure du coucher fût disposée de manière à donner en tout temps sept heures de sommeil.

Vêpres. Après le travail, venaient les vêpres, précédées d'un court intervalle comme avant tous les autres offices du jour. Elles avaient lieu au commencement de la onzième heure et duraient jusque vers la fin de cette même heure.

Souper. Les frères soupaient vers le commencement de la douzième heure.

Lecture d'avant complies. Elle succédait immédiatement au souper. « Dès que les frères auront soupé, dit le saint législateur, tous se rendront en un même lieu pour y entendre la lecture que fera l'un d'entre eux dans les *Conférences de Cassien* ou dans les *Vies des Pères.* » Cette lecture était plus ou moins longue, selon le temps qui restait.

Complies. Cet office se célébrait comme en hiver, après la lecture.

Les jours de jeûne, l'ordre de quelques exercices seulement se trouvait interverti. On prenait la méridienne après sexte, on dînait à la suite de none. Le travail succédait au repas; puis venaient les vêpres, précédées et suivies d'un intervalle. Le reste avait lieu comme à l'ordinaire.

En carême, il y avait aussi dérangement des exercices. Les frères vaquaient d'abord à la lecture depuis la fin de prime jusqu'à la troisième heure complète, et travaillaient ensuite jusqu'à la dixiè-

(1) Et agatur nona temperiùs, mediante octavâ horâ (c. 48).

me achevée (1) ; alors ils chantaient vêpres, puis prenaient leur repas (2). Nous n'avons pas eu dessein d'entrer dans une discussion exacte de tous les exercices du carême, qui forme un temps à part et tout à fait exceptionnel. On voit, d'après ce que nous venons de dire, que la lecture avait près de trois heures de durée et le travail près de cinq heures, en mettant de côté le temps des offices de tierce, de sexte, de none. Ce travail paraît fort long, mais tout porte à croire que la nécessité de s'y rendre à trois reprises différentes, et le temps consacré aux oraisons particulières dont parle saint Benoît dans le chapitre XLIX, en diminuaient considérablement la durée. Ce qui se confirme par le refus que fit saint Bernard à Guillaume de Saint-Thierry d'écrire contre Abailard pendant le carême, pour ne pas manquer à ce point de la règle qui prescrit des oraisons particulières (3).

Avant de passer à la distribution des heures modernes, nous citerons un passage du meilleur des commentateurs de saint Benoît, Hildemare, dans lequel il explique d'une manière aussi juste qu'ingénieuse et facile à saisir, l'ordre et la durée des exercices du jour en été, d'après la règle de saint Benoît. Nous avons vu plus haut la divergence d'opinions au sujet du travail, et du temps auquel il commençait. Dom Martène, après avoir rapporté le sentiment de plusieurs auteurs, s'exprime ainsi : «Voilà l'avis de ces auteurs, » mais à mon jugement il est peu exact ; car, dans ce sentiment » de faire commencer le travail au lever du soleil, quand célé- » brera-t-on prime ? Hildemare a donc mieux saisi le sens de ces » mots, *manè exeuntes à primâ,* en disant que les frères commen- » cent à travailler après prime et le chapitre dans lequel on dis- » tribue à chacun son travail particulier. Il explique ainsi sa pen- » sée à l'aide d'une figure.... » Nous ne retracerons pas ici cette figure, mais nous y suppléerons en en donnant une idée suffisante

---

(1) In Quadragesimæ verò diebus, à manè usque ad tertiam plenam vacent lectionibus suis, et usque ad decimam horam plenam operentur quod eis injungitur (c. 48).

(2) In Quadragesimâ verò usque ad Pascha ad vesperam reficiant fratres. Ipsa tamen vespera sic agatur ut lumine lucernæ non indigeant reficientes, etc. (c. 41).

(3) Epistol. 392.

pour que ceux de nos lecteurs qui n'auraient pas sous les yeux le commentaire de dom Martène (1) puissent la retracer eux-mêmes sans difficulté. Cette figure, à laquelle Hildemare donne le nom d'horloge du jour, *horologium in die,* consiste en une circonférence dont la moitié est consacrée à marquer les heures du jour et se trouve pour cela divisée en douze parties égales par des lignes qui viennent toutes aboutir au centre. Chacune de ces parties forme une heure; de sorte qu'à la première heure répond la première partie, et ainsi de suite. Sur la première ligne qui fait connaître le commencement de la première heure, se trouve une croix. Il y a un point à peu de distance et en deçà de la seconde ligne, qui indique la fin de cette même heure et le commencement de la seconde; il se trouve encore un point de chaque côté des lignes qui servent d'intersection entre la troisième et la quatrième heure, et entre la cinquième et la sixième, et qui sont à la même distance respective de ces lignes que le point qui est près de la seconde ligne. Enfin il y a une croix sur la ligne qui sépare la dixième de la onzième heure du jour, à laquelle saint Benoît fait commencer le soir. Voyons maintenant l'explication d'Hildemare :

« Lorsque saint Benoît, dit-il, se sert des termes *à manè primâ,*
» il n'entend point que la première heure du jour soit regardée
» comme partie intégrante du travail, mais quand il dit *à manè pri-*
» *mâ,* cela signifie que prime soit chantée le matin ; ensuite, pen-
» dant le temps que l'on met à chanter prime et à tenir le cha-
» pitre (2), la première heure se trouve presque complète, comme
» vous l'indique le point placé dans cet espace, de sorte que la
» croix désigne le lever du soleil, auquel doit commencer le chant
» de prime, et le point le temps auquel on peut sortir du chapitre.
» Pour ce qui est de ces paroles, *penè quartâ* et *quasi sextâ,* il y a
» diversité d'interprétation. En effet, les abbés spirituels entendent
» ces mots *penè quartâ* avant que la quatrième heure soit com-

---

(1) *Regula S. P. Benedicti commentata.* (Edit. Migne, Patrol. latin., tom. LXVI, col. 705-706.)

(2) Nous avons vu que ce chapitre n'est pas destiné à s'accuser de ses fautes, comme on le fit plus tard, mais à une simple distribution des divers travaux.

» mencée, comme vous le montre le point qui se trouve dans le
» troisième espace de l'horloge, de sorte que pendant que l'on
» chante tierce, la quatrième heure commence. Viennent ensuite
» ces mots *quasi sexta*. Les mots *quasi sexta* signifient, avant le
» commencement de la sixième heure, ainsi que l'indique le point
» qui est dans le cinquième espace de l'horloge, de manière que
» la sixième heure commence durant le chant de sexte ; mais les
» abbés séculiers, qui aiment à faire travailler leurs religieux, ex-
» pliquent les mots *penè quartâ* de la quatrième heure commen-
» cée ; ces abbés interprètent de même les mots *quasi sextâ*, c'est-
» à-dire un peu après le commencement de la sixième heure, com-
» me le montre le point qui se trouve dans le sixième espace ; mais
» le sens adopté par les abbés spirituels est préférable. Quant à la
» huitième heure, il n'y a pas de difficulté, parce que la sixième
» heure se trouvant complète au sortir du réfectoire, les frères re-
» posent pendant la septième heure entière et la moitié de la hui-
» tième. Ils quittent leur couche vers le milieu de cette huitième
» heure. Les vêpres se doivent chanter au commencement de la
» onzième heure, comme l'indique la croix placée sur la ligne qui
» termine la dixième heure ; d'où il résulte qu'un moine tra-
» vaillant régulièrement doit le faire en tout temps pendant quatre
» heures (1). »

(1) Cùm dicit à *manè prima*, non dicit ut prima legitima custodiatur ; sed cùm dicit à *manè prima*, quasi diceret manè prima cantetur. Deindè inter primam cantatam et capitulum factum, jam propè est prima perfecta, sicut te docet punctus in superiore hâc formâ et crux lux est, quando cantari debet prima ; punctus quando potest exire de capitulo. Deindè de hoc quod dicitur *penè quarta* et *quasi sexta* variè intelligitur. Abbates enim spirituales custodiunt *penè quarta*, id est antequam quarta inchoetur, sicut te docet punctus qui in tertio campo, hoc est, spatio horologii est : ita dum tertia cantatur, quarta inchoetur. Deindè *quasi sexta* : quasi sexta autem id est antequam sexta incipiat, sicut punctus qui in quinto spatio horologii edocet, ut, sextâ cantatâ, tum incipiat sexta hora. Item abbates sæculares, qui volunt laborare custodiunt ita, ut *penè quarta* intelligant, quasi aliquid de quartâ est transactum, sicut punctus qui in quarto spatio horologii demonstrat. Ita etiam *quasi sexta* intelligunt ; hoc est quasi aliquid de sextâ transactum sit, sicut punctus qui in sexto spatio est demonstrat. Sed melior est sensus superior, sicut abbates spirituales intelligunt. De octavâ horâ non est dubium, quia

En lisant une explication si simple, si juste et si naturelle, on s'étonne du sens forcé qu'ont donné à ces divers passages M. de Rancé, M. de Vert, etc. Non contents en effet d'adopter le sens des abbés séculiers dont parle Hildemare, en prenant les heures un peu après qu'elles sont commencées, ce qui semble déjà bien fort, ils ont encore enchéri sur eux en les prenant à leur déclin et comme si elles étaient sur le point de finir. Mais voyons un peu plus en détail ce que disent ces auteurs. Suivant leur sentiment, le dîner, au lieu de se terminer au milieu du jour ou à la fin de la sixième heure, comme le dit saint Benoît, *post sextam autem surgentes à mensâ*, ne fait alors que commencer, et se continue pendant le cours de la septième heure, de sorte que lorsqu'on en sort, cette heure se trouve presque complète. Au lieu de reconnaître qu'il s'était trompé en interprétant ces mots *post sextam autem surgentes à mensâ*, et en s'écartant du sentiment des commentateurs ordinaires qui, suivant la lettre du texte, faisaient commencer le dîner avant midi, M. de Vert ne craint pas de jeter le blâme sur la conduite des premiers religieux de Cluny et de les accuser de relâchement au temps même où ils étaient dans toute la ferveur d'un ordre naissant. « Il paraît, dit-il, par les coutumes de » Cluny que les premiers religieux de ce monastère avaient tou- » jours achevé de dîner avant midi, et par conséquent que, du » moins au commencement du x° siècle, on avait déjà avancé le » dîner de trois quarts d'heure ou d'une heure. » *Majori custodi ecclesiæ* (le sacristain) *est hoc injunctum quasi pro legitimo sempiterno, ut ipso providente, per totam æstatem, postquam prandium fuerit peractum, tùm primùm sit media dies. V. Const. Clun.* (1). Ce reproche paraît d'autant moins fondé que les premiers cisterciens, ces observateurs si stricts de la règle de saint Benoît et ces censeurs si rigides et si austères des relâchements de l'ordre de Cluny,

quando exeunt de refectorio est plena sexta, deindè dormiunt septimâ horâ et mediâ octavâ; deinde mediâ octavâ surgendum est. Vespera verò debet cantari inchoante undecimâ, sicut crux te docet quæ est in virgulâ decimâ; unde fit, si legitimè laboraveris, tunc omni tempore quatuor horis debet monachus laborare. (Hildemarus apud Martène, *Regul. comm.*, ut suprà.)
(1) Dissertation sur les mots de messe et de communion, etc. (p. 410).

ne lui ont jamais fait le moindre reproche à cet égard, ce qu'assurément ils n'eussent pas manqué de faire s'ils eussent remarqué en cela une dérogation à la règle de saint Benoît. Mais on n'est plus surpris de la conduite de M. de Vert lorsqu'on sait que cet auteur va jusqu'à regarder les us de Cîteaux comme un principe d'erreurs par rapport à l'explication de la règle de saint Benoît. En vérité, nous ne nous en serions jamais douté si M. de Vert n'eût eu la précaution de nous en prévenir; mais revenons. Jusque-là (c'est-à-dire jusqu'au dîner), tout allait assez bien; toutefois la difficulté n'était pas entièrement résolue, il restait encore à fixer l'heure ou plutôt le temps de la méridienne. D. Claude de Vert, si hardi d'ailleurs à trancher les difficultés par des interprétations violentes, recula cependant en cette circonstance et préféra réduire considérablement la méridienne. Ainsi, en expliquant ces mots, *agatur nona temperiùs, mediante octavá horá,* dans leur sens naturel, il fixe la fin de la méridienne et le commencement de none au milieu de la huitième heure, n'accordant pour le repos du jour qu'une bonne demi-heure. M. de Rancé, au contraire, voulut éviter ce dernier inconvénient, et pour trouver le temps régulier de la méridienne, qui est d'une heure et demie, il interpréta ces mots, *mediante octavá horá,* de la huitième heure et demie, c'est-à-dire la huitième heure étant complétement achevée et la neuvième se trouvant déjà au milieu de son cours. Quant à la durée du travail et au temps où l'on commençait vêpres, M. de Rancé ne les fixe pas d'une manière précise. Dom de Vert place ces dernières à cinq heures et demie du soir, un peu après le commencement de la onzième heure; nous préférons Hildemare, qui les fixe comme nous l'avons vu.

Voilà donc le résumé des exercices d'après la règle de saint Benoît, en temps ordinaire, pour l'hiver et pour l'été. Notre intention n'a pas été d'entrer dans le détail des jours où l'on ne suivait pas la règle commune, comme par exemple les jours de fêtes, de jeûnes d'été, du carême, ce qui nous aurait mené trop loin. Nous nous sommes borné à en signaler les principaux changements. Ainsi tous les exercices se réduisent à ceux-ci : office divin, travail, lectures privées et communes, repas et sommeil. Voyons maintenant le temps auquel correspondent ces divers exercices selon notre manière de compter les **heures**, aux principales époques de l'année.

II.

Distribution des exercices d'après la règle de saint Benoît, et selon le système des heures modernes.

Nous croyons utile, avant d'entrer dans le détail de cette distribution, d'instruire le lecteur de certaines choses dont la connaissance lui facilitera beaucoup l'intelligence de ce que nous avons à dire.

Nous avons vu que la distribution des exercices prescrits par la règle de saint Benoît était basée sur le système des heures anciennes, et que ces heures étaient tantôt plus courtes, tantôt plus longues, selon que le soleil reste plus ou moins de temps sur l'horizon et qu'il s'agit des heures du jour ou de la nuit. Il suit de là, par une conséquence toute naturelle, que la durée d'un exercice, fixée d'après ce système, doit être ou plus grande ou plus courte selon la brièveté ou la longueur des heures auxquelles il correspond. Ainsi, le travail, la lecture, etc., seront plus ou moins prolongés à proportion du temps qui s'écoule à partir du moment où d'après la règle ils doivent commencer, jusqu'à l'instant où ils doivent finir. De plus, en prenant les choses rigoureusement au sujet du travail, sa durée s'augmentera encore, dans les jours les plus longs, de tout ce que les exercices dont la durée ne varie pas et entre lesquels il est placé se trouvent avoir en sus du temps qui leur est spécialement accordé ; car, à la rigueur, ce superflu devient reversible sur le travail, comme on le verra plus loin.

Nous avons aussi remarqué que saint Benoît divise l'année en deux parties principales, l'hiver et l'été (1), et dispose ses exercices d'une manière différente selon l'une ou l'autre de ces saisons. Pour avoir donc une idée complète de la règle de saint Benoît par rapport au sujet qui nous occupe, il est naturel d'envisager chacune de ces raisons en particulier. Pour plus de clarté encore, et pour rendre notre travail aussi complet que peuvent nous le permettre les limites que nous nous sommes prescrites, nous subdiviserons

---

(1) Nous ne parlons pas du carême, qui est une chose à part.

encore cette double distribution des exercices. Ainsi nous aurons un double tableau pour les exercices d'hiver. Le premier contiendra l'exposé de ces exercices tels qu'ils ont lieu en hiver au temps où les jours sont les plus longs, c'est-à-dire à l'équinoxe de septembre, qui, selon la division adoptée par saint Benoît, renferme les jours les plus longs de la saison d'hiver. Le second contiendra l'exposé des mêmes exercices aux jours les plus courts de la saison d'hiver, c'est-à-dire au solstice d'hiver. Nous en ferons de même pour l'été, donnant un double tableau des exercices de cette saison. Le premier les prendra à l'équinoxe de printemps, où les jours de l'été, tel que l'entend saint Benoît, sont les plus courts, et le second au solstice, où les jours de la même saison sont les plus longs. Nous aurons ainsi le *maximum* et le *minimum* de la durée des exercices propres à chacune des deux saisons de l'année, de sorte qu'avec ces données il sera facile d'en connaître le terme moyen, non-seulement pour chacune d'elles, mais encore pour toute l'année. Il ne faut pas non plus perdre de vue que les heures du jour et de la nuit sont tantôt égales entre elles, tantôt plus grandes et tantôt plus courtes. Ainsi, à l'équinoxe de septembre, le jour se trouvant égal à la nuit, puisque le soleil se lève à six heures du matin (1) pour se coucher à six heures du soir, les heures qui les composent sont toutes égales entre elles et ont chacune soixante minutes de durée. Au solstice d'hiver, où le soleil ne se lève qu'à huit heures du matin et se couche à quatre heures du soir, les heures du jour n'ont que quarante minutes de durée tandis que celles de la nuit en ont quatre-vingts. En été, à l'équinoxe, les heures du jour ont comme celles de la nuit soixante minutes, mais au solstice, c'est absolument l'inverse de celui d'hiver, car le soleil se levant à quatre heures du matin pour se coucher à huit heures du soir, les heures du jour ont chacune quatre-vingts minutes tandis que celles de la nuit n'en ont que quarante. Dans l'exposé qui va suivre, fixer la durée exacte des offices du jour semble assez difficile. Nous ne laisserons pas de le faire cependant et de garder en cela autant que possible un juste milieu. Ainsi

---

(1) Nous nous servons ici de nombres ronds pour plus de facilité dans les calculs.

nous donnerons une demi-heure pour chacune des petites heures, au moins trois quarts d'heure pour vêpres et à peu près autant pour complies. Le chiffre respectif assigné à chacun de ces offices ne paraîtra pas trop exagéré quand on saura que presque tous étaient annoncés par deux signaux successifs, comme le remarque saint Benoît pour none en hiver. « Au moment qu'ils entendront » le premier coup de none, dit-il, ils quitteront tous leur travail, » pour se tenir prêts au second coup (1). » Le premier avertissait de quitter, comme on le voit, l'exercice auquel on était actuellement occupé et de se préparer à entrer de suite dans l'oratoire au second signal. D'ailleurs, si l'on fait attention à la manière de chanter anciennement, c'est-à-dire de répéter l'antienne après chaque verset des psaumes, manière de chanter conservée par saint Benoît, si l'on en croit le sentiment de savants auteurs, on ne sera point étonné de nous voir porter à une demi-heure les offices de prime, de tierce, de sexte et de none, en y comprenant le court intervalle qui se trouvait entre le premier et le second coup, quoique d'un autre côté on n'y joignît pas, comme cela se pratique aujourd'hui, le petit office de la sainte Vierge. Nous ne pensons pas non plus exagérer le temps de vêpres en le portant à environ trois quarts d'heure, puisque nous suivons en cela les auteurs même qui ont le plus outré la durée du travail, et sont par là moins suspects d'avoir voulu prolonger cet office au delà des justes bornes. Le dîner durait près d'une heure, et le souper, les jours où il avait lieu, un peu moins.

Après ces préliminaires indispensables, venons au détail des exercices en commençant par la saison d'hiver. En indiquant les heures actuelles, auxquels correspondent les exercices de la règle et la durée qu'ils ont suivant la diversité des époques, nous joindrons pour la commodité du lecteur les heures anciennes auxquelles elles se rapportent. Il pourra ainsi juger par lui-même de la conformité de la distribution des exercices selon les heures anciennes avec la même distribution d'après les heures modernes.

(1) Facto autem primo signo horæ nonæ, disjungant se ab opere singuli, ut sint parati dum secundum signum pulsaverit (c. 48).

PREMIER TABLEAU.
Exercices d'hiver.

Equinoxe de septembre.

Lever du soleil à six heures du matin.

Coucher à six heures du soir.

Temps des jeûnes réguliers.

Les heures du jour sont égales à celles de la nuit et ont chacune soixante minutes.

Lever. A une heure après minuit. Cette heure répond en effet, à cette époque, au commencement de la huitième heure de la nuit. On dit alors les *Vigiles,* qui sont suivies d'un intervalle prolongé jusqu'au point du jour.

Laudes. Au point du jour, comme le veut la règle.

Prime. A six heures, qui est le lever du soleil et la première heure du jour. Cet office dure une demi-heure.

Lecture régulière. De six heures et demie à huit heures, qui répondent à la deuxième heure complète des anciens.

Tierce. A huit heures, qui se trouve être le commencement de la troisième heure inégale. Cet office prend une demi-heure.

Travail. De huit heures et demie jusqu'à onze heures, qui ouvrent la sixième heure des anciens.

Sexte à onze heures. Elle dure une demi-heure.

Travail. On reprend le travail jusqu'au commencement de la neuvième heure, c'est-à-dire jusqu'à deux heures après midi.

None. Elle se dit de deux heures à deux heures et demie.

Dîner. Le dîner commence à deux heures et demie et dure près d'une heure.

Intervalle. Après le dîner, il y a intervalle consacré à la lecture, à la prière ou à l'étude des psaumes.

Vêpres. Cet office a lieu à quatre heures après midi, qui répondent au commencement de la onzième heure des anciens. Il est suivi d'un court intervalle.

Lecture d'avant complies. Elle a lieu vers cinq heures.

Complies. Complies se disent à la suite de la lecture et mènent jusqu'à six heures.

Coucher. Avec la fin du jour à six heures, pour se lever à une heure après minuit et avoir ainsi sept heures de sommeil de suite, car en ce temps il n'y a pas de méridienne.

Nous observerons ici que le travail a près de cinq heures de durée, mais il ne faut pas oublier qu'il diminue chaque jour d'une manière progressive jusqu'au solstice, où il n'est plus que de trois heures.

DEUXIÈME TABLEAU.
Exercices d'hiver.

Temps des jeûnes réguliers.
Solstice d'hiver.
Lever du soleil à huit heures du matin.
Coucher à quatre heures du soir.
Les heures du jour ont en ce temps, selon les anciens, quarante minutes et celles de la nuit quatre-vingts.

Lever. A une heure vingt minutes le lever. C'est le commencement de la huitième heure des anciens, à ce temps de l'année.

Vigiles. Elles suivent le lever.

Intervalle. Après les vigiles il y a un long intervalle employé à la lecture ou à l'étude des psaumes.

Laudes. Elles ont lieu vers le point du jour.

Prime. Un peu avant le lever du soleil, vers sept heures et demie.

Lecture régulière. De huit heures à neuf heures vingt minutes, c'est-à-dire à la fin de la seconde heure.

Tierce. A neuf heures vingt minutes. On y emploie une demi-heure.

Travail. A neuf heures cinquante minutes, jusqu'au commencement de la sixième heure, c'est-à-dire à onze heures vingt minutes; il dure ainsi une heure et demie.

Sexte. Cette heure canonique se célèbre à la fin du travail et dure une demi-heure; ce qui conduit à onze heures cinquante minutes.

Travail. Il se reprend après sexte et se continue jusqu'au commencement de la neuvième heure inégale, c'est-à-dire à une heure vingt minutes après midi. Il a ainsi, comme celui du matin, une heure et demie de durée; ce qui donne un total de trois heures.

None. Cet office se dit à une heure vingt minutes et va jusqu'à une heure cinquante minutes.

Dîner. A une heure cinquante minutes ou un peu auparavant, puis intervalle jusqu'à vêpres.

Vêpres. Se disent vers trois heures. Ensuite court intervalle avant la lecture.

Lecture d'avant complies. Elle se fait à la clarté du jour, vers les quatre heures et demie.

Complies. Vers cinq heures.

Coucher à six heures. C'est sans doute pour atteindre ces six heures que sont venues dans l'ordre de Cîteaux les longues pauses qui ont lieu dans la psalmodie de cet office. En effet, les cisterciens, qui se sont montrés si fidèles observateurs de la règle de saint Benoît, voulant d'un côté faire la lecture d'avant complies à la clarté du jour, et de l'autre ne pas dépasser le temps régulier du sommeil, qui était d'environ sept heures, ont eu recours à ces pauses, auxquelles ils ont joint le *Salve, Regina*, un quart d'heure d'oraison et un intervalle avant le coucher. Nous ne prétendons pas faire remonter ces divers usages à saint Benoît, mais il n'est guère possible de douter qu'ils ne fussent remplacés par un assez long intervalle entre complies et le coucher, et que cet intervalle ne fût l'objet particulier, mais non pas unique, de cette loi si rigoureuse du silence à cette heure.

Ainsi, comme on peut le voir, le travail des mains, sur lequel nous nous sommes proposé d'insister d'une manière plus spéciale dans cet appendice, est aux jours les plus longs de la saison d'hiver d'environ cinq heures, et aux jours les plus courts de trois heures, et donne par conséquent un terme moyen de quatre heures de travail pour cette saison. Le tableau des exercices d'été, pris à l'équinoxe et au solstice, nous convaincra qu'il n'était guère plus prolongé dans cette nouvelle saison et nous mettra à même d'en connaître le terme moyen pour l'année entière.

PREMIER TABLEAU.

Exercices d'été.

Jours de deux repas.

Equinoxe : Lever du soleil à six heures du matin, coucher à six heures du soir.

Les heures du jour et de la nuit sont de soixante minutes.

Lever. A une heure après minuit, qui commence la huitième heure des anciens.

Vigiles. Elles commencent vers la même heure. Après les vigiles court intervalle.

Laudes. Au point du jour.

Prime. A six heures du matin, qui est l'heure du lever du soleil.

Travail. Depuis six heures et demie jusque vers huit heures et demie, qui répond aux mots *penè quartam* de saint Benoît.

Tierce. Vers huit heures et demie.

Lecture régulière. Elle a lieu depuis neuf heures du matin jusque vers dix heures et demie, qui répond au **quasi sextam** de saint Benoît.

Sexte. Un peu avant onze heures, où commence la sixième heure des anciens.

Dîner. Il succède à sexte, et doit finir vers midi.

Méridienne. Elle commence à midi et dure jusqu'à une heure et demie, qui est précisément le milieu de la huitième heure des anciens.

None. Cet office est avancé d'une demi-heure et se dit à la fin de la huitième heure, pour se terminer au commencement de la neuvième, c'est-à-dire à deux heures après midi.

Travail. Il a lieu depuis deux heures jusqu'à quatre heures, qui terminent précisément la dixième heure des anciens, moment auquel commencent les vêpres.

Vêpres. A quatre heures, qui commencent la onzième heure inégale.

Souper. Après vêpres.

Lecture des *Conférences de Cassien* avant complies.

Complies. A la suite de la lecture et de manière que le temps du repos de la nuit joint à la méridienne donne environ sept heures de sommeil.

Nota. Le travail a, comme on peut le voir, à cette époque de l'année environ quatre heures de durée.

DEUXIÈME TABLEAU.

Exercices d'été.

Jours de deux repas.

Solstice d'été :

Lever du soleil à quatre heures du matin.

Coucher à huit heures du soir.

Les heures du jour ont quatre-vingts minutes de durée, et celles de la nuit quarante.

Lever. A minuit quarante minutes, qui est le commencement de la huitième heure des anciens au solstice.

Vigiles. A la même heure ; très court intervalle avant Laudes.

Laudes. Au point du jour.

Prime. A la première heure du jour, qui commence à quatre heures.

Travail. De quatre heures et demie à sept heures et demie, qui répond aux mots *penè quartam* de saint Benoît. Il durait ainsi près de trois heures.

Tierce. Vers sept heures et demie.

Lecture régulière. Commençant vers huit heures et allant jusqu'à dix heures et demie, qui est le *quasi sextam* de la règle.

Dîner. A onze heures.

Méridienne. A midi, qui est le commencement de la septième heure des anciens, jusqu'à deux heures, qui sont précisément le milieu de la huitième heure, les heures du jour étant en ce temps de quatre-vingts minutes.

None. Se dit de deux heures à deux heures et demie.

Travail. Il commence à deux heures et demie et va jusque vers cinq heures vingt minutes ; car c'est à ce moment que finit la dixième heure des anciens. Il dure ainsi deux heures cinquante minutes, et donne, réuni à celui du matin, cinq heures cinquante minutes.

Vêpres. A cinq heures vingt minutes. Cet office dure près d'une heure.

Souper. Vers six heures et quart.

Lecture d'avant complies. Vers six heures trois quarts.

Complies. A sept heures un quart.

APPENDICE. 307

Coucher. A huit heures, pour avoir, en réunissant la méridienne au repos de la nuit, environ sept heures de sommeil.

On peut voir, d'après ces divers tableaux, à quoi se réduit le travail prescrit par saint Benoît et dont nous examinons principalement la durée. Résumons en finissant ce que nous avons dit sur ce sujet, en y joignant quelques réflexions que nous avons cru devoir renvoyer ici pour ne pas trop interrompre la suite des exercices.

Travail d'hiver.

1° Au temps où les jours sont les plus longs, le travail réuni ne dépasse jamais cinq heures de durée.

2° Au solstice, où les jours sont les plus courts, il donne un *minimum* de trois heures. Ainsi, en prenant le terme moyen entre ces deux extrêmes, il résulte qu'il n'a pas plus de quatre heures durant tout le cours de cette saison.

Travail d'été.

1° Au temps où les jours sont les plus courts, c'est-à-dire vers l'équinoxe, le travail offre un *minimum* de quatre heures, savoir deux heures le matin et autant le soir.

2° Au solstice, où les jours sont les plus longs, le *maximum* du travail est d'environ cinq heures cinquante minutes, d'où il suit tout naturellement que le terme moyen de ces deux extrêmes est d'environ quatre heures cinquante minutes.

Le terme moyen de la saison d'été, mis en rapport avec celui de la saison d'hiver, donne par conséquent pour terme moyen de toute l'année quatre heures vingt-cinq minutes.

Que deviennent maintenant les sept heures de travail et même davantage que donnent la plupart des écrivains? Car il est à remarquer que dans cette appréciation nous avons porté l'exactitude dans ses dernières limites et enchéri encore sur les meilleurs commentateurs, qui ont porté à quatre heures des anciens la durée du travail d'après saint Benoît, ce qui donnait un résultat net de deux heures quarante minutes au solstice d'hiver, de quatre heures aux équinoxes, et de cinq heures vingt minutes au solstice d'été, et qui offre une moyenne annuelle de quatre heures. Assurément, leur sentiment est bien fondé, et il est difficile de s'égarer en l'embrassant. Quant à nous, tout en suivant leur interprétation, nous n'avons accordé que le temps strictement nécessaire pour les offices, ne faisant grâce à aucun intervalle en outre du temps absolument requis pour s'y préparer, et reversant scrupuleusement sur le travail tout ce qui n'y était pas consacré ; sans doute nous aurions pu les prolonger davantage sans nous écarter de la règle ; mais nous avons voulu prendre les choses dans leur plus grande rigueur sous ce rapport, afin de montrer à chacun qu'à moins de forcer le sens des termes employés par saint Benoît, de confondre le système des heures anciennes avec celui des heures modernes, on ne peut prolonger la durée du travail au delà du temps que nous lui avons marqué. Que dire après cela du travail exorbitant que M. de Vert a prétendu trouver dans la règle ? On serait tenté de croire que cet auteur, d'ailleurs instruit et d'une rare érudition, a pris à tâche d'employer son savoir et ses talents à faire pour la règle de saint Benoît ce que lui reprochait avec tant de raison le savant P. Lebrun au sujet des cérémonies de l'Eglise. Homme à systèmes préconçus et à idées singulières, il leur sacrifiait tout, et l'on peut se convaincre qu'il n'en agit pas autrement à l'égard de la règle de saint Benoît, en lisant la traduction qu'il en fit. Il est à regretter que, dans la réimpression de cette version, assez élégante d'ailleurs, on ne se soit pas appliqué à corriger la plupart des notes, qui sont généralement outrées. Et, pour n'en citer qu'un exemple, dom de Vert au solstice d'été fait commencer le travail avec le jour, c'est-à-dire à quatre heures du matin, et continuer sans interruption jusque vers neuf heures et demie, puis il le reprend à deux heures après midi, pour finir à cinq heures et demie, ce qui fait un total de neuf heures de travail. En vérité, parmi tous les autres auteurs qui ont essayé de fixer la durée du travail des mains, d'après saint Benoît, nous n'en connaissons aucun qui soit tombé dans une semblable exagération. Au reste, il faut bien reconnaître qu'en pratique on est presque toujours resté au-dessous de la théorie ; et le saint-siége lui-même, dont les décrets respirent toujours la sagesse et la discrétion, tout en permettant de conserver la durée du travail fixée par les règlements de la Val-Sainte, qui était de six heures en été et de quatre heures et demie en hiver, défendit de dépasser ce chiffre dans les travaux ordinaires.

Nous croyons faire plaisir au lecteur, en terminant cet appendice, de marquer le temps employé au travail des mains dans les observances de France les plus marquantes à partir du XVIIe siècle et qui faisaient profession de la règle de saint Benoît :

1° Les congrégations de Saint-Maur, de Saint-Vanne et de Saint-Hydulphe n'avaient qu'une heure de travail manuel. (Voyez D. Mabillon, *Etudes monastiques*, p. 111, et D. Calmet, *Commentaire sur la règle de saint Benoît*, t. II, p. 136.)

2° La réforme de Septfons par D. Eustache de Beaufort, avait trois heures de travail par jour.

3° D. Dorothée Jalloutz, cet austère réformateur de Septfons, reprit la règle à la lettre avec les statuts primordiaux de Cîteaux, fixa à quatre heures le travail ordinaire, et à certaines époques de l'année, ce travail était prolongé extraordinairement, comme le veulent les us de Cîteaux. Il faut remarquer que dom Dorothée se conformait pour la durée du travail à la règle, « autant, dit-il lui-même, que cela peut s'accorder avec les offices et autres exercices ajoutés depuis saint Benoît. Elle est plus ou moins considérable, selon que le soleil se couche plus tôt ou plus tard. Dans les plus petits jours, on n'en a pas trois heures ; aux temps ordinaires il approche de celui de l'été (1), » c'est-à-dire de quatre heures.

4° La réforme d'Orval n'avait guère en tout temps que trois heures de travail, partagées comme l'indique la règle. Les religieux de cette réforme changeaient assez fréquemment le temps des exercices. Mais cette mutation, comme celle qui avait lieu à

---

(1) *Précis de la vie de l'abbaye de Septfons en Bourbonnais*, par D. Dorothée Jalloutz. Pour se mieux conformer à la règle, D. Dorothée eut dessein de faire faire, pour son monastère, une horloge qui marquât les heures inégales des anciens selon les différentes saisons de l'année. Il consulta vainement nombre d'horlogers à Paris et ailleurs pour la réalisation de son dessein. Tous répondirent qu'il était impossible. Enfin il en trouva un qui lui promit de la faire s'il voulait se charger des avances, qui devaient être considérables. D. Dorothée, quoiqu'il eût confiance dans le talent de cet homme, ne voulut cependant pas l'entreprendre avant d'avoir consulté son conseil. Le résultat de la délibération fut qu'il n'y avait pas assez de chances de succès pour s'engager dans une si grande dépense, et le projet échoua. Mais pour y suppléer autant que possible, il fut résolu qu'on changerait le commencement des exercices de quinze jours en quinze jours.

Septfons, n'affectait pas l'ordre des exercices, mais simplement leur durée (1).

5° Les trappistes de la Val-Sainte ont commenté la règle de saint Benoît et ont prétendu y trouver environ cinq heures de travail et même plus; ils s'y sont à peu près conformés dans la pratique, car ils l'ont fixé à six heures en été et à quatre heures et demie en hiver.

6° Les trappistes de la primitive observance de Cîteaux ont conservé le même temps de travail que les trappistes de la Val-Sainte.

7° Les maisons qui font partie de l'étroite observance et suivent les constitutions de l'abbé de Rancé, n'ont jamais en temps ordinaire que trois heures de travail; mais elles ont souvent, surtout en été, des travaux extraordinaires.

On voit ici que cette réforme n'a pas repris exactement le travail prescrit par saint Benoît; mais tout le monde conviendra que les divers exercices ajoutés depuis ce saint patriarche, comme la célébration quotidienne de la grand'messe, la récitation de l'office de la sainte Vierge et le chapitre des coulpes, qui prennent chaque jour plus de deux heures, autorisaient plutôt à réduire le travail qu'ils n'étaient une raison de l'augmenter. Ainsi, le reproche de relâchement qu'on lui adresse à ce sujet paraît peu fondé. Nous serions heureux si nous pouvions nous promettre d'avoir atteint le but que nous nous étions proposé en entreprenant ce petit travail, c'est-à-dire d'éclaircir un point sur lequel on a été généralement jusqu'ici dans l'erreur, et de dissiper certaines préventions. Nous ne nous dissimulons pas qu'il laisse beaucoup à désirer, et qu'il se trouve entaché de nombreuses imperfections; nous en faisons volontiers l'aveu. Nous ajouterons même que nous verrions avec satisfaction un écrivain impartial et habile reprendre en sous-œuvre notre travail, et donner au fonds de vérité qu'il renferme une forme aussi intéressante que démonstrative.

(1) *Manuale cisterciense* Aureâ valle usitatum, 1775. Le même en français. Ces deux manuscrits sont conservés à l'abbaye de la Grâce-Dieu.

TABLE DES CHAPITRES.

                                                                                      Pages.

Aux révérends Abbé et Pères de Notre-Dame de la Trappe de la Grâce-Dieu   v

AVERTISSEMENT   xi

PREMIÈRE PARTIE.

CHAPITRE PREMIER. — Situation de l'abbaye de la Grâce-Dieu. — Ses noms. — Son fondateur et son église primitive. — Pierre Gauthier, premier abbé de ce monastère. — Sa filiation. — Wuarnier, deuxième abbé de la Grâce-Dieu   1

CHAPITRE DEUXIÈME. — Etat de la Grâce-Dieu pendant les deux premiers siècles de son existence.— L'empereur Frédéric Barberousse confirme à l'abbé Robert Ier les possessions de ce monastère. — La Grâce-Dieu persécutée. — Donation importante à l'abbé Guy. — Protection et priviléges accordés par les souverains pontifes à sa maison. — L'abbé Constantin.— Humbert Ier reçoit la confirmation des propriétés de la Grâce-Dieu de l'empereur Henri VI. — Les abbés Martin, Lambert et J... (Jean Ier)   24

CHAPITRE TROISIÈME. — L'abbé Humbert II. — Les bienfaiteurs de la Grâce-Dieu sont inhumés dans l'abbaye. — Traité de gardienneté avec les sires de Montfaucon. — Forteresse du Châtelard. — Le Bienheureux Jean II. — Les abbés Hugues, Pierre II ou Pierron. — Ils reçoivent divers dons. — Etat florissant de la Grâce-Dieu à la fin du XIIIe siècle. — L'abbé Henri de Liesle, grand dissipateur, est déposé . . , ...   37

CHAPITRE QUATRIÈME. — Renaud Ier, dit de Salins. — Jean de Montfaucon et son testament. — L'abbé Guillaume Ier reçoit la ferme de Rentessert, le fief d'Ougney et d'autres biens. — Réforme de l'ordre de Cîteaux par le pape Benoît XII.— Guillaume II. — Procès avec Saint-Juan. — Serfs placés dans les fermes de la Grâce-Dieu. — Officiers et agents de l'abbé.   53

CHAPITRE CINQUIÈME. — Incendie de la Grâce-Dieu sous la prélature de Renaud II de Bouhans. — La noblesse de Franche-Comté contribue avec empressement à la rebâtir. — Sentence arbitrale entre Renault III de Gonsans et la commune d'Orsans. — L'abbaye est un bénéfice. — Les abbés Pâris, Jean III de Rye, Jacques de Neuvelle, Etienne de Chatenoy. — Celui-ci termine un procès avec Saint-Juan. — Mitigation à la règle de Cîteaux par le pape Sixte IV. — Hugues de Bremondans. — Nouvelle dévastation de la Grâce-Dieu. — Nicolas Boudot de Bremondans 68

CHAPITRE SIXIÈME. — Nouvelle cause de la diminution du nombre des religieux de la Grâce-Dieu. — Son désintéressement dans l'accensement de ses terres. — Les abbés Pierre III Marquis, Jean IV de Maisières. — Acensements et procès, causes de la décadence temporelle de l'abbaye.— Ses sujets veulent s'affranchir des prérogatives seigneuriales. — Tentatives d'usurpation de la justice et autres droits de l'abbé de la Grâce-Dieu, par les officiers de Passavant et les seigneurs du Châtelard. — Relâchement des religieux. — Scandales et crimes non prouvés. — Chapelle d'Aïssey . . . 77

CHAPITRE SEPTIÈME. — Robert II Caveilley de Laurillon. — Dette de l'abbaye de Bellevaux à la Grâce-Dieu. — Transactions sur diverses difficultés avec les communes voisines. — L'abbé Etienne Pierrard. — L'esprit de protestantisme répandu dans les montagnes qui environnent l'abbaye. — Antipathie des populations contre sa domination temporelle. — Commerce du bois. — Procès. — L'abbé Pierrard préside à l'élection d'un abbé à Bithaine. — Sa translation à Saint-Vincent et sa mort 91

CHAPITRE HUITIÈME. — Jean V Penevoillet et ses talents. — Transaction sur procès. — Voies de fait contre les propriétés et les personnes réprimées par la justice de l'abbaye. — Fondations dans son église. — Sa dévastation par les Suédois. — Le prieur Blancpignon. — Les abbés Vyot et Jouffroy de Novillars. — Les délégués du parlement visitent la Grâce-Dieu et constatent sa position temporelle au XVIIe siècle 99

CHAPITRE NEUVIÈME. — Les abbés Perdu, Henri II Aimez, Jeunet. — Défrichement à la Grâce-Dieu, aménagement dans ses forêts . . 108

CHAPITRE DIXIÈME. — L'abbé Mamiel. — Délimitation du territoire de la Grâce-Dieu. — Inondation. — Pillage de ce monastère par des voleurs. — Ses charges et ses dettes. — Pensions sur les bénéfices de nomination royale. 115

TABLE DES CHAPITRES. 313

Pages.

CHAPITRE ONZIÈME. — L'abbé Deleschaux. — Possessions et biens de la Grâce-Dieu au xviiie siècle. — Dom Rochet. — Revenus et dettes de l'abbaye. — Dispersion des religieux par la révolution de 1789. — La fête des douze apôtres. — Translation de la statue miraculeuse de la Vierge dans l'église d'Orsans. 128

CHAPITRE DOUZIÈME. — Vente de l'abbaye de la Grâce-Dieu comme bien national. — Sa transformation en usine à fer. — Elle est rachetée par des religieux de l'ordre de Cîteaux. 138

DEUXIÈME PARTIE.

CHAPITRE PREMIER. — Fondation de la Trappe. — Sa filiation des abbayes de Savigny et de Cîteaux. — Relâchement de la Trappe. — La commune et l'étroite observance. — Les abbés de Rancé, Eustache de Beaufort, Dorothée Jalloutz. — Leurs réformes . . . 145

CHAPITRE DEUXIÈME. — La Trappe pendant la révolution française de 1789. — Sa translation en Suisse, à la Val-Sainte, au canton de Fribourg. — Dom Augustin de Lestranges, sauveur et nouveau réformateur de l'ordre de Cîteaux. — Le tiers-ordre. — Première suppression de la Val-Sainte. — Etablissement des trappistes dans les diverses contrées de l'Europe et en Amérique. — Deuxième suppression de la Val-Sainte 166

CHAPITRE TROISIÈME. — Rétablissement de la Trappe en France. — Mort de dom Augustin de Lestranges. — Organisation actuelle de l'ordre de la Trappe par le pape Grégoire XVI 188

CHAPITRE QUATRIÈME. — L'ordre de Cîteaux renaît dans le diocèse de Besançon. — Dom Eugène Huvelin achète l'ancienne abbaye de Bellevaux et y rétablit la réforme de Septfons. — Reliques de saint Pierre de Tarentaise. — Mort de dom Huvelin. — Le cardinal de Rohan obtient pour Bellevaux des trappistes de l'abbaye du Gard. — La révolution de juillet 1830. — Emigration en Suisse des religieux de Bellevaux 197

CHAPITRE CINQUIÈME. — Le gouvernement de Fribourg ne reçoit pas les trappistes de Bellevaux. — Ils se fixent à Géronde, dans le haut Valais. — Leur rentrée en France et leur établissement au Val-Sainte-Marie. — Nouvelles constructions. — Mgr Mathieu au Val-Sainte-Marie. — Les RR. PP. Jérôme, Genès et Benoît, prieurs de ce monastère. — Translation des reliques de saint Pierre de Tarentaise dans une nouvelle châsse. — Vie et mort édifiante de plusieurs trappistes. — Election d'un abbé pour la Grâce-Dieu. . . 212

TABLE DES CHAPITRES.

Pages.

CHAPITRE SIXIÈME. — Achat de l'ancienne abbaye de la Grâce-Dieu pour les trappistes. — Ils la réparent et agrandissent l'église. — La communauté en prend possession en 1849.— Le frère Guillaume dit le Polonais.— Régularité de la Trappe de la Grâce-Dieu et manière exemplaire d'y célébrer l'office divin. — Vertus des religieux qui y sont morts. — Desseins de Dieu sur cette maison. 237

Liste des abbés de la Grâce-Dieu. 255
Pièces justificatives 257
Appendice 279

ERRATA.

Page XII, ligne 5, *Frères*, lisez *Pères*.
— 3, — 31, *Mourard*, lisez *Maurgard*.
— 4, — 27, *Poiris*, lisez *Pairis*.
— 7, — 2, *Voluisant*, lisez *Vauxluisant*.
— 34, — 7, *bichets*, lisez *bichots*.
— 38, — 10, *sous*, lisez *sans*.
— 41, — 27, *nord-est*, lisez *sud-ouest*.
— 55, — 29, *Arc-sous-Cicon*, lisez *Maláte* (1).
— 56, — 4, *Vernica*, lisez *Vernier*.
— 81, — 19, *Combe-Vancley*, lisez *Combe-Vaucley*.
— 82, — 21, *Cavoiella*, lisez *Caveilley*.
— 92, — 31, *Xavier*, lisez *Ravier*.
— 101, — 25, *Combe-Vancley*, lisez *Combe-Vaucley*.
— 117, — 21, *Dole*, lisez *Besançon*.
— 123, — 6, *tigne*, lisez *teigne*.
— 139, — 15, *Vélat*, lisez *Vitot*.
— 164, — 19 et 31, *l'abbé Jallontz*, lisez *l'abbé Jalloutz*.
— 178, — 31, 10,000, lisez 24,000.
— 187, — 17, *redevables*, lisez *redevable*.
— 195, — 3, *et prieurs conventuels*, lisez *prieurs titulaires*.
— 213, — 9, *Fégely*, lisez *Fagely*.
— 214, — 29, *convainsquit*, lisez *convainquit*.
— 230, — 7, *qui nous unissent à nos frères*, lisez *qui les unissent*.
— 232, — 32 (notes), *Menestrel*, lisez *Menestret*.
— 259, — 8, 1655, effacez ces chiffres.
— 260, — 6, *Bamier*, lisez *Baunier*.
— 261, — 12, *de Monte Bellicordis*, lisez *de Montebelligardis*.
— 261, — 32, *à*, lisez *ad*.
— 283, ligne antépénultième, *distribuerunt*, lisez *distribuerent*.
— 284, même note que la précédente, effacez la virgule après le mot *Laudum*.
— 288, ligne 9, *il n'est*, lisez *et n'est*.
— 289, note, 3e ligne, *usque ad Vesperam*, lisez *usque ad Pascha, ad Vesperam*.
— 290, ligne 31, *Monasticon*, lisez *Nomasticon*.
— 291, — 13, *avant les vigiles*, lisez *après les vigiles*.
— 291, — 32, *temporetur*, lisez *temperetur*.
— 299, — 32, *raisons*, lisez *saisons*.

(1) Ce nom rappelle la maladerie établie en ce lieu au moyen âge. On la nommait la *léproserie d'Arc*, de sa position auprès du chemin de Besançon à Arcier, d'un hameau maintenant détruit appelé Arc, ou peut-être enfin de la figure d'un arc présentée par la conformation de quelque montagne voisine, ou par le cours de la rivière du Doubs qui contourne la base du mont de Bregille. On lit dans une charte du cartulaire de Montfaucon de l'an 1272, que Wuillames de Marnay reprit de fief d'Aimé de Montbéliard une vigne *laquele vigne siet au territoire de Maorre (Morre) devant lai malaidière d'Arc*. Il est hors de doute que la léproserie mentionnée dans le testament de Jean de Montfaucon existait au lieu de la Maláte de Besançon ou de Morre, et non à Arc-sous-Cicon ou à Arc-sous-Montenot, quoiqu'il soit certain qu'il y ait eu aussi une maladerie dans ce dernier lieu, qui dépendait des terres de la maison de Chalon.

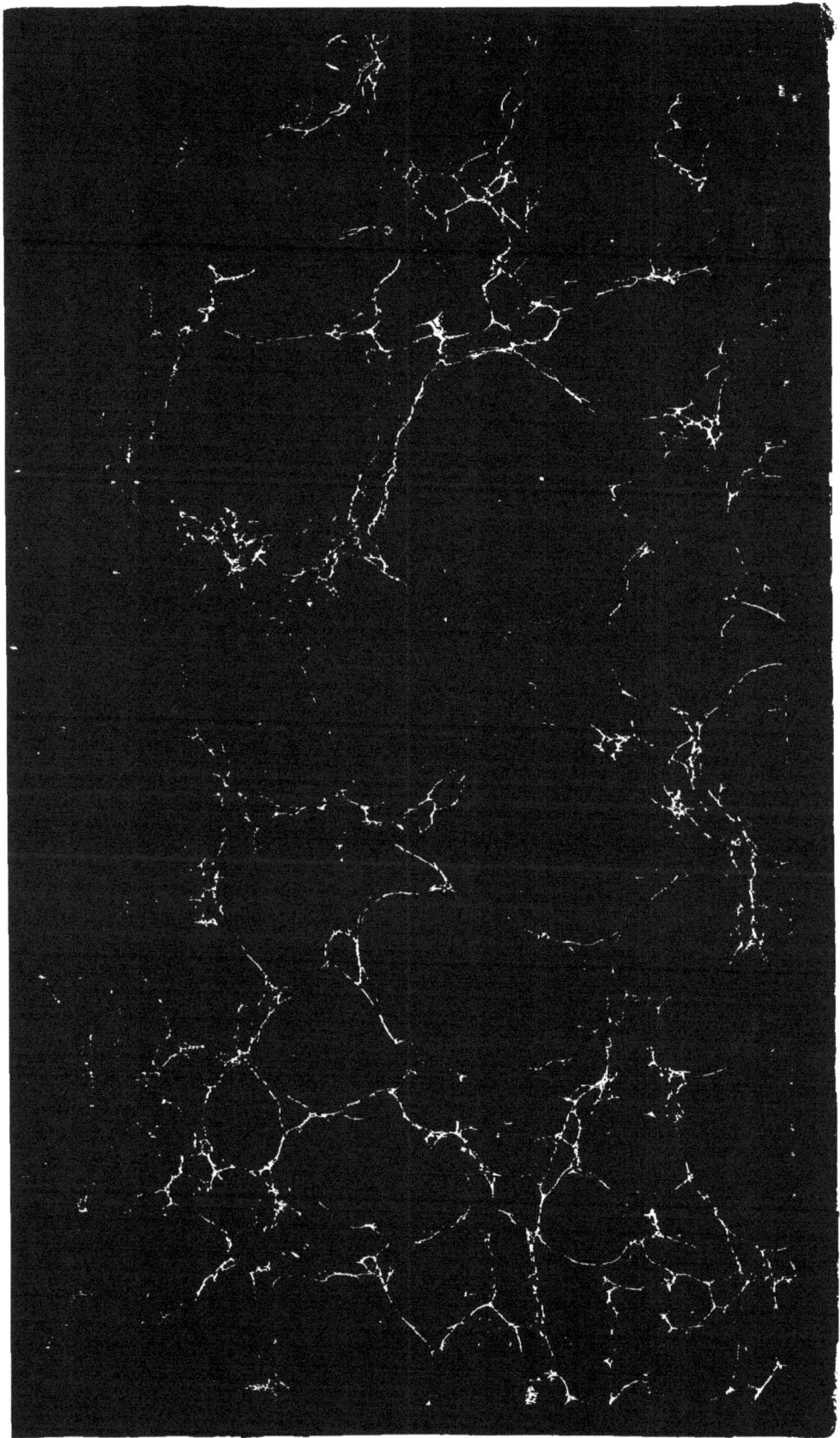

www.ingramcontent.com/pod-product-compliance
Lightning Source LLC
Chambersburg PA
CBHW071502180426
43194CB00051B/1180